NARCISISMO

UNA GUÍA DE SUPERVIVENCIA PARA TOMAR EL CONTROL DE SU VIDA

ESTE LIBRO INCLUYE

LA SANACIÓN DEL ABUSO EMOCIONAL, MADRES NARCISISTAS,

RELACIONES TÓXICAS Y

RECUPERACIÓN DE ABUSO NARCISISTA

HOPE UTARAM

Derecho De Autor © 2020 por *Hope Utaram*

-Todos los derechos reservados -

El contenido incluido dentro de este libro no puede ser reproducido, duplicado ni puede ser transmitido sin un directo permiso escrito del escritor o el publicista.

Bajo ninguna circunstancia se culpará, ni se responsabilizará legalmente al editor, ni al autor de ningún daño, reparación o pérdida monetaria debido a la información contenida en este libro. Ya sea directa o indirectamente.

Notificación Implícita:

Este libro está protegido por derechos de autor. Este libro es sólo para uso personal. Usted no puede enmendarlo, distribuirlo, venderlo, usarlo, citarlo o parafrasearlo en cualquiera de sus partes, en lo referente al contenido que está dentro de este libro, sin el consentimiento de su autor o editor publicista.

Aviso de Descargo de Responsabilidad:

Por favor note que la información contenida dentro de este documento es solamente para propósitos educativos y de entretenimiento. Todo esfuerzo ha sido ejecutado para presentar de forma precisa, hasta la fecha, la información es confiable, y de forma completa. Ninguna garantía de cualquier clase está estipulada o implicada en este documento. Los lectores admiten que el escritor no está involucrándose en la interpretación de consejo legal, financiero, médico o profesional. El contenido dentro de este libro ha estado derivado de diversas fuentes. Por favor consúltele a un profesional autorizado antes de intentar cualquier tipo de técnicas esbozadas en este libro.

Al leer este documento, el lector está de acuerdo que bajo ninguna circunstancia el autor es responsable de las pérdidas, directas o indirectas, que se incurran como resultado del uso de la información contenida en este documento, incluyendo, de una forma no limitada, errores, omisiones o inexactitudes.

1 Libro
LA SANACIÓN DEL ABUSO EMOCIONAL……1

2 Libro
MADRES NARCISISTAS…………………….135

3 Libro
RELACIONES TÓXICAS……………………267

4 Libro
RECUPERACIÓN DE ABUSO NARCISISTA.415

LA SANACIÓN DEL ABUSO EMOCIONAL

Reconozca la relación narcisista oculta. Descubra cómo recuperarse del trauma de su niñez debido al abuso emocional por trastornos de la personalidad y libere su alma

HOPE UTARAM

Tabla de contenidos

Introducción..3

Capítulo 1 Cómo Sentirse Cómodo Consigo Mismo...11

Capítulo 2 Conociendo La Raíz De Su Sufrimiento...21

Capítulo 3 Relájese De Las Situaciones Donde No Hay Juicio..26

Capítulo 4 Su Comportamiento Es Una Opción.........41

Capítulo 5 Siendo Un Observador Consciente De Su Vida..50

Capítulo 6 La Práctica De La Meditación Plena Y Su Propósito..63

Capítulo 7 La Práctica Hace La Perfección................77

Capítulo 8 Los Niños En La Relación Narcisista.......88

Capítulo 9 Un Conjunto Estricto De Reglas.............98

Capítulo 10 Como Dejar De Ser Narcisista.............106

Capítulo 11 Viviendo Con Uno, Lidiando Con Uno...119

Conclusión..133

Introducción

Una de las cosas que usted tiene que darse cuenta es que un narcisista no ve la necesidad de buscar ayuda de un terapeuta porque después de todo, ellos piensan que no hay nada de malo con ellos. La recuperación es pues, solamente para aquellos que abusan. Si usted ha sido o está en una relación con un narcisista, está a tiempo para que usted deje esta situación y busque ayuda con un profesional. Es este tipo de soporte que usted necesita para reconstruir su autoconfianza y recuperar su autoestima.

Confíe en mí; usted estará en un mejor estado que usted nunca había pensado posible estar. El narcisista podría haber logrado penetrar su autoconfianza e incluso podría haber aplastado su autoestima, pero sobre todo usted es simplemente una víctima. Usted no es indigno como quieren que usted crea. Encontrar a un profesional de la salud que tiene una especialidad en la recuperación de traumas le ayudará a pasar de forma directa al proceso cicatrizante para la recuperación. Si usted no puede dejar la relación con un narcisista, un terapeuta también le puede ayudar a aprender las mejores formas en las cuales usted puede comunicarse eficazmente con su abusador a fin de que usted pueda colocar barreras que le respetarán y, por lo tanto, le protegerán a fin de que ya no se aprovechen de usted.

Aquí hay algunos pasos que usted tendrá que seguir para ayudarle a caminar a su sanación por medio de la recuperación

Paso 1: Corte el contacto con el narcisista.

¡Una vez que usted haya dejado la relación, manténgase así! Deje de mantener contacto con su abusador.

El principal motivo por qué usted fue un narcisista, es que las cosas no estaban trabajando para usted. Por consiguiente, no hay nada que haga que las cosas mejoren. La mejor forma para recobrarse del abuso es que usted bloquee todas las formas de comunicación.

Si usted tiene la custodia unida de los niños, la verdad es que, usted no puede poder borrar completamente a esta persona de su vida. Es por consiguiente muy aconsejable crear un contacto especializado. ¡Y sólo puede comunicarse en los asuntos referentes a sus niños usando solamente canales de terceras personas! De otra manera, asegúrese que usted ha establecido órdenes judiciales para todas las formas de acuerdos posibles.

Piense acerca del trauma extremo que se estaba adhiriendo a usted, el abuso vulgar y la adicción que usted tuvo que sufrir por el narcisista. A veces la mejor forma es que usted acepte que la única manera en que usted puede recobrarse de tal daño es apartarse y cortar todas sus pérdidas de una vez por todas. Piense acerca de abstenerse, como una forma de protegerse del daño a usted mismo. En otras palabras, cada vez que usted comience el contacto con su abusador, usted les estará dando la munición para rechazarles.

Recuerde que usted estaba viviendo con ellos y así es que saben lo que sus puntos débiles son y cómo le pueden herir aún más profundo. Es hasta que nosotros sanamos que usted dejará de hacerse presión sobre usted mismo, ya sea por el amor que le tiene al narcisista, o por el enorme deseo de justificarnos a nosotros mismos, para darles una segunda oportunidad, cuando completamente detenemos contacto con el narcisista es que nosotros podemos comenzar a sanar.

Paso 2: Deje ese trauma a fin de que usted comience a funcionar otra vez

Si vamos a sanarnos, tenemos que estar dispuestos a reclamar nuestro poder. Tenemos que hacer exactamente lo opuesto de lo que solíamos creer; 'Puedo arreglar a ella, a él, así me sentiré mejor.' Su poder le pertenece, está dentro de usted. El momento que usted le quita el foco de su atención a su abusador, usted podrá canalizar ese poder para reconstruir su autoestima y poner mayor atención más cercana para sentirse entero otra vez.

Al principio, podría entenderse cuál es la apariencia de quien es un narcisista y que lo que hacen es esencial. Pero la verdad real es que estas cosas no pueden sanar su trauma interno. Lo que usted necesita hacer es decidir, olvidarse de esa experiencia horrorosa, para que usted pueda ser usted. Usted repuntará, obtendrá alivio y balance otra vez, una vez que usted haya decidido tomar el poder donde pertenece, el poder que dentro de usted.

Paso 3: Perdónese a usted mismo por lo que usted ha estado pasando.

Cuando las partes inseguras y heridas de nosotros están todavía en dolor constante, a menudo somos sometidos a la fuerza para comportarnos como niños que han sido dañados. Andamos a menudo buscando la aprobación de personas y especialmente de nuestro abusador, le otorgamos a nuestro abusador la fuerza, el poder para tratarnos como el considere conveniente. Y ese es el tiempo exacto en el que usted se dará cuenta de que usted les ha dado a todos ellos sus recursos monetarios, su tiempo y su salud. La cosa más desafortunada es esa mientras se hace, usted termina lastimando a la gente que a usted le ha importado más en la vida, y quienes son ellos, sus niños, sus hermanos, sus padres, y sus amigos. Sí, podría ser difícil perdonarse de esto, pero usted puede hacer eso si usted quiere reconstruir su vida y todo lo que usted perdió por culpa de su abusador. Trabajando en su proceso cicatrizante, usted pronto encontrará decisión y aceptación. Usted puede pasar de vivir a partir de la falta de amor propio y el respeto, a vivir una vida colmada de verdad y responsabilidad para nuestro bienestar.

Usted se dará cuenta de que, cuando se perdona a usted mismo, usted admite que ésta fue toda una curva de aprendizaje y ésta es la experiencia que usted aprendió, y, por lo tanto, va a acostumbrarse a rescatar su vida. Es cuando usted deja sus penas y sus auto-juicios cuando ya puede comenzar ponerse a usted mismo en libertad y darse cuenta de la grandeza en su vida independientemente en qué etapa estamos viviendo. El punto cuando usted comenzará a sentir esperanza otra vez, esperanza que le timoneará hacia adelante hacia la satisfacción personal y a una vida colmada de propósito.

Paso 4: Abandone todo y sane todos sus miedos del abusador y todo lo que ellos podrían hacer después.

¿Sabe cuál es la carnada para un narcisista? La ansiedad, el dolor y la angustia. Una de las cosas que puede perpetuar otro ciclo de abuso no importa cómo nos digamos a nosotros mismos que nos hemos separado de ellos. Es cierto que los abusadores pueden ser implacables. En la mayoría de los casos, no les gusta ser perdedores.

Pero una cosa que usted debe de entender es que no son tan poderosos e impactantes como usted puede haber pensado que son. Ellos necesitan que usted tenga temor y pase por el dolor para que puedan funcionar.

Una vez que ellos hayan sanado su trauma emocional, se desmoronan. Por lo tanto, es crucial que ponga los pies sobre la tierra y se vuelva una persona estoica, al no alimentarse en sus dramas; de esta manera pronto se marchitarán junto con su poder y credibilidad con ellos.

Paso 5: Suelte la conexión con su abusador

Muchas personas han comparado la liberación que han tenido ellas de un narcisista con la de un exorcismo. Cuando nos liberamos de las tinieblas que llenaron a nuestros seres, nos estamos dejando desintoxicar y dejar que la luz y la vida entren.

Si esa luz tiene que apoderarse de la sombra, la oscuridad tiene que salir para que haya espacio para que algo nuevo entre. De la misma manera, es esencial que libere todas las partes que fueron atrapadas por su abusador para que pueda aprovechar un poder más sobrenatural, el poder de la creatividad pura.

Cuando se desenreda del narcisista, no se trata sólo de cortar el cordón; también se trata de liberar todos los sistemas de creencias con los que podría haberse asociado inconscientemente. Es sólo entonces que puede liberarse para ser una nueva persona y no ser el objetivo de un narcisista.

A pesar de que podría ser tentador buscar venganza de su abusador, esto es algo que usted tiene que tratar de evitar. La ira tiene el poder de empujarle a volver a la oscuridad más profunda y a un juego en el que su abusador es un experto en primer lugar. La mejor forma de venganza es una en la que usted decide recuperar su libertad y hacer que su abusador sea irrelevante para usted.

Y es probable que aplasten su ego, y serán impotentes que ni siquiera le afecten a usted. A menudo están desesperados cuando se dan cuenta que usted es un recordatorio constante de su extinción. Es en este punto que esto termina y su alma se contrae para permitir el amor y la sanación para que usted pueda estar entero de nuevo.

Paso 6: Entienda su liberación, verdad y libertad

Tradicionalmente, aprendemos que amarnos a nosotros mismos es un acto muy egoísta. Sin embargo, cuando se trata de encontrar la liberación y la libertad de las manos de nuestros abusadores, es un paso muy crítico que nos permite tomar la verdad y dejar que nos libere del cautiverio. Sí, es algo increíblemente difícil de hacer, pero es un paso necesario para lograr la liberación.

A menudo, la sociedad nos ha enseñado que los demás nos tratan de la misma manera que los tratamos. Sin embargo, esta es una premisa falsa porque obtenemos un trato de acuerdo a la forma en que nos tratamos a nosotros mismos. En otras palabras, la medida de amor que obtenemos de los demás es equivalente a lo que sentimos por nosotros mismos.

Por lo tanto, cuando nos abrimos a nuestra sanación y recuperación, estamos abriendo las puertas para que otros nos amen en la realidad y de maneras más saludables que nunca. Es este acto el que sirve como una plantilla por la cual enseñamos a nuestros hijos para que no lleven patrones inconscientes de abuso que les fueron transmitidos por nuestros antepasados. Sólo comienza cuando decidimos asumir la responsabilidad de nuestra felicidad y libertad. Poco a poco nos convertimos en el cambio que desearíamos ver para dejar de lado ser víctimas de alguien y dejar de entregar a otras personas nuestro poder.

En otras palabras, recuperamos nuestras vidas haciendo todo lo necesario para ayudar a nuestra sanación interior independientemente de lo que el narcisista haga o no haga, algo irrelevante de cualquier manera. Es en este punto que podemos prosperar a pesar de lo que hemos pasado y lo que nos ha sucedido.

Capítulo 1

Cómo sentirse cómodo consigo mismo

Entendiendo a su narcisista

Al igual que un agujero oscuro, un narcisista es capaz de entrar en su vida, devorar emocionalmente y físicamente su salud. Sobre todo, un narcisista es capaz de quitarle la cordura y manipular sus sensibilidades. La verdad más extraña acerca de un narcisista es que se sienten atraídos por los empáticos, sin embargo, los dos son el extremo opuesto el uno del otro. Hay un tirón convincente que une a estos dos tipos de personas, que como muchos creen que es la manera del universo de mantener el equilibrio. Por ejemplo, como un típico empático, tiene la capacidad intrínseca de ponerse en el lugar de otra persona y esforzarse deliberadamente para ayudarlos a sanar. Mientras que al hacer esto por una buena causa, usted como empático carece de la capacidad de trazar límites entre ayudar a esas personas y realmente caer en ser una víctima de su condición a través del auto-sacrificio crónico. Por otro lado, el narcisista vive dentro de grandes traumas y condiciones; por lo tanto, idealmente se esconden detrás de una versión idealizada de sí mismos. Esta autoimagen viene a usted, la empática, como muy atractiva y encantadora, pero en el sentido real, son altamente egocéntricas e indiferentes. Cuando estos dos personajes extremos se unen, forman un vínculo destructivo que eventualmente daña la empatía. Ambos personajes chocan mientras intentan aprender y crecer fuera de sus condiciones a través de la prueba y el error. Por lo tanto, sucede que su narcisista es la persona que se aprovecha de tu naturaleza empática cuando sus personajes chocan.

Reconociendo al narcisista

Mientras que el Trastorno de Personalidad Narcisista es una condición, los narcisistas vienen en diferentes formas y tipos. Esta categorización se basa en cómo los narcisistas se comportan hacia los demás. Para que uno sea conocido como un narcisista, tiene que retratar características como la falta de empatía, una necesidad terrible de admiración, así como un punto de vista magnifico de sí mismos.

Además, la mayoría de los narcisistas muestran algunos comportamientos específicos hacia sus parejas. Estos incluyen deshacerse de las personas que ya no necesitan o haciendo un bombardeo de amor a sus víctimas. Sin embargo, los narcisistas se comportan de manera diferente dependiendo de la gravedad de los rasgos del trastorno dentro de ellos, y a lo que su entorno externo los ha expuesto. Los terapeutas han intentado durante mucho tiempo separar a estos narcisistas en distintas categorías y entenderlos le ayuda a poseer hasta los rasgos de su personaje que atrae a los narcisistas. No tendría sentido que se le mostrara cómo protegerse de los narcisistas sin antes mirar cómo actúan los diferentes narcisistas dentro de sus límites conscientes, lo que implicará lastimarlo. Cuanto más los conoces, más puede usted actuar conscientemente y tomar decisiones con respecto a tus relaciones con ellos.

Narcisismo saludable y extremo

Una cosa que la mayoría de la gente no sabe es que hay un tipo continuo de narcisismo, desde el narcisismo saludable hasta el narcisismo extremo. Cada vez que oímos hablar de la palabra narcisismo, lo asociamos con todo tipo de negatividad. La siguiente explicación cambia la narrativa y profundiza nuestra comprensión de todo el fenómeno.

En su evaluación del concepto de narcisismo, Brummelman et al. (2015) describieron al narcisismo saludable (NS) como aquello que implica la posesión de considerables grados de autoestima sin necesariamente ser retirado de una vida emocional compartida.

El Narcisismo extremo (NE) fue descrito como aquel que niega a las personas la capacidad de tener una relación significativa porque carecen de autoestima. Idealmente, el narcisismo saludable hace que uno se enorgullezca de la autoimagen, la belleza y a menudo el triunfo de una tarea difícil. Aunque esta alegría en la belleza y el logro puede ser momentánea, tiene una poderosa sensación. Este tipo de narcisismo se ha considerado útil en el manejo de la relación con los demás porque si puede experimentar alegría en ser usted mismo y el impacto que tiene en el mundo, entonces puede llevarse fácilmente a través de tiempos difíciles. Tratar de prevenir que haya agotamiento, que la mayoría de la gente experimenta después de una serie de fracasos. En el caso de una relación romántica, un narcisista sano es capaz de tomar angustias y decepciones de una manera razonable. Son capaces de ser razonables porque se sienten bien consigo mismos. Por lo general, el narcisismo saludable crece principalmente como parte del desarrollo infantil, donde los niños a la edad de 2 años comienzan a sentir que el mundo gira en torno a ellos en función del amor que sus padres les dan. A medida que crecen, esas personas se dan cuenta de que otras personas también tienen necesidades, y siguen sintiéndose bien consigo mismas mientras acomodan a los demás.

Dado que el narcisismo extremo es en lo que se centra principalmente este libro, es importante diferenciar entre narcisismo sano y extremo. En primer lugar, en lo que respecta a la confianza en sí mismo, el NS conduce a una alta confianza externa que se alinea con la realidad, mientras que el NE conduce a un estado irreal de grandiosidad. El NS goza de poder y admiración, mientras que NE busca el poder a toda costa sin reservas razonables. Además, NS tiene en cuenta las ideas y creencias de otras personas y las valora, mientras que NE devalúa a las personas sin sentirse arrepentido y tiene comportamientos antisociales. El NS tiene valores y planes viables que seguir, mientras que NE no tiene un camino particular y cambia fácilmente de rumbo debido al aburrimiento.

El NS se desarrolla a partir de una base considerablemente estable de amor, así como cuando se es niño, mientras que en el NE se ha experimentado principalmente una infancia traumatizante que los condiciona a no ser considerados con los demás.

Los narcisistas extremos se colocan además en las siguientes categorías en función de cómo manifiestan los comportamientos narcisistas.

Narcisistas vulnerables

También conocido como armario, encubierto, compensatorio o frágil, un narcisista vulnerable es aquel que es tímido por naturaleza. A menudo, habitan dentro de un complejo de inferioridad que se desarrolla desde la infancia; por lo tanto, carecen de la capacidad de confiar, amar o cuidar de otras personas. Su estado emocional está lleno de indignidad y odio. Tienden a sobre compensar estos sentimientos buscando otras personas idealizadas con las que se sentirán especiales consigo mismos. Utilizan técnicas como el desmontaje de la culpa y la iluminación de gas para hacer que su empático objetivo les dé simpatía y atención. Su principal objetivo es recuperar la supremacía y el mando de sus vidas y compensar los traumas que han enfrentado antes.

Narcisistas invulnerables

También conocido como el narcisista elitista, este es el tipo convencional de narcisista, uno que es audaz y altamente poco empático. Son todo lo contrario que los narcisistas vulnerables que sufren de un profundo complejo de inferioridad, ya que los narcisistas invulnerables tienden a creer que son superiores a otras personas. Buscan glorificación y placer, y constantemente buscan este tipo de atención de las personas con las que están en una relación. Por lo general, pueden hacer cualquier cosa para subir y dominar a otra persona. Se pueden describir en términos simples como fanfarrones y auto promotores que tienen una necesidad constante de demostrar que son "superiores".

Ambos tipos extremos utilizan diversos rasgos narcisistas como manipular a otras personas para alimentar sus delirios, infidelidad, falta de empatía y criticar a la gente.

Narcisista grandioso

También conocido como clásico o exhibicionista, el narcisista grandioso es un tipo muy familiar de narcisista, que se considera más influyente e importante. Aprovechan sus logros y buscan la admiración de los demás. Esto a menudo se aplica a una persona que suelen parecer atractivas y carismáticas, y atraen a sus víctimas al emparejar sus ambiciones y energía con sus logros.

A través de su actitud sabelotodo, este narcisista siempre está ansioso por dar sus opiniones incluso cuando son inapropiadas, y no son bienvenidas. Creen que son más conocedores y hábiles que nadie. Les gusta ser los que hablan mientras otros escuchan. Además, son malos oyentes porque siempre están pensando en lo que van a decir a continuación. Es difícil mantener una conversación significativa con este narcisista.

Además, tienen una actitud de intimidación que los hace querer construirse a sí mismos humillando a otras personas. Algunos pueden parecer más brutales en la forma en que enfatizan su superioridad. Un narcisista grandioso se basa en el desprecio para demostrar que es un ganador.

Narcisista seductor

Este es el narcisista que utiliza la técnica de hacerte sentir bien contigo mismo, pero con el objetivo principal de hacerle que le corresponda esos sentimientos de forma recíproca. Le idealizarán para captar su atención y conseguir que tenga ese tipo de admiración por ellos. Cuando les has mostrado una gran admiración, pueden manipular su pensamiento o tratarte con frialdad.

Narcisista vengativo

Un narcisista vengativo es aquel que se pone totalmente irritable una vez que no les reconoces la superioridad que tratan de afirmar. Son peligrosos para estar en una relación con alguien porque tienen como objetivo destruirle y chantajearle usando sus pertenencias más preciadas para demostrarle que eres un perdedor.

Por ejemplo, uno puede tratar de que te despidan del trabajo, hablar basura de ti a la gente que te considera buena persona e incluso que esas personas se vuelvan contra usted.

Narcisista maligno (tóxico)

El comportamiento de este narcisista es muy comparable al de los sociópatas. Nunca se muestran arrepentidos por sus acciones y no tienen consideración por el comportamiento moral. Por lo general son arrogantes y tienen un ego muy inflado. Se enorgullecen al burlarse de otras personas y a menudo hay mucho caos a su alrededor. Si no son atrapados por la ley, son una gran perturbación para la paz de la sociedad. No sólo buscan atención, sino que también quieren que todas las demás personas se sientan mediocres.

Narcisistas amorosos

Estos son los narcisistas que satisfacen su dignidad por el número de conquistas sexuales que han tenido o cómo sus víctimas les ayudan a elevar su estatus. Normalmente, un narcisista amoroso hace una apariencia agradable a primera vista y también usará regalos para atraer a su víctima. Una vez que han satisfecho sus necesidades, en su mayoría las necesidades sexuales, se deshacen rápidamente de ellas. Estos son los típicos rompecorazones que carecen de remordimiento por abandonar a las personas y no poner en cuenta sus necesidades.

Subtipos

Además de los principales tipos de narcisistas anteriores, hay subconjuntos de narcisistas que los agrupan no sólo por cómo manifiestan sus comportamientos narcisistas, sino que también muestran como les gusta extraer de una relación a sus víctimas y lo ocultos que son sus comportamientos. Todos los tipos principales de narcisistas anteriores pueden caer en las siguientes categorías.

Somático versus Cerebral

Este describe la característica que el narcisista se centra en complacerse a sí mismos. Ambos tipos tienen que usar a otra persona para que se vean y se sientan mejor. Los narcisistas somáticos se centran en su apariencia física y les gusta sentirse hermosos por encima de todos los demás, mientras que a los narcisistas cerebrales les gusta ser los informantes ya que sienten que lo saben todo.

Narcisistas invertidos

Esto se refiere al narcisista que es codependiente y tienen que apegarse a otras personas para que se sientan especiales. Se sienten satisfechos, especialmente cuando entran en una relación con otros narcisistas y temen el abandono.

Directo Versus Encubierto.

Estos subtipos de narcisismo se diferencian entre la naturaleza de las técnicas que utilizan para manipular a otras personas y satisfacer sus necesidades. Mientras que ambos tipos de narcisistas controlan a otros para su ventaja, el narcisista encubierto en su mayoría utilizará métodos que están detrás de las escenas e incluso tienen un motivo para negar sus acciones. Los narcisistas más directos van directo al punto, y persiguen sus necesidades sin que sean descubiertos.

Capítulo 2

Conociendo la raíz de su sufrimiento

El abuso narcisista puede tener efectos duraderos en el centro de este abuso. Estos son efectos que el narcisista a veces puede tener de forma inconsciente o, al menos, insensible a. El narcisista se involucra en actos abusivos porque tienen un propósito, como satisfacer su vanidad o manipularle.

Pero también es cierto que el narcisista puede no entender completamente los efectos que su comportamiento tiene porque están auto obsesionados y no son capaces de conectar con las personas profundamente de la manera en que otros pueden.

La idea de que el narcisista puede no estar plenamente consciente de los efectos de su abuso no se menciona para justificar las acciones del narcisista. Este aspecto del abuso narcisista se toca aquí para enfatizar cuán fuera de contacto está el narcisista.

El narcisista se percibe a sí mismo como apartado de los demás, por lo que es casi como si usted fuera una forma diferente a lo que ellos son. Así como la leona carece de empatía por ser la bestia salvaje que masacra a animales en la sabana, también lo hace el narcisista carece de empatía por el ser querido cuyas emociones pretenden aplastar porque son incapaces de escapar de su concepto propio inflado.

El abuso que el narcisista causa a los demás ha sido tocado en otras áreas de este libro. El abuso narcisista puede incluir manipulación, chantaje, manipulación psicológica y menosprecio.

Gran parte del abuso es de naturaleza emocional, pero algunas formas de abuso pueden ser físicas, mentales o diseñadas para aislar. En este capítulo, exploraremos cómo el abuso narcisista afecta las relaciones. Veremos que el abuso emocional del narcisista puede dejar al individuo sintiéndose desconectado, aislado, debilitado y solo.

Abuso emocional

El abuso emocional es una herramienta tan poderosa porque puede dejar a una persona débil, vulnerable e incapaz de liberarse sin saber por qué. Los seres humanos naturalmente buscan conexiones emocionales con otros seres humanos. Aunque el narcisista es generalmente incapaz de formar una conexión duradera con otras personas porque no valoran sinceramente a los demás, sí reconocen el valor que las emociones tienen al formar una conexión, y son capaces de usar su comprensión de las emociones y comportamiento humano a su favor.

Por ejemplo, en un tipo de control mental llamado programación- neurolingüística o PNL, el practicante de este arte puede utilizar señales como movimientos involuntarios, palabras habladas, proximidad física y tacto para controlar los pensamientos y percepciones de la persona que son usando sus trucos. Pueden usar toques (como colocar una mano en el brazo de la otra persona) para inducir la formación de una relación con la otra persona. También pueden usar contacto visual y mensajes subliminales para introducir pensamientos en la cabeza de la otra persona.

Aunque la mayoría de los narcisistas no han estudiado la PNL, también se comportan de esta manera. El narcisista sabe cómo comportarse para que a la gente le gusten y qué decir para manipularlos. Las emociones del narcisista pueden ser cortadas e inaccesibles a su pareja sentimental, pero entienden las emociones lo suficientemente bien como para permitirles usar las emociones de la otra persona a su favor. Saben cuándo está triste; saben cuándo está feliz. Saben cuándo puede sentirse seguro o cuándo se siente particularmente desanimado. Las señales que envía al narcisista le revelan sus emociones, y son herramientas que les permiten abusar de usted.

Esta manipulación emocional puede tener varios impactos en una relación. Puede llevar a la otra persona en la relación a tener baja autoestima o experimentan peleas de torbellinos emocionales, donde sus emociones están arriba y abajo o son incontrolables. Este tipo de abuso emocional puede hacer que sienta que sus necesidades emocionales no están siendo satisfechas en la relación, incluso si el narcisista ocasionalmente dice o hace cosas para indicar cercanía emocional. Esta manipulación emocional también puede llevarle a sentirte triste, incluso más triste que cuando estaba solo.

Aislamiento

Uno de los objetivos de las palabras y los logros del narcisista en una relación es aislar a la otra persona. Este aislamiento sirve para dos propósitos. Uno, coloca a la otra persona en una situación en la que son demasiado débiles y emocionales para dejar la relación, lo que le da al narcisista a alguien a seguir abusando de su vanidad. Dos, este aislamiento sirve a la necesidad de codependencia del narcisista. Puede que no le valoren, pero el narcisista todavía le necesita en cierto nivel. Necesitan la validación que viene de ser capaces de menospreciarle y abusar de usted. Necesitan estar en una relación con alguien que acepta ser menos que ellos porque satisface la imagen de sí misma inflada que han creado para sí mismos. Por lo tanto, uno de los mayores impactos que el abuso narcisista puede tener en una relación es aislar a uno de los socios de manera efectiva y evitar que se motiven a irse.

Desconexión

El abuso emocional y el aislamiento del narcisismo pueden desconectar el objetivo de los sentimientos. Los seres humanos forman conexiones al tener interacciones significativas con los demás. Esto permite satisfacer las necesidades emocionales de la persona mientras que las necesidades emocionales correspondientes de la otra persona también se satisfacen. Este tipo de unión emocional se encuentra en un espectro con empatía. La empatía es una forma de estar emocionalmente conectado con otras personas sin necesidad de palabras.

Debido a que el narcisista es falso en su exhibición de emoción, y usa palabras para engañar y manipular, la otra persona en la relación se siente desconectada en lugar de estar conectada con su pareja. Pueden notar esto junto con el agotamiento o la confusión, y todo esto está relacionado con la incapacidad de formar una conexión real con un narcisista. Además, la otra persona en esta relación se desconecta de las otras personas importantes en su vida y de la sociedad en su conjunto. Esta desconexión es quizás más importante porque puede disuadir al individuo de abandonar la relación (y así reforzar el aislamiento). Trabajar en la formación de conexiones con personas fuera de la relación con el narcisista es en realidad un paso importante en la liberación.

Capítulo 3

Relájese de las situaciones donde no hay juicio

Aunque no hay manera de estar seguro de por qué algunas personas son narcisistas (mientras que algunas no lo son), el Trastorno de Personalidad Narcisista a menudo se asocia con experiencias traumáticas en la primera infancia. El trauma y el abuso parecen hacer que algunos niños se queden atascados psicológicamente, sin progresar desde las etapas tempranas y más egocéntricas del desarrollo.

Todos los bebés son naturalmente narcisistas en el sentido de que sólo se preocupan por sus propias necesidades y no son conscientes de que otras personas existen por separado de sí mismos. Los expertos en psicología infantil creen que los recién nacidos inicialmente se perciben a sí mismos como omnipotentes e ilimitados por cualquier cosa, a pesar del hecho de que son completamente dependientes de los demás para todas sus necesidades.

¿Por qué un bebé impotente pensaría en sí mismo como ilimitadamente poderoso? El recién nacido no puede notar la diferencia al principio entre ella y otras personas. Cada vez que necesita algo, sus padres u otros cuidadores proporcionan de inmediato e indefectiblemente lo que necesita. Para un recién nacido, el cuidador parece una extensión del yo, un instrumento de su propia voluntad. Sigmund Freud se refirió a esto como "narcisismo primario", el narcisismo natural y saludable del recién nacido.

A medida que la bebé se desarrolla, descubre lentamente que sus necesidades no siempre serán satisfechas al instante. A veces tiene que llorar por un tiempo antes de que alguien la recoja o la alimente, pero se entera de que todavía puede confiar en ellos para satisfacer sus necesidades constantemente. Con el tiempo, se da cuenta de que sus cuidadores son individuos separados en lugar de extensiones de sí misma y que ella no es realmente omnipotente o ilimitada. El narcisismo infantil se convierte en una comprensión de las relaciones humanas basada en el afecto, los límites y la confianza mutua.

Desafortunadamente, este proceso no siempre funciona de la manera en que se supone que debe hacerlo. Si las necesidades del bebé no se satisfacen constantemente, la confianza y la sensación de límites saludables nunca tienen la oportunidad de desarrollarse. En cambio, el poder egocéntrico del recién nacido permanece, junto con una profunda y dolorosa sensación de desconfianza, inseguridad y ansiedad.

Ego saludable

Algunos psicólogos hablan en términos de "narcisismo saludable" y "narcisismo destructivo", mientras que otros prefieren usar la palabra "narcisismo" exclusivamente para la manifestación destructiva de un ego insalubre. De cualquier manera, un sentido saludable de sí mismo es muy diferente del yo tóxico y básicamente falso del narcisista destructivo. Una persona con un ego saludable es segura de sí misma, pero su confianza en sí misma es consistente con la realidad y su propio lugar en el mundo. El narcisista no sólo es seguro de sí mismo, sino grandioso, viéndose a sí mismo como único y especial en comparación con otras personas. Incluso puede creer que las reglas sociales normales se aplican a otras personas, pero no a él, o que no debería haber límites razonables sobre lo que puede exigir a los demás.

Una persona con un ego saludable puede estar cómoda con el poder e incluso puede disfrutarlo, pero un narcisista ve el poder como la meta más importante en la vida y perseguirá el poder sobre los demás incluso si les perjudica. Su capacidad de empatizar con otras personas es limitada o inexistente, y se relaciona con otras personas principalmente como objetos.

Una persona con un ego saludable realmente se preocupa por otras personas y respeta su autonomía básica. Un narcisista expresará cuidado por los demás sí parece lo correcto en ese momento, pero no respeta su autonomía y se aprovechará de ellos sin importarles cómo podrían verse afectados.

Una persona con un desarrollo de ego saludable tiene un sentido de los valores personales y puede seguir adelante con planes a largo plazo.

Un narcisista no tiene un sentido subyacente de los valores y le resulta difícil mantenerse concentrado en una cosa por mucho tiempo porque se aburre y se distrae tan fácilmente.

Finalmente, una persona con desarrollo de ego saludable suele ser alguien que experimentó una combinación equilibrada de apoyo y límites en la infancia. La mayoría de los narcisistas experimentaron alguna combinación de daño infantil a su autoestima junto con la falta de límites o límites apropiados entre uno y otros.

El yo interior del narcisista está básicamente atrofiado, atrapado en una etapa temprana de desarrollo. Quiere aferrarse a la ilusión del recién nacido de ser ilimitado y omnipotente, pero no confía en otras personas para satisfacer sus necesidades a menos que pueda controlarlas y manipularlas para que lo hagan. Realmente no piensa que otras personas se separen de sí mismo, pero las ve como herramientas para satisfacer sus propias necesidades. Sin un sano sentido de sí mismo, sólo pueden evitar enfrentar la realidad de su situación controlando a los demás.

La causa más común de que este fracaso para que se desarrolle por completo es el abandono y el abuso, a menudo a manos de un padre narcisista.

Padres narcisistas

Los padres narcisistas no tratan a sus hijos como individuos únicos, sino como extensiones de su propia imagen. Para un narcisista, la confianza absoluta del niño y la dependencia del cuidador lo convierten en la fuente perfecta de suministro narcisista, es decir, hasta que el niño comienza a convertirse en una persona independiente. Esta es ya una tarea difícil para el hijo de un padre narcisista, que tal vez nunca haya experimentado la combinación de confianza y límites saludables necesarios para el desarrollo del ego saludable. Aun así, la mayoría de los niños comenzarán a desarrollar un sentido de sí mismos con el tiempo a pesar de estas barreras.

Esto es algo que el narcisista simplemente no puede permitir, por lo que el padre narcisista interfiere con el desarrollo independiente del niño para mantener al niño dependiente de ellos. A través de la culpabilidad, el chantaje emocional, el socavamiento y todas las demás técnicas de control y manipulación, el padre narcisista evita que el niño crezca realmente.

El padre narcisista a menudo presionará al niño para obtener buenas calificaciones o sobresalir en deportes o impresionar a otros de alguna manera. El afecto y la alabanza dependen del alto rendimiento y se retienen como castigo por cualquier error. Esto se debe a que el padre narcisista ve al niño como una expresión de su propio yo ideal, pero puede hacer que el niño vea el amor y el afecto únicamente en términos de validación externa.

Sin la experiencia de ser amado por su propio bien, el hijo de padres narcisistas puede desarrollar una fijación insalubre en cómo otras personas lo perciben.

Los padres narcisistas insisten en ser el centro de la vida de sus hijos. Al mismo tiempo, a menudo menosprecian y socavan a sus hijos, especialmente por no estar a la espera de sus propias expectativas poco realistas. Con el tiempo, el niño puede aprender que la única manera de obtener elogios y afecto de los demás es hacer justo lo que quiere en todo momento sin dudarlo.

Pueden aprender fácilmente que la forma más efectiva de tratar con los demás es a través de la culpabilidad, manipulación, y otros juegos de la cabeza.

En efecto, el padre narcisista entrena al niño para percibir el mundo y las relaciones humanas de una manera disfuncional. Esto no siempre convierte al niño en otro narcisista, pero casi siempre es profundamente perjudicial para la autoestima del niño.

Efectos en el niño

Diferentes niños reaccionan de manera diferente con padres narcisistas, debido a las diferencias en el temperamento individual, así como la presencia de otras influencias en la vida del niño. Por ejemplo, el niño puede estar expuesto a ejemplos de familias amorosas y relaciones saludables fuera del hogar o puede tener una relación más saludable con uno de los padres que con el otro. El niño puede experimentar apoyo emocional y afecto de alguna otra fuente, lo que lo lleva a reconocer que algo está fundamentalmente mal con el tipo de crianza que obtiene del narcisista.

Por cualquier razón, muchos hijos de padres narcisistas crecen como personas amables y empáticas, aunque pueden experimentar otros problemas debido a su traumática infancia. Sin embargo, muchos hijos de padres narcisistas también pasan a ser narcisistas, creando un ciclo que puede extenderse a través de varias generaciones.

En algunos casos, el niño nunca desarrolla el sentido de confianza y el afecto estable que la mayoría de las personas experimentan en la infancia. En cambio, experimenta el mundo como un lugar donde ni siquiera los cuidadores más importantes pueden contar. El niño puede crecer para sentirse vacío por dentro, temeroso e inseguro en las relaciones con los demás, e incapaz de desarrollar una identidad clara propia.

En un intento de llenar esta sensación de vacío y ganar amor y afecto, el niño puede reprimir sus propios sentimientos y sus propias necesidades de concentrarse únicamente en complacer al padre narcisista. El resentimiento subyacente del niño y la ira por la situación se empujan hacia abajo bajo una fachada agradable, para salir más tarde de otras maneras.

Esta fachada o máscara puede llegar a ser habitual, un "falso yo" basado en lo que la otra persona quiere ver.

El verdadero yo debajo está lleno de ira y odio propio, porque el niño nunca ha sido amado por su propio bien y se cree que es inapreciable. Con el tiempo, aprende a reflejar la grandiosa y poco realista imagen de sí mismo del padre narcisista, así como los comportamientos de control y manipulación que permiten al narcisista proteger y mantener el falso yo como un traje de armadura.

Aunque el abuso narcisista en la infancia es una causa frecuente de narcisismo, algunas personas pueden convertirse en adultos narcisistas sin necesariamente haber sido abusados.

Estilos de Padres

Según la consejera Diana Baumrind, los estilos de Padres se pueden dividir en tres categorías generales.

Los padres autoritarios tienen grandes expectativas para sus hijos, pero también los tratan con amor y calidez y generalmente responden a sus necesidades. Estos estilos de padres tienen un equilibrio saludable de amor y rigor.

Los padres autoritarios tienen grandes expectativas, pero tratan a sus hijos sin mucha calidez y no son particularmente receptivos a sus necesidades.

Esto puede parecer similar al abuso narcisista, pero la tipología de padres de Baumrind fue pensada como una descripción de las variaciones normales de crianza, no de los extremos abusivos.

El estilo de padre autoritario es exigente y algo frío, pero no lo suficientemente extremo como para ser considerado abusivo.

Los padres indulgentes o permisivos no establecen grandes expectativas para sus hijos. No hacen mucho para monitorear el comportamiento de su hijo o corregir fallas en lugar de darle al niño la libertad de desarrollarse por su cuenta. Desafortunadamente, esto incluye tolerar comportamientos groseros como regañar y ser egoístas, rasgos infantiles que se pueden describir como narcisistas. Un padre autoritario o autoritario no toleraría ese tipo de comportamiento, pero el padre permisivo prefiere ignorarlo.

Los estudios han demostrado que el estilo autoritario es el estilo más eficaz de crianza en general. Los niños con padres autoritarios tienden a ser más exitosos y felices en la vida que los niños con padres no autoritarios o permisivos, que son más propensos a sufrir problemas de salud mental y a abusar del alcohol y otras sustancias.

Algunos expertos en psicología infantil han añadido un cuarto estilo de padres a esta lista: el estilo "descuidado". Los padres descuidados son similares a los padres permisivos en el sentido de que no logran establecer límites consistentes, pero diferentes en que no ofrecen al niño mucha calidez o afecto. En esta versión de la lista de estilos de padres, los padres autorizados y permisivos son cariñosos y cálidos, pero los padres autorizados también establecen estándares y límites más eficazmente. Los padres autoritarios y descuidados son relativamente fríos o distantes, pero los padres descuidados tampoco establecen límites o límites.

Según un estudio de investigación de Carrie Henschel en Salud Conductual, los estilos de crianza permisivos y autoritarios se asociaron con el narcisismo en los niños. Henschel especuló que los padres permisivos podrían alentar el narcisismo al no establecer límites saludables y dejar que el niño se salga con la suya con un comportamiento exigente y grosero. Además, los padres permisivos eran más propensos a alabar a un niño efusivamente o describirlo como "especial" independientemente de sus logros reales. La combinación de ser alabado como especial sin realmente hacer nada y no ser corregido por maltratar a los demás podría ser suficiente para crear la grandiosa pero superficial autoimagen del narcisista típico.

Henschel también encontró que el estilo de crianza autoritario podía producir rasgos narcisistas en los niños. Teniendo en cuenta la similitud entre las altas expectativas y la baja calidez del estilo de crianza autoritario y el comportamiento de un padre narcisista, tiene sentido que la crianza autoritaria también pueda tender a alentar el narcisismo. Sin embargo, en los padres autoritarios la frialdad relativa no es tan extrema y no incluye los juegos manipuladores manipuladora del padre narcisista.

Henschel no consideró los efectos de la crianza descuidada, pero algunos de los padres permisivos en su estudio podrían haber caído en esa categoría también ya que se añadió a la lista como una variación en el estilo permisivo. Es fácil ver cómo un estilo de crianza emocionalmente distante podría contribuir al narcisismo en el niño, especialmente cuando se combina con una falta de límites y límites. Los niños aprenden a cuidar a los demás cuando sus padres los cuidan, y aprenden a respetar los límites cuando sus padres establecen límites a un comportamiento aceptable. Un hijo de padres descuidados podría no tener la oportunidad de aprender empatía o respeto por los límites.

Autorización narcisista

La investigación de Henschel sobre la crianza permisiva podría explicar uno de los aspectos más frustrantes del comportamiento narcisista: el sentido aparentemente interminable de derecho del narcisista.

Según la experta en abuso narcisista Melanie Tonia Evans, el narcisista se siente con derecho a conseguir lo que quiera cuando quiera y percibe cualquier negativa a darle lo que quiere como una horrible injusticia. Esto puede incluir cualquier cosa, desde la atención al afecto al dinero hasta el sexo, no hay límites legítimos en lo que tiene derecho a esperar de otras personas a los ojos del narcisista. A pesar de que el narcisista trata a los demás como si no tuvieran derechos, espera que otros respeten sus derechos en todo momento.

Evans rastrea este colosal sentido del derecho a cuatro causas separadas, cualquiera de las cuales puede producir un narcisista. El primero es el abuso y el abandono, como la experiencia de ser criado por un padre narcisista. El segundo está siendo levantado por padres demasiado permisivos que no logran establecer límites y nunca dicen que no. El tercero está siendo criado por padres demasiado indulgentes que intentan demasiado difícil de darle al niño todo lo que podría desear. El cuarto está siendo criado por padres que ponen al niño en un pedestal, creando un sentido exagerado, pero básicamente frágil de autoestima. El niño termina percibiéndose a sí mismo como especial y mejor que los demás, con derecho a cualquier cosa que quiera como Violet Beauregarde en Charlie y la Fábrica de Chocolate.

Como Evans señaló, el acto de poner a su hijo en un pedestal como este también es narcisista, ya que el niño es tratado como una extensión del ego de sus padres. Esto sugiere que el narcisismo de los padres puede ser un factor incluso cuando el padre no es realmente abusivo. El padre narcisista utiliza al niño para apuntalar su propio yo falso e influye en el niño para ver el mundo de la misma manera.

Otros factores

Otros factores también pueden contribuir al desarrollo de una personalidad narcisista. Los investigadores han encontrado algunas diferencias físicas entre el cerebro de las personas diagnosticadas con trastorno narcisista de la personalidad y otras personas. Los narcisistas parecen tener menos materia gris en dos áreas del cerebro: la corteza prefrontal y la ínsula anterior izquierda.

Estas áreas del cerebro están asociadas con la capacidad de experimentar empatía por los demás, así como la capacidad de regular las emociones. Esto implica que las personas con un trastorno de personalidad narcisista pueden tener dificultad para evitar que sus propias emociones se descontrolen y también les puede resultar difícil empatizar con los sentimientos de otras personas. De forma rápida para sentir ira o ansiedad y lento para sentir empatía, el narcisista puede simplemente estar a merced de sus propias emociones.

Por supuesto, es difícil decir si estas diferencias cerebrales realmente causan trastorno narcisista de la personalidad o si son sólo un factor entre muchos. Por ejemplo, tener menos materia gris en la ínsula anterior izquierda podría no hacerle narcisista por sí solo, pero podría hacerlo más propenso a ser narcisista con las experiencias de vida correctas. Al igual que con muchos otros problemas de salud mental, un trastorno narcisista de la personalidad puede ser causado por una combinación de factores ambientales y genéticos.

Problemas asociados con el Narcisismo

El narcisismo tiende a ir junto con otros problemas de salud mental y trastornos de la personalidad. Las personas diagnosticadas con NPD a menudo sufren de depresión.

También son más propensos a ser diagnosticados con Trastorno Bipolar, también conocido como depresión maníaca.

La persona que sufre de Trastorno Bipolar alternará entre estados de ánimo extremadamente deprimidos y maníacamente energéticos.

Las personas con NPD tienen altas tasas de abuso de sustancias y son especialmente propensas a abusar de la cocaína. Tienen altas tasas de anorexia y también pueden tener tasas más altas de otros trastornos de la personalidad, incluyendo trastornos límites de la personalidad, personalidad Anti-social y Desordenes de Paranoia.

El narcisismo está tan fuertemente asociado con otros problemas de salud mental que los consejeros generalmente hacen un diagnóstico de NPD después de que el paciente viene por alguna otra razón.

Por ejemplo, el narcisista puede buscar tratamiento para la depresión después de una ruptura causada por su propio comportamiento narcisista, sin ninguna visión de su propio papel en la ruptura de la relación.

A pesar de que puede decir que algo está mal, todavía cree que la otra persona lo maltrató adrede.

El terapeuta que se da cuenta de que su paciente es narcisista puede hacer un diagnóstico de NPD, pero tendrá dificultades para hacer cualquier progreso mientras el narcisista siga aferrándose al falso yo.

Los narcisistas que están en el tratamiento son muy conocidos por discutir con sus terapeutas, y ser tercos con el tratamiento, se muestran indiferentes a cualquier argumento que el terapeuta pueda presentar.

Capítulo 4

Su comportamiento es una opción

Así como hay diferentes tipos de narcisistas, hay dos tipos distintos de codependientes. Estos son codependientes pasivos y activos, y aunque ambos exhiben rasgos de codependencia, por lo general están presentes de diferentes maneras, típicamente en lo que respecta a su miedo al conflicto.

Codependiente pasivo

La persona codependiente pasiva es bastante temerosa en general. Este es el tipo de persona que es probable que evite conflictos a toda costa y cederá a lo que el habilitador solicite. Estas son los que se encuentran típicamente en las relaciones con narcisistas o individuos abusivos. Debido a que los codependientes pasivos tienen tanto miedo al conflicto, son fáciles de manipular para que la obediencia.

Además, la persona codependiente pasiva tiene mucho más miedo de estar sola. Creen que son capaces de manipular y controlar a los narcisistas en su vida, e intentan hacerlo, con la esperanza de manejar la situación y conservar cierta apariencia de control. Estas personas son típicamente bastante encubiertas, y rápidamente se encuentran improductivas, particularmente contra el narcisista.

Después de varios intentos de tratar de controlar al narcisista y aprender que no hay control, la persona codependiente pasiva normalmente renuncia a intentarlo y en su lugar decide residir pasivamente en la relación.

Ella todavía satisface las necesidades del narcisista a petición, sintiendo que sólo es valioso cuando lo hace, y convirtiéndose en completamente adicto a la relación, pero nunca hace mucho para suscitar problemas. Está aterrorizada por las consecuencias de intentar defenderse.

Sumisa y estoica, esta persona no se emociona mucho. Sus necesidades emocionales son descartadas por completo por miedo a perder al narcisista si se atreve a tratar de cuidarse a sí misma o expresar disgusto. En cambio, ella busca martirizarse a sí misma a la narcisista y se sienta y permite que la relación la consuma lentamente.

Codependiente activo

Por el contrario, la persona codependiente activa está un poco más dispuesta a ponerse ahí fuera. Intentará manipular más a la pareja narcisista, y no teme el conflicto de la misma manera que lo hace el codependiente pasivo. Ella no teme el conflicto, ni teme el dolor que sentirá al incitar a una discusión, por lo que es mucho más probable que se enfrente al narcisista si siente que tiene que hacerlo.

Las personas codependientes activas son más manipuladoras en general. Están dispuestas a hacer lo que sea necesario para mantener a sus parejas en línea, como apelar a la culpa o amenazar con autolesionarse si no se sienten con la suya. Usarán las emociones para que sus parejas las obedezcan, o al menos lo intenten, y esto a veces puede causar problemas cuando se asocien a un narcisista, ya que el narcisista no se preocupa por las emociones de los demás.

Es probable que el codependiente activo, al igual que el narcisista, presione para lograr la intimidad instantánea y la cercanía. La persona activa codependiente dirá todo tipo de detalles íntimos de su vida, pensando que crea más confianza y por lo tanto amor. Especialmente si estos detalles se refieren a abusos pasados destinados a infundir ira hacia el abusador, este es un intento de la persona codependiente activa de manipular. También crea una víctima narrativa que a veces puede asegurar que la persona codependiente que está tratando de manipular decide actuar por compasión, que por supuesto, el codependiente ve como amor.

La codependiente activa, porque es tan probable que use tácticas de manipulación abiertas, es probable que se confunda con un narcisista a primera vista.

Ella manipula a otros en un intento de conseguir que se mantengan cerca de ella, pero a diferencia de la narcisista, ella está tratando de ser necesaria para que pueda servir a la otra persona, en lugar de tratar de atraer a una persona para manipular lo que quiera. Ella, como la narcisista, está tratando de alimentar su propio ego con otras personas, pero ella está haciendo esto de la manera opuesta, en la que cuida de la otra persona para sentirse mejor consigo misma, mientras que el narcisista necesita ser atendido para sentirse mejor con él.

Así es como los codependientes y los narcisistas se convierten en el perfecto par que se habilitan el uno para el otro. Cada uno de ellos proporciona lo que el otro necesita en lo que es casi una relación simbiótica. El problema es que esta relación involucra a dos personas totalmente egoístas. La trampa es que son egoístas de maneras que se equilibran entre sí.

La persona activa codependiente cree que puede controlar al narcisista de alguna manera, y ella intentará ejercer ese control a través de las tácticas de manipulación anteriores. Incluso puede recurrir a tácticas tales como retirar la atención temporalmente y otras tácticas que el narcisista es probable que emplee. El problema aquí es que el narcisista no responderá amablemente a tales intentos, y es probable que toda la situación se convierta en algo mucho más insidioso y disfuncional de lo que la relación original fue en primer lugar.

Anorexia de codependencia

Esencialmente el último intento de autodefensa, la anorexia de codependencia ocurre cuando la persona codependiente desactiva su capacidad de ser perjudicada emocionalmente. Después de una vida de vivir con narcisistas, siendo constantemente utilizados para satisfacer la necesidad de suministro de los narcisistas, el codependiente tiene un momento de claridad. Ella se da cuenta de que esta es su vida y que no puede soportar seguir viviendo de esa manera.

La codependiente se da cuenta, en este momento, de que no puede controlar que se siente atraída por narcisistas u otros abusadores.

Ella ve que cada vez que ha encontrado a alguien que le ha parecido perfecto, ha sido recibida con abuso por no mucho tiempo después y que ha permanecido en esas relaciones abusivas durante demasiado tiempo. Ella se da cuenta de que sus relaciones han implicado una puerta giratoria de narcisistas y abusadores dentro y fuera de su vida, de alguna manera ha atraído su codependencia como si fuera un faro que la anuncia como libre de abuso, y reconoce que ya no puede soportar el dolor más.

En lugar de seguir sufriendo, la codependiente decide en su lugar esencialmente apagar el lado emocional de sí misma. Ella apaga su capacidad de sentir relaciones, retirándose profundamente dentro de sí misma y esencialmente jurando amor y relaciones. En lugar de arriesgarse a otra relación abusiva o narcisista, ella decide aislarse.

Por supuesto, aislarse a sí misma viene con su propia serie de problemas. En primer lugar, es que nunca intenta manejar su trauma y su equipaje que lleva con ella después de lo que probablemente fue una larga historia de abuso. Ella no reconoce cuál es el problema y en su lugar sumerge su cabeza en la arena, negándose a solucionar el problema. Mientras que retirarse es una especie de mecanismo de confrontación, no hace nada para ayudar a los codependientes con la curación.

Además, esto sólo sirve para huir del contacto humano en general. La codependiente puede estar evitando más abusos narcisistas, pero también está evitando cualquier tipo de relaciones significativas también. Ella no ve que hay amor real y saludable por ahí y en su lugar se aleja más del mundo romántico. Ella elimina la opción de amor saludable por completo. Mientras que muchas personas pueden vivir sin afecto o romance en cualquier forma real, muchas personas consideran hacerlo algo que nunca querrían hacer.

La codependiente alcanza el estado de anorexia de codependencia cuando logra separar por completo sus necesidades emocionales y sexuales. Ella decide retirarse de todo contacto humano significativo.

Ella se está muriendo intencionalmente de amor e intimidad en un intento de protegerse, pero junto con no sanar, ella en realidad sólo está empeorando sus heridas. Los humanos buscan intrínsecamente compañía. Anhelan amor e intimidad, y sin ellos, pueden comenzar a sufrir consecuencias muy reales.

Tanto la salud mental como la capacidad futura de crear relaciones saludables sufren durante este estado de anorexia, en el que el codependiente está evitando constantemente y conscientemente el contacto humano. Ella ve cada punto de contacto como una posibilidad de peligro, y con frecuencia hace todo lo que puede para alejarse incluso de las posibilidades percibidas de peligro. Por ejemplo, si está fuera en una fiesta de día festivo a la que se le encomendó asistir al trabajo, puede intentar evitar a cualquier persona que perciba que pueda estar interesada en ella. Incluso las bondades más pequeñas se evitarían, ya que la codependiente lucha por identificar la diferencia entre el amor y la piedad o la compasión, y si ella siente que podría estar en riesgo de abrirse a una relación, es probable que se encoja detrás de su barrera que ella se ha construido, retirándose emocionalmente por completo. Ella ve que está cerrada como segura de daños, y se retirará a ese punto en cualquier momento en el que se sienta vulnerable.

En última instancia, la codependiente en medio de la anorexia no reconoce cómo esa privación de amor y sexo puede paralizarla. Puede que haya evitado el dolor, pero también se ha condenado a una vida solitaria, lejos de cualquier conexión significativa, y esa no es una vida que mucha gente quiera perseguir. La gente está confinada al querer conectarse entre sí, y sólo porque ella fue herida antes no significa que ella será lastimada de nuevo. Ella puede aprender a amar de nuevo si intenta hacerlo, pero a menudo tiene demasiado miedo de intentarlo. Esto puede conducir a un apego insalubre a los niños o a la familia, ya que ninguno de esos grupos corre el riesgo de sufrir daños en las relaciones. Desafortunadamente, esto significa que los hijos de los codependientes que han elegido morir de hambre de amor pueden encontrarse enredados con sus padres, lo que significa que son utilizados como apoyo en lugar de ser apoyados por sus padres.

Esto es común conocido como incesto emocional, en el que un padre recurre a un niño para proporcionar el apoyo que normalmente proporciona una pareja íntima o romántica. El niño sería el oído para escuchar al padre cada vez que estaba sufriendo o estaba estresado, pero esto sólo pone al niño en riesgo de convertirse en codependiente, ya que el niño aprende que sus propias necesidades no son importantes en comparación con las del padre codependiente.

En última instancia, este estado de anorexia codependiente es perjudicial para todos los involucrados. Los hijos de las personas encuentran su propio sufrimiento de salud mental. La persona codependiente se queda atrás, sola y herida. Hay mucho que las personas codependientes pueden hacer con el fin de aliviar ese dolor y comenzar la transición de nuevo al mundo del romance. Pueden buscar terapia. Pueden ser evaluadas para ver si tienen problemas de salud mental, como el trastorno de estrés después de un aluvión constante de narcisistas y abusadores corriendo desenfrenadamente en su vida. Ella puede encontrar grupos de apoyo destinados a mostrarle que no está sola en su sufrimiento. Ella puede comenzar a abrirse a amigos y familiares y expandir lentamente sus círculos. Lo que ella no debe hacer, sin embargo, es buscar una nueva relación antes de que esté lista, que puede no ser por mucho tiempo. Ella debe, sin embargo, recordar que el amor está por ahí en alguna parte y que se puede lograr sin preocupación por el abuso.

Capítulo 5

Siendo un observador consciente de su vida

El abuso narcisista es insidioso, lentamente penetrando cada parte de su vida. Mientras más se sienta usted atrapado en el abuso, más desubicado y perdido estará, hasta eventualmente; se sentirá que esta sólo flotando a través de toda su vida, y que usted es una mera cascara del bello individuo que es, bien parecido a lo que era antes de enredarte con un narcisista. Poco a poco, el narcisista le doblega, hasta un día, en que usted ya no se reconoce en el espejo. Mientras el abuso narcisista es increíblemente dañino, no tiene que ser permanente, y usted puede recobrarse de sus efectos, aunque usted siempre puede soportar una parte de las cicatrices dejadas por las heridas. Si siente que usted podría estar en una relación narcisista cargada con abuso, este capítulo le proveerá de los signos delatores y los nombres puestos para los tipos diversos de abuso que usted tiene, y que puede haber afrontado. Por favor recuerde, ningún abuso vale la pena tolerar, y no importa lo que nadie más haya dicho, nadie merece ser abusado. Usted merece felicidad y salubridad, y puede alcanzarla. Si siente que está siendo abusado y necesita ayuda de inmediato, no dude en comunicarse con otras personas a su alrededor, o llamar a sus servicios de emergencia o a su línea local de abuso doméstico. Hay ayuda disponible para usted y usted no tiene que estar atrapado por más tiempo de lo que ya ha estado.

Tipos de abuso

El abuso narcisista viene en muchas formas diferentes, y algunas de ellas pueden sorprenderte. Muchos comportamientos que usted puede haber visto como control o que lo hicieron sentirse incómodo pueden ser en realidad tipos de abuso que usted ha pasado por alto durante demasiado tiempo debido a la falta de evidencia física de su abuso.

Tenga en cuenta que no todos los tipos de abuso tienen que ser físicos, y hay muchos otros tipos que pueden dejar cicatrices mucho peores que un puñetazo. Si usted está experimentando cualquiera de estos, entienda que usted está bien dentro de sus derechos para irse, y salir es la opción más saludable. Usted no está obligado a vivir en una situación abusiva, no importa cuánto miedo tenga usted de vivir.

Abuso verbal

El abuso verbal implica gritos, menosprecio o cualquier otro tipo de maltratos verbales. Estos se dicen con la intención de derribarlo en lugar de ser algún tipo de crítica negativa, pero todavía constructiva, y el abuso verbal no debe pasarse por alto sólo porque no deja marcas físicas.

Esto puede implicar insultos, decirle que usted es un inútil, criticarle, atacarle, interrumpirle y cualquier otro uso intencionalmente dañino de una voz. Incluso las demandas, las amenazas y el sarcasmo son formas de abuso verbal. Para decidir si algo es una forma de abuso verbal, considere el contexto y si fue malicioso. Si contextualmente, se dijo que le lastimaba, entonces es probable que sea abuso verbal. Si fue algo que le derribó, pero estaba destinado a ser de beneficio para ti, puede que no lo haya sido.

Manipulación

Como se ha discutido en profundidad, la manipulación es uno de los juegos favoritos del narcisista. Les encanta ejercer control sobre usted, tirando de sus cuerdas para obtener sus resultados deseados con la cantidad justa de negación.

A menudo, estas tácticas manipuladoras se hacen de una manera en la que parece inofensivo para los forasteros, pero usted siente en sus entrañas que era hostil o degradante. Confía en tu reacción interior.

Abuso emocional

El abuso emocional implica castigos, amenazas, intimidación, tratamiento silencioso u otros actos que intuyen sus emociones. Está destinado a menospreciarle y mantenerle con miedo. Esto está destinado a desencadenar la respuesta de miedo, obligación y culpa, manteniéndole atascado en la espiral de estas tres sensaciones. También implica jugar con sus emociones, como construirse con el amor bombardeando sólo para desgarrar repentinamente ese amor y afecto en un abrir y cerrar de ojos. Cualquier cosa que juegue con sus emociones es una forma de abuso emocional.

Abuso físico

Esta es quizás la más obvia de las tácticas de abuso utilizadas por los narcisistas. Cualquier abuso que le dañe físicamente o le mantenga atrapado en una forma de abuso físico. Puede haber muestras de agresión, como perforar puertas o paredes, o actos de mantenerte en su lugar cuando quieras irte. Si las manos de la otra parte alguna vez están sobre usted sin su consentimiento, es abuso físico.

Abuso sexual

Incluso en las relaciones románticas y los matrimonios, el abuso sexual es un problema con el que las parejas se pelean. El hecho de que usted esté casado o haya dado su consentimiento a actos sexuales en el pasado no significa que su permiso sea indefinido. Algunos narcisistas usarán esto para mantener el control sobre usted o para satisfacer sus propias necesidades cuando actué de forma intransigente.

Negligencia

La negligencia se considera típicamente en el contexto de un niño con un padre narcisista, aunque podría verse en otros contextos también si el narcisista está en una posición de proporcionar todo lo necesario para sobrevivir, pero se ha negado a hacerlo. En el contexto de los niños, esto puede incluir dejar al niño en una situación peligrosa o morir de hambre.

Abuso financiero

El abuso financiero implica retener todo el dinero o la gran mayoría del dinero, y sólo proporcionar a la víctima una pequeña cantidad, o en algunos casos, ninguno en absoluto, incluso si la víctima es la que lo ganó. Esto es para mantener a la víctima dependiente del narcisista para todo, lo que permite una manipulación más fácil en el futuro. Esto se puede hacer a través de amenazas, robo, o incluso el uso de su nombre e información privada para sacar tarjetas de crédito a su nombre y acumular deudas con ellos.

Aislamiento

El aislamiento implica poner una brecha entre la víctima y cualquier persona que pueda ser un sistema de apoyo para la víctima. Su contacto con el mundo exterior puede estar restringido con el fin de otorgar al narcisista un control más completo, pero también para asegurarse de que el abuso no se descubre.

Signos de abuso

Las personas que son abusadas por los narcisistas a menudo reportan signos y síntomas similares del abuso. Aunque no todas las personas seguirán este patrón exactamente, muchas personas exhibirán algunos de estos síntomas si han estado expuestas a abusos narcisistas sistemáticos y regulares.

Sentirse separado de sus emociones

Separarse es una forma de un mecanismo de defensa llamado disociación. En este estado, se siente separado de sus emociones, y en algunos casos, de tu cuerpo. Es una de las características más definitorias de experimentar un trauma y se ve con frecuencia en sobrevivientes de abuso narcisista. La mente trata de secuestrar el evento traumático para tratar de hacer frente a él, pero esto puede tener algunas implicaciones graves, ya que puede comenzar a fragmentarse en varias piezas sólo para hacer frente al abuso que ha sufrido, y puede comenzar a experimentar niveles alterados de conciencia y ver efectos en su memoria.

Caminar sobre cascaras de huevo.

Aquellos que han vivido traumas a menudo hacen todo lo posible para evitar cualquier cosa que este remotamente asociada con el trauma. Usted puede comenzar constantemente a evitar a las personas que le recuerdan a su abusador o tener cuidado de evitar decir algunas de las frases que usaba con frecuencia con el fin de evitar sentir una sensación de ser activada. Usted puede comenzar a ver lo que hace o decir alrededor de su abusador con la esperanza de evitar otro error de abuso, pero es probable que todavía sea su objetivo. Esto le deja ansioso la mayor parte del tiempo, con esa sensación de caminar sobre cáscaras de huevo mientras tratas desesperadamente de evitar poner en marcha a tu abusador.

Auto-Sacrificio

A través de ser abusado y no tener ninguna de sus necesidades satisfechas por un largo período de tiempo, usted ha renunciado a satisfacer sus propios deseos y necesidades. Sus metas y deseos se descuentan a favor de atender al narcisista, asegurando que nunca lo molestes o le desencadene en un intento de evitar más abusos. En última instancia, se queda sin ambiciones ni pasatiempos, habiendo dejando todo su ser consumido por el narcisista para su propio beneficio personal.

Problemas de salud relacionados con la angustia psicológica

A menudo, su angustia psicológica se manifiesta físicamente. Su peso puede haber fluctuado drásticamente, o su cuerpo, abrumado por el estrés, ha comenzado a mostrar signos de envejecimiento o se encuentra cada vez más enfermo que nunca antes. El abuso aumenta los niveles de cortisol a medida que te estresas, lo que suprime el sistema inmunitario. Su sueño se ve interrumpido por un trauma, que aumenta aún más sus niveles de estrés.

Desconfianza

Después de ser traicionado tan a fondo por alguien en quien una vez confió o amo, se encuentra constantemente sintiéndose amenazado por todos los lados. No confía en nadie a su alrededor y trata de protegerte permaneciendo vigilante alrededor de todos los demás, incluso cuando las personas que le rodean pueden no haberte dado señales de que le harían daño.

Autolesiones o pensamientos de suicidio

A medida que la depresión y la ansiedad se desarrollan frente al abuso, es posible que tenga pensamientos de hacerse daño usted mismo o de suicidarse. Siente que el suicidio puede ser la única manera real de salir de su situación, y se encuentra luchando para sobrellevarlo. Llega al punto de que siente que la muerte es favorable a vivir más atrapada con su abusador. Recuerde, si usted está teniendo estos pensamientos suicidas, o pensamientos de lastimarse a sí mismo, usted está teniendo una emergencia médica. Por favor, busque ayuda tan pronto como sea posible para ayudarse a estabilizarse para que pueda salir de la situación que lo llevó hasta aquí en primer lugar.

Auto aislamiento.

Mientras que el abusador con frecuencia se dedica a aislar a la víctima con el fin de mantener el abuso oculto, la víctima de abuso también puede participar en el autoaislamiento. Después de sentir vergüenza por el abuso, o sentir como si te hubieras dejado entrar en esta situación, puede tener miedo o avergonzarle de hacerle saber a otras personas acerca de su situación con miedo de que le juzguen. Especialmente en un clima social que parece favorecer a los abusadores y culpar a la víctima, usted puede tener miedo de salir y pedir ayuda, por lo que en su lugar se vuelve hacia adentro y se niega a ver a nadie.

Echarse la culpa

Es fácil culparse usted mismo por ser lo suficientemente estúpido como para quedarse atrapado en una relación tan mala en primer lugar, cuando se encuentra sufriendo a través del abuso narcisista. Sin embargo, tenga en cuenta que no pidió que le abusaran, y no se lo merecía. El narcisista es experto en manipular a la gente para que vea lo que quiere que vean y usted cayo en ello, como lo hicieron otros, y como otros lo harán en el futuro. Esto no es un defecto suyo; se refleja únicamente en el narcisista.

Auto-Sabotaje

Las víctimas de abuso con frecuencia se encuentran desarrollando una voz interior que refleja la de su abusador. La víctima desarrolla vergüenza relacionada con la situación, y en muchos casos, auto-sabotajes debido a una sensación percibida de inutilidad. Debido a que el abusador ha golpeado tanto a la víctima, la víctima ha llegado a aceptar la narrativa del narcisista sobre el mundo que los rodea.

Vivir en el miedo

Los narcisistas se ofenden cada vez que alguien a su alrededor está experimentando gozo o éxito, y a menudo, es durante esos períodos de éxito o felicidad en los que el narcisista se intensifica, castigando a cualquiera que se atreva a tener algo de lo que estar feliz. Esto hace que la víctima del abuso narcisista desarrolle un miedo al éxito o al disfrute. La disposición temerosa también permite que el narcisista siga siendo el centro de atención con menos competencia.

Protegiendo al abusador

A menudo, la víctima siente cierta necesidad retorcida de proteger al abusador de las consecuencias de tales acciones atroces.

Este es un mecanismo de confrontación que está destinado a ayudar a calmar la disonancia cognitiva que sólo

Ha sido usada por alguien que ha sido abusado por una persona que declara que el amor puede entender. La víctima puede sentir que hay una necesidad de proteger al narcisista debido a la obligación y porque el narcisista dice amar a la víctima. La víctima generalmente asume una parte de la culpa y dice que las cosas no son tan malas como parecen debido a sentir como si la víctima no será capaz de sobrevivir sin el narcisista allí para ayudar.

Resultados del abuso

En última instancia, incluso después de escapar inicialmente del abuso, usted puede notar los efectos duraderos de vivir con un monstruo tan tóxico. Recuerda, esto no es un reflejo de ti, sino del abuso que sufriste, y te llevará tiempo y esfuerzo trabajar más allá de estos obstáculos y convertirte en la persona que mereces ser. Los hábitos de comportamiento más frecuentemente notados después de haber escapado del abuso de un narcisista son el ecoísmo y algunos trastornos de salud mental.

Ecoismo

En el mito griego de Narciso y Eco, Eco fue maldecido. Ella sólo fue capaz de repetir lo que se le dijo a su último, y cuando se enamoró de Narciso, sólo pudo repetir lo que él había dicho. No la amaba de nuevo, y en última instancia, maldijo para repetir sus palabras; se desvaneció y murió, dejando atrás sólo su voz, que se haría eco de cualquiera que llamara a su alrededor.

Al igual que la ninfa, Eco, los que sufren de ecoísmo no desarrollan un sentido de sí mismos o tienen ese sentido de ser erosionado. Por lo general, las personas más empáticas y emocionalmente sensibles, aquellos que se convierten en ecos se sienten como si hubieran dejado atrás sus identidades. Ponen sus necesidades en último lugar, desarrollando en última instancia el miedo a tener necesidades en primer lugar. Sienten que tener necesidades y actuar sobre ellas es suficiente para demostrar que son egoístas, aunque eso es realmente sólo una táctica de proyección que el narcisista ha utilizado para convencer a la víctima de abandonar sus propias necesidades por su bien.

El ecoísmo es el sentido último de la gente agradable, y estas personas sufren, incluso después de dejar la relación por completo, como la creencia interiorizada de que la víctima no puede tratar de participar en el autocuidado o tener cualquier tipo de identidad lejos del narcisista la cual está arraigada.

Problemas de salud mental

Aquellos que han sufrido de Desorden de Personalidad Narcisista, especialmente cuando era particularmente tóxicos, pueden encontrarse a sí mismos sufriendo de otros problemas de salud mental. La tensión constante de tratar de satisfacer al narcisista insaciable puede convertirse en ansiedad y depresión, que tienen muchas víctimas en el individuo. Constantemente tener necesidades no satisfechas y recibir críticas si te atreves a intentar expresar descontento o que necesitas algo puede llevar tanto a ansiedades en la confrontación o una sensación de depresión a medida que se decide a creer que la situación es desesperada. A través de un trauma repetido, incluso puedes desarrollar trastorno de estrés postraumático, especialmente cuando el abuso sufrido por el narcisista es particularmente malo.

En última instancia, dejar a un abusador narcisista es la única manera verdadera de evitar el daño y protegerse a sí mismo y a su salud mental. Cuanto más tiempo esté en la relación, más difícil será dejarlo ir a medida que la vinculación de trauma saque como una imposibilidad. A pesar del abuso, siente que la vida no podría suceder de otra manera, y te encuentras atascado. Recuerda que no tiene que permanecer en una relación de este tipo, y salir siempre es una opción.

Capítulo 6

La práctica de la meditación plena y su propósito

Cuando empieza a reconocer los comportamientos tóxicos que los narcisistas traen a su vida, es natural sentirse apagado y desea alejarse de ellos. Cuando una víctima se aleja de un narcisista, pero no decide firmemente cortar todas las conexiones con ellos, lo llamamos "yendo con contacto lento". Para muchas víctimas, este es el primer pequeño paso hacia cambios revolucionarios en su vida social y profesional.

Aun así, para una víctima de abuso narcisista, ir con un contacto lento es un poco como un alcohólico que tratando de reducir a dos o tres bebidas por semana, en lugar de abrazar la abstinencia completa. En algunos casos, es realmente la mejor opción para la víctima, por ejemplo, si comparte la custodia de su hijo con un narcisista, o si usted es financieramente dependiente. Pero incluso en estos casos, es imperativo para la víctima mantener límites fuertes, y estar atento a todas sus interacciones con el narcisista, para no permitir que ningún comportamiento sutil o abusivo se deslice a través de las grietas.

Recuerde que, para el narcisista, toda la atención es buena; ellos pueden inducirle a sentir, por un tiempo, que ha ganado la ventaja en la relación al escuchar sus quejas sobre su comportamiento, incluso permitiéndole gritar para expresar su frustración, o incitarle a "vengarse" con ellos. Si bien podría imaginar que esto es doloroso o difícil para ellos, pueden, de hecho, disfrutar que les grites, porque les demuestras que todavía estás abrumado por las emociones que están en usted. Eso es hace sentir poderosos.

Tal vez quieran que sientas que tienes poder en la relación por un corto tiempo, pero esto suele ser un truco táctico para controlar que de nuevo te adormecen en una falsa sensación de seguridad antes de que exhiban más comportamientos abusivos.

Su objetivo es mantenerte comprometido y cautivado, con toda tu energía enfocada más en reaccionar ante el narcisista que en alimentar tu propio bienestar.

¿Es hora de un cambio?

Las víctimas de abuso narcisista a menudo se sienten muy inseguras acerca de cómo avanzar, porque están a mitad del camino (o más) convencidos de que son el problema, y el narcisista no ha hecho nada malo. Las tácticas esbozadas en los capítulos cinco y seis trabajan acumulativamente para capacitar a las víctimas para que se culpen por el abuso que sufren. Se les ha dicho que son melodramáticos; que están exagerando; que están imaginando cosas; que están locos; y que ellos, las víctimas, son de hecho los que poseen un sentido exagerado de auto-importancia.

Pero si se ha encontrado aquí, leyendo este libro, lo más probable es que sepa, en algún lugar profundo de usted, que esta relación no es buena para usted. Tal vez haya notado que su personalidad o apariencia física cambia cuanto más tiempo está expuesto a esta persona; tal vez usted está experimentando síntomas emocionales que no se puede explicar fácilmente, como la depresión, la ansiedad, el miedo social, o la ira crónica.

Tal vez simplemente se ha dado cuenta de que teme pasar tiempo con esta persona, porque la relación sólo les sirve mientras drenas tu energía.

Aquí hay una lista de verificación para revisar cada vez que se sienta preocupado de que una relación podría haberse vuelto tóxica, pero no puede ver una solución clara, o rastrear la fuente de los problemas dentro de ella.

Si usted se identifica fuertemente con estos sentimientos, ese es un indicador bastante fuerte de que algo en la relación necesita cambiar, o al menos ser examinado con un ojo cuidadoso.

Practique escucharlo con decisión y honra tus sentimientos. No son simplemente un inconveniente, ya que los narcisistas en su vida pueden haberle enseñado a creer; sus emociones son herramientas poderosas que pueden ayudarle a evitar el peligro, y encontrar la verdadera felicidad.

Usted ya no sabe cuál es el camino a seguir

Este es un efecto común de la manipulación psicológica. En una relación con un narcisista, a menudo se les dice a las víctimas que sus percepciones exactas de la realidad son delirantes. Un narcisista podría llamar feo a su víctima, y luego pocos minutos después, negar que esto haya ocurrido con suficiente convicción para convencer a la víctima de que imaginaron todo el incidente. Si con frecuencia dejas conversaciones contenciosas con el posible narcisista en tu vida sintiendo que no podías resumir la discusión a un terapeuta u otra parte interesada, esto puede ser parte de la razón del porqué. Es muy recomendable que comience a llevar un diario de estas discusiones y otras incidencias de tratamiento inapropiado o abusivo; esto le ayudará a reconocer y prevenir los nuevos intentos del narcisista de jalearle y evitar la rendición de cuentas. También le ayudará a construir más confianza en su propio juicio, y a mantener una resolución más fuerte cuando el narcisista intente volver a su alcance manipulador.

Usted se encuentra en una posición defensiva sobre solicitudes razonables

Los narcisistas son expertos en el cambio de culpa, lo que significa que son excelentes para hacer que sus víctimas se sientan conscientes de las realidades de su victimismo. Digamos, por ejemplo, que usted es el mejor amigo de un narcisista que con frecuencia les gustan bombardeos de amor y luego te descarta, apareciendo sin invitación cuando necesitan su atención, pero luego de pie para las fechas de cena acordadas. Es perfectamente razonable que un amigo en esta situación exprese su insatisfacción al ser confrontado, y pida al amigo narcisista que trabaje y mejore en esta área de la amistad. Pero un narcisista podría reaccionar fácilmente dando a entender que la víctima es de alguna manera emocionalmente débil por no querer comer solo, o para necesitar su validación.

Incluso podrían llegar a culpar al amigo agraviado por elegir un lugar o un momento incómodo para reunirse, o tener habilidades de comunicación deficientes que les impidan expresar adecuadamente lo importante que es para ellos no ser plantados.

Se trata de un intento de cambiar el asunto, o mover el objetivo, del argumento. Si le resulta infinitamente frustrante tratar de mantener este tipo de conversaciones sobre el tema con cierta persona en tu vida, o descubre que está teniendo el mismo argumento una y otra vez sin que sus necesidades sean abordadas o los comportamientos problemáticos cambian, toma nota de este hecho y proceder con precaución. Usted nunca debe tener que disculparse o llegar a la defensiva al pedir una cortesía común de alguien que dice preocuparse por usted, siempre y cuando la solicitud se hace de una manera respetuosa. Cuando lo haces, te subordinas y estableces un precedente para que otros te traten como un felpudo.

Tienes que explicarle lo básico a un adulto, como si fuera un niño

¿Recuerdas el juicio político de Bill Clinton, cuando toda la nación vio al presidente de los Estados Unidos (presumiblemente un individuo muy bien educado y socialmente inteligente) pedir que se le defina y aclare la palabra "es" definida y aclarada por él? No podemos necesariamente diagnosticar al ex presidente como un narcisista patológico, pero su comportamiento en ese entorno fue ciertamente ejemplar de tácticas de argumentación narcisistas. Los narcisistas no pueden aceptar la culpa, expresar remordimientos genuinos o manejar la vergüenza, por lo que no están por encima de jugar a ser tontos o bordear tecnicismos para evitar enfrentar las consecuencias de sus acciones. Es posible que se sienta mentalmente agotado si hay un narcisista en su vida que rutinariamente lo ponga en la posición de explicar las reglas de la decencia humana común, por ejemplo, por qué es grosero interrumpir a la gente, o que es inapropiado sonreír o reírse de alguien el dolor emocional de otra persona- como si el narcisista es un niño de cinco años no podría esperarse que sepa nada mejor.

Es importante tener en cuenta que también puede tener esta experiencia con personas que realmente no saben mejor, como un individuo en el espectro del autismo; por el contrario, sin embargo, una persona en el espectro probablemente será capaz de reconocerlo si estas cuestiones han sido puestas en su atención en el pasado, incluso si aún no han corregido los comportamientos ofensivos, mientras que un narcisista fingirá una ignorancia completa.

Cuando piensa en ellos, usted se siente dividido en dos

Como alguien que se encuentra pies arriba por el Dr. Jekyll, pero aterrorizado por el Sr. Hyde, usted puede sentir como si al mismo tiempo ama y odia a esta persona. Este es un resultado desafortunado del ciclo de abuso; por todas las experiencias negativas, también hay máximos extremos en la relación, por lo general los que eclipsan las experiencias positivas en sus conexiones interpersonales más saludables y estables. También puede sentirse confundido acerca de qué cual lado de la persona es real: la figura perfecta, sin culpa, intachable que la mayoría del mundo ve, o el monstruo que sale de vez en cuando para aterrorizar a usted y algunas otras víctimas desafortunadas.

Finalmente, usted puede sentirse dividido en dos basado en su conocimiento, de la experiencia pasada, que tratar con ellos te pone en un verdadero aprieto; incluso cuando sabes que deberías defenderte a ti mismo, o por justicia en nombre de otra persona, sabes que serás condenado si lo haces y condenado si no lo haces.

El narcisista no escuchará la razón ni tolerará la disidencia, e incluso si estás en lo correcto, es más probable que te castiguen por ello.

Se siente nervioso o ansioso por situaciones que nunca te habían molestado antes

En una relación con un narcisista, los refuerzos positivos y negativos se reparten aparentemente al azar. La única lógica que se puede aplicar a las reglas de esta relación es la del deseo.

Del momento a momento del narcisista, por lo que puede ser alabado por un cierto comportamiento en un día, y luego inexplicablemente castigado por hacer lo mismo en un momento posterior.

Esta dinámica crea una sensación de tensión constante en la relación y la ansiedad en la víctima, que no sabe lo que están haciendo bien o mal. Como tal, la víctima puede desarrollar ansiedades en torno a especificas situaciones (personas, lugares, situaciones o circunstancias) sintiendo que, aunque una vez se sintieron cómodos manejando estas cosas, ya no entienden lo que se espera de ellos, ni saben qué esperar de la situación desencadenada por ellos. Esencialmente, la víctima aprende a asociar sus recuerdos y emociones negativas con las circunstancias, en lugar de la narcisista que hizo una situación normal inmanejable para ellos.

Tiene miedo de abogar por usted mismo

Algunas personas naturalmente luchan por hablar o ser asertivas con otras, pero las víctimas de abuso narcisista tienden a sentir una marca muy específica de miedo en lo que respecta a afirmar sus necesidades en las relaciones interpersonales. Esto se debe a que los narcisistas tratan a sus amantes, amigos, colegas y familias como seres inferiores a ellos cuyas necesidades son secundarias; además, además, entrenan a estos individuos para temer y que abogar por ellos mismos es inherentemente narcisista y los hace poco amables. Las víctimas no solo se sienten nerviosas por hablar, realmente tienen miedo de que pedir un trato justo e igualitario resulte en una pérdida catastrófica para ellas.

Pasar demasiado tiempo con un narcisista puede destruir el barómetro interno de una persona para niveles saludables de autoestima, así que, si te encuentras frecuentemente tolerando intrusiones sobre tus límites personales y sintiéndose temeroso de hacerlas cumplir, sería prudente buscar la ayuda de un terapeuta o consejero. Cualquiera que tenga miedo de abogar por sí mismo también podría tener su objetivo en la frente, ya que es extremadamente probable que caigan en relaciones desequilibradas con abusadores aún más narcisistas.

No recuerda la última vez que usted dijo "no"

Los narcisistas entrenan a sus víctimas para que sean personas que digan "sí". Con el tiempo, las víctimas aprenden que son tan valiosas como su capacidad para complacer al narcisista (o sus monos voladores), hasta que llegan a un punto en el que no solo ayudan a los demás porque quieren, la necesidad de complacer a otras personas. se vuelve imperativa y no complacer a los demás resulta en una vergüenza profunda e inquietante. En cualquier relación, ya sea romántica, platónica, familiar o profesional, debe sentirse totalmente bienvenido a decir "sí" a las cosas que desea y decir "no" a cualquier cosa que lo haga sentir incómodo. Si este no es el caso, debe reconocer que no hay lugar para la coacción o la manipulación en las relaciones saludables, y tomar las medidas necesarias para proteger su derecho a dar o negar su consentimiento a voluntad.

Usted se siente mareado o incómodo al recibir una atención positiva, o halagos de otros

Esta actitud puede surgir en las víctimas que han existido en un estado de competencia sin fin con los narcisistas en sus vidas. Las víctimas pueden haber sido castigadas rutinariamente por el narcisista por "robar el centro de atención", o acostumbrarse a que cualquier elogio se dirigiera a su camino negado o invalidado por el narcisista poco después. Esta mentalidad puede llegar a estar tan profundamente arraigada en la mente de una víctima que todavía está inquieta por recibir atención positiva cuando el narcisista no está presente, y es poco probable que se entere de la interacción. Incluso puede afectar la capacidad de la víctima para mantener el contacto visual con otras personas, o para hacer cualquier cosa en conversaciones además de hacer preguntas y escuchar. Esta actitud también desalienta a las víctimas de perseguir sus propios objetivos; desarrollan un miedo al éxito aparente, porque podría convertirlos en un blanco de la envidia del narcisista.

No sabe en quién puede confiar

A los narcisistas les gusta sembrar miedo y desconfianza entre sus diversas fuentes de suministro narcisista, ya sean miembros del harén o monos voladores. De hecho, puede ser más importante que estas personas sospechen mutuamente de una mala intención que para cualquiera de ellos llevar entusiasmo o afecto genuinos por el narcisista reinante. Esto evita que sus subordinados unan fuerzas para derrocar o exponer al narcisista, y creen una atmósfera en la que todo el mundo cree que el narcisista ve, oye y sabe todo lo que sucede, incluso cuando están ausentes. El miedo y la paranoia trabajan para mantener a las víctimas en silencio.

Está cuestionando sus valores, o lamentando las decisiones moralmente sólidas que hizo en el pasado.

Es importante que todos desarrollen una brújula moral interna fuerte y se aseguren de que se define por valores personales en lugar de basarse en los sentimientos de otras personas. El abuso narcisista puede crear complejas redes de disonancia cognitiva dentro de las víctimas, que serán jadeadas y les dijo que sus comportamientos bien intencionados eran realmente maliciosos, sus emociones son huecas y fingidas en aras de la manipulación, y su ira o la tristeza no es válida.

Si usted está sintiendo la presión de arrepentirse o corregir un comportamiento pasado que usted sabe en lo más profundo fue la elección correcta, es importante examinar este sentimiento y cuestionar el motivo detrás de la presión.

Como ejemplo, si usted interviene en nombre de un desvalido que está siendo acosado, y más tarde se le hace sentir como si se tratara de una acción egoísta o auto justa, debe cuestionar estas afirmaciones. Si inviertes tu brújula moral y aceptas estos juicios, ¿a quién sirve más? ¿A quién protege? ¿Cómo podrían haber salido las cosas de manera diferente sin su intervención?

La presión para alterar tu brújula moral puede provenir de un tercero, pero al hacer estas preguntas, por lo general encontrarás que el narcisista en tu vida se beneficia más de tu abandono de fuertes valores morales.

Ir con un contacto bastante lento

Cuando ha determinado que cierto narcisista tiene una influencia negativa en su comportamiento y ambiente emocional, no hay razón para seguir tratando de arreglar lo que está roto en usted. En este punto, es probable que haya probado todos los trucos del libro para animarlos a tratarle con compasión y respeto mutuo. A partir de ahora, haga un esfuerzo para no perder más tu aliento o tiempo en una causa perdida.

Es posible que aún necesite mantener una buena posición en el libro del narcisista; pueden tener poder financiero, profesional o espiritual sobre usted, o simplemente pueden estar profundamente enredados en su círculo social.

Aun así, reducir la cantidad de energía y esfuerzo que dedicas a mantener y mejorar esta relación puede liberar una enorme cantidad de tiempo para que se dedique a la curación y al crecimiento personal.

Por lo general, no es necesario exponer explícitamente su deseo de pasar menos tiempo con esta persona. Simplemente puede dejar de comunicarse con ellos, sin dejar de ofrecer respuestas educadas cuando se pongan en contacto con usted.

También puede hacer un esfuerzo lento pero deliberado para alejarse de instituciones o grupos compartidos, siempre y cuando no se esté haciendo un daño con esta acción, o participando en este comportamiento simplemente para molestarlos.

Por lo general, es desaconsejable usar excusas, si y cuando el narcisista toma nota de su comportamiento cambiante. Si bien podría ser tentador responder a su pregunta de "¿qué pasa?" con un rechazo suave, diciendo "nada, acabo de estar ocupado últimamente", o "oh, sólo estoy teniendo algunos problemas personales con mi familia", este tipo de excusas eventualmente volverán a morderte en el Trasero.

El narcisista podría sentir que se les deben explicaciones más detalladas, y comenzar a curiosear en su negocio; peor aún, esperarán que su comportamiento vuelva a ser "normal", lo que significa que reanudará adorarlos y soportar el abuso, una vez que esta excusa haya corrido su curso.

Una alternativa mucho mejor es dejar que el narcisista sienta que fue su idea retirar energía y atención de la relación. La mejor manera de inspirarlos a hacer eso es convirtiéndose en una fuente disfuncional de suministro narcisista, utilizando la técnica "Grey Rock" para desviar la atención del narcisista.

Capítulo 7

La práctica hace la perfección

Muchas veces debe haber oído que la verdadera sanación ocurre sólo cuando se perdona y olvida realmente desde lo más profundo del corazón.

También puede que se pregunte y piense en lo mismo porque casi todas las religiones hablan del perdón como un camino hacia la curación, pero al mismo tiempo, surge la pregunta de cómo puede perdonar a la persona que le causó tanto daño y si es posible perdonar a alguien que ha sido responsable de su devastación, especialmente cuando no reconocen lo que han hecho.

Otra pregunta que puede atormentarle es si perdonar está justificado dado que el narcisista está equivocado en tantos niveles y es una persona peligrosa no sólo para usted, sino también para la sociedad en general.

No está solo en esta batalla, y es completamente normal enfrentar estas preguntas. No se golpee por tener estas preguntas, y pensar en esta línea no se convierte en un mal cristiano en absoluto. Es posible que también haya escuchado cosas como no perdonar le harán no espiritual.

Lo primero que hay que tener en cuenta es que este es su viaje solo. Usted tiene todo el derecho a decidir qué hacer, cuándo hacerlo y cómo hacerlo.

Pero es bueno para usted saber que el perdón es parte del viaje. Una vez que ha perdonado al abusador es cuando realmente ha seguido adelante.

Luché con el perdón durante muchos años hasta que conocí a Diane. Nos conectamos a través de un grupo de apoyo y me sentí inmediatamente atraída por ella porque ella siempre hablaba de su pareja abusiva de la que todavía no estaba separada con amabilidad.

Me preguntaba cómo alguien era capaz de pasar por un abuso tan cruel y no sólo permanecer en el matrimonio, sino mantener una actitud tan positiva. Aunque no aconsejo a nadie que se mantuviera en una relación abusiva, Diane había tomado su decisión de seguir con Tom. No podía entenderlo, pero definitivamente respetaba su posición. Ella compartió cómo aplicó un principio de perdón hacia adelante, lo que significa que había elegido perdonarlo por el pasado, el presente y también cualquier daño que infligiría en el futuro.

Esto puede sonar impactante para usted, pero la verdad es que me ayudó a poner en perspectiva las cosas que me habían sucedido. Si realmente iba a dejar atrás el pasado, tenía que enfrentar mi dolor y mi ira, y poder decir. Lo perdono hacia adelante.

El perdón no significa que tengas que hacerle saber al abusador que él está fuera y darle la bienvenida de nuevo a tu vida. Ciertamente no hice eso. Pero como dicen, el perdón es como beber veneno y esperar que alguien más muera.

El perdón completo también significa perdonarse a sí mismo. Muchas veces a pesar de toda la curación y los pasos que la gente da o incluso usted podría haber tomado, se dará cuenta de que, en su corazón, usted no es libre todavía.

Esto se debe a que, si bien usted ha sido capaz de implementar ningún contacto estrictamente y ha establecido límites firmes, se ha olvidado de una cosa más importante. Lo más importante en su viaje de auto-curación es perdonarse a usted mismo.

Esto se debe a que nada importa, sin sesiones de terapia, ninguna cantidad de autocuidado o mimos puede hacerte ningún bien, si realmente no te has perdonado a ti mismo.

¿Por qué debe perdonarse usted?

Debes perdonarse a sí mismo, simplemente por la culpa constante que ha pasado. Muchas veces durante el viaje, se culpará a usted mismo por permitir que el narcisista abusara de su persona, por confiar en él incluso después de que sus verdaderos colores fueron revelados, por volverse adicto a él y buscarlo a pesar de todo el daño que le ha causado.

En una relación tóxica como la de un narcisista, la persona que más sufre es usted. Fue el más duro con usted mismo, y, por lo tanto, necesitas perdonarte a usted mismo.

Cuando perdonas de verdad, no estás liberando la carga del narcisista, sino que estás liberando la carga que te pones a ti mismo. Al perdonarse a sí mismo, usted deja caer el equipaje que ha estado llevando alrededor, por lo que de repente experimenta la libertad. Una vez que esto sucede, se dará cuenta de que ya no estás atormentado por los recuerdos, e incluso si recuerda algo del pasado, no le dañarán ni causarán un desarreglo.

El amor propio y el auto perdón son los repelentes del narcisista definitivo. Funcionan como nada más.

El perdón también eliminará el resentimiento desde dentro que has estado sosteniendo durante tanto tiempo. Limpiará su mente y cuerpo y te liberará.

El perdón tampoco significa que tengas que olvidarlo todo. Simplemente no es posible que te olvides por completo de todo lo que le ha pasado. No hay manera de que puedas borrar por completo este capítulo de su vida. Y borrar tus recuerdos no es necesario también.

Lo que se requiere es que los recuerdos dejen de tener un efecto negativo en usted.

A pesar de la sanación del trauma e incluso si usted ha perdonado al abusador, no significa que usted debe olvidar. Tener un recuerdo de los eventos le ayudará a detectar banderas rojas en el futuro y le ayudará a protegerse. Durante el proceso de sanación, eventualmente pasarás de la paranoia de que todo el mundo es un abusador a un ser humano normal siendo que no tiene problemas de confianza, pero siempre para recordar las lecciones que aprendiste, y lo más importante es la capacidad de detectar banderas rojas en la distancia.

No olvidar también le ayudará a ver hasta dónde llegado y tomar nota de la persona más fuerte que es hoy. También le hará una persona más sabia.

Por último, pero no menos importante si ha sobrevivido a todo el abuso y ha logrado sanar significa que hay una fuerza protectora dentro de usted que le está guiando, y debes estar orgulloso de eso.

Por último, pero no menos importante, todo el camino de la curación de un narcisista es un viaje espiritual más que cualquier otra cosa. Esto se debe al hecho de que un camino espiritual es uno en el que se busca la reconciliación y la educación a través de la iluminación. Es el único viaje que le permite viajar dentro de usted y descubrir su alma y mente para alcanzar metas más altas.

Este viaje es único para cada individuo, y ningún viaje va a ser el mismo.

La sanación de un abuso narcisista le obliga a seguir un camino de autodescubrimiento para responder a preguntas que surgen relacionadas con la ira, por qué deja que el abuso suceda, por qué todavía ama a su abusador, etc. La culminación de este viaje es cuando usted ha identificado las respuestas a las preguntas, aceptado sus defectos internos, y trabajado en la reparación de ellos.

Esta es la razón por la que la curación es más un proceso espiritual. Es el momento del autodescubrimiento, que le enseñará que tienes derecho al amor y al respeto. Esta espiritualidad del abuso narcisista viene en oleadas y no en un solo punto en el tiempo.

Poco a poco empiezas a darte cuenta de que:

• Usted está apreciando todo el amor propio y el cuidado que se está dando y también reconoce que el autocuidado es esencial para llevar una vida plena;

• Es completamente bueno ser un poco "egoísta" a veces porque sólo cuando es feliz, puede llevar una vida feliz, y esta felicidad viene de dentro;

• Usted está extremadamente cómodo con los límites que ha establecido y ya no se siente culpable por hacer cumplirlos;

• Ya no tiene pensamientos intrusivos sobre su ex narcisista, y su presencia tampoco te molesta;

- Usted está completamente a cargo de su espacio mental y físico y no permitirá que nadie se interfiera en ellos sin su permiso;

- Empieza a honrarse más a usted mismo y deja de anteponer las necesidades de los demás (ya no sufres de un complejo salvador);

- Reconoce por completo que un narcisista no puede ser cambiado y que no es su trabajo arreglarlo;

- No se descompone cuando llegan los problemas; más bien, empieza a buscar soluciones por su cuenta (este es un gran paso en la dirección correcta porque esto indica que confía en usted mismo y en su juicio algo con lo que habría luchado en los primeros días después del abuso).

Además de lo anterior, también entienden y aceptan que lo que les sucedió no fue un castigo, sino más bien una lección divina de Dios. Por raro que suene, esta es la verdad. Todo esto era esencial para que descubrieras tu verdadero potencial y te acepta sitiéis a ti mismo. Con el tiempo te darás cuenta de que estos castigos son lecciones que te ayudarán a superar todas las falsas creencias que tienes sobre ti mismo.

Usted cambiará de ser una persona codependiente que también necesitaba aprobación y temía a ser una persona segura de sí misma que no depende de la aprobación de nadie. El narcisista dejará de tener ningún control o poder sobre usted, y ninguna reacción se convertirá en una rutina para ti, no algo que necesites practicar cuidadosamente.

También te darás cuenta de que la transformación es la única manera de vivir tu mejor vida, y esta es la clave para llevar tu vida de una manera emocionalmente satisfactoria. Esto no significa que nunca volverás a enfrentar te problemas en la vida o que la vida será un lecho de rosas. Esto significa que con la transformación que se ha producido, podrás abordar los problemas de una manera tranquila y madura con toda la nueva fuerza que has adquirido.

La sanación espiritual es la curación de tu "espíritu interior". Es el proceso de trabajar en la energía de la fuerza vital dentro de ti y recuperar esta energía que te pertenece.

Otro aprendizaje importante es que desde una perspectiva espiritual no hay víctimas. Durante la fase inicial de recuperación, todo parece tan difícil porque te consideras una víctima.

Considerándote una víctima no te ayudará a crecer más fuerte; más bien te hará más débil. Esto se debe a que, durante siglos, la sociedad ha considerado que las víctimas son débiles, y las víctimas siempre han estado asociadas con la debilidad. También debes haber crecido pensando lo mismo. Mientras te sientas débil, nunca podrás sanar y seguir adelante.

Pero en la espiritualidad, no hay víctimas. Llegarás a entender esto a medida que avance tu viaje de sanación. Usted entenderá que cada uno de los eventos que le sucedieron fueron sólo experiencias. El abuso también fue una experiencia que permitiste que ocurriera en algún nivel. Empiezas a considerar la persona abusada como maestra y su experiencia como una experiencia de aprendizaje que le enseñó mucho acerca de sí mismo.

Aprendes intuición de esta experiencia y confías en las señales de alerta temprana. No es que no hubieras experimentado señales de alerta temprana durante las etapas iniciales de la relación, pero conscientemente decides ignorarlas, las alejas y dejas de dar a tu intuición la atención que merece.

A través del proceso de curación, comienza a aprender a confiar en su intuición de nuevo. Una vez que empieces a confiar en tu intuición, ya no estás en una posición peligrosa en la que caerás en un depredador como un narcisista.

en una situación peligrosa cuando era una víctima. Porque cuando es una víctima, de autoestima y por lo tanto atraes al tipo equivocado de personas a su vida. Este peligro continuará para siempre, y puede haber posibilidades en las que pasará de una relación abusiva a otra, y el ciclo continuará.

El secreto para que este ciclo de abuso se detenga es la curación desde dentro. La verdad es que el abuso sucede desde afuera, su alma interior se daña, y, por lo tanto, la curación debe suceder dentro Cuando está completamente empoderado, dejas de actuar como una víctima porque ya no se siente usted como una víctima. Esto automáticamente evitará que se caiga en busca de abusadores como un narcisista en el futuro porque se irá tan pronto como detecte la primera señal de un narcisista o cualquier otro abusador.

La sanación espiritual también le ayudará a entender que su pasado sirvió para un propósito en la vida y le enseñó todo lo que necesitabas para sobrevivir al futuro. Ahora que el propósito ha terminado, el pasado le dejó, y debe estar agradecido por las lecciones que el pasado enseñó y también agradecido a Dios de que ya no tiene que vivir esa vida temerosa y traumática. Entonces, ¿cómo se alcanza la sanación espiritual? Yo diría que es simplemente acercándose a Dios y participando en actividades espirituales como la oración, el ayuno, el estudio de la Biblia y la meditación de las promesas de Dios.

Es posible que no se sienta lo suficientemente fuerte como para orar durante largas horas y ese no es el punto. Lo más importante es que pase tiempo hablando con él, igual que él estaba sentado en la habitación contigo y derramando su corazón hacia él.

Escuchar canciones espirituales también tiene una manera de calmarme personalmente, así que en los días en los que me sentía demasiado abrumada para orar, sólo toqué algo de música en mi teléfono, una y otra vez. La paz que viene de Dios es como ninguna otra, no hay manera de que yo lo hubiera hecho con mi cordura intacta sin la ayuda de Dios.

Capítulo 8

Los niños en la relación narcisista

Conociendo lo que ha aprendido acerca del narcisismo, tal vez se pregunte por qué un narcisista tendría un hijo en primer lugar, considerando su deseo de ser atendido y adorado, en lugar de cuidar a alguien y atender todas sus necesidades, especialmente la de un niño que necesita una gran cantidad de elogios y atención.

La gente tiene hijos, sean narcisistas o no. No depende de algo así cuando usted y su pareja decidan formar una familia. Un narcisista puede disfrutar de tener un hijo o más de uno porque crea una relación inmediata con alguien en la que siempre tendrá poder y autoridad. En la relación padre-hijo, en opinión del narcisista, el niño siempre estará bajo el cuidado de ellos debido a la naturaleza de su relación y a su diferencia en la edad y la experiencia de vida.

Tristemente, y desafortunadamente, para el hijo del narcisista, aprenderán rápidamente que ellos viven existen para complacer y servir al padre, en lugar de que los padres satisfagan todas las necesidades del niño primero. El hijo del narcisista está allí para servir como un reflejo saludable de sus logros, logros y perfección general.

Así como el abuso narcisista puede ocurrir en una asociación romántica, también puede ocurrir en la dinámica padre-hijo. Un niño pequeño con un padre narcisista aprenderá que debe actuar y comportarse como el reflejo de sus padres, incluyendo la adaptación al comportamiento y/o molde de la personalidad que dicta el padre. Puede causar mucha ansiedad en el niño a partir de una edad muy temprana porque están siendo persuadidos para negar su personalidad única para ser el reflejo espejo que el padre narcisista necesita desesperadamente que ellos sean.

El incumplimiento de los deseos del padre narcisista, por ejemplo, si el niño quiere crear y establecer sus propias metas en la vida, el padre mostrará acciones de castigo encubiertas y abiertas, incluyendo evitar, ignorar, negar y rechazar al niño por un tiempo. El padre verá la autonomía de su hijo como si estuviera contra ellos, como si el niño los estuviera traicionando intencionalmente.

Un padre narcisista es difícil para que un niño lo entienda y confíe en él. Son impredecibles y a menudo confusos, rara vez consistentes en cualquier dirección con sus actitudes hacia su hijo o pareja. El padre narcisista es impulsivo, impredecible y caprichoso. Un niño quiere estabilidad, confianza y la capacidad de sentirse seguro a medida que aprenden a explorar el mundo.

La incapacidad de entender o dar sentido a las "acrobacias" interpersonales del padre narcisista puede llevar al niño a interiorizar sentimientos de vergüenza, censura o culpa cuando él no está a la espera de las expectativas de los padres. Esto puede parecerse mucho a lo que lees en la última sección sobre los síntomas del abuso narcisista, en el que el niño asumirá que es su culpa que sus padres sean infelices y que se sientan mal como resultado de ello. Un padre narcisista es completamente ajeno al daño y daño que están causando a su hijo. El mensaje que el niño recibe es básicamente, "sólo eres digno de amor si cumples con mis expectativas y mis deseos ".

Comúnmente, todas estas cuestiones se reflejan a medida que el hijo del narcisista crece y comienza a intentar tener relaciones propias. Es en la edad adulta que comienzan a procesar el trauma de lo que su padre narcisista les causó como una persona en pleno desarrollo.

Los hijos de padres narcisistas

Una relación padre-hijo distorsionada puede crear una gran cantidad de problemas emocionales y mentales graves a medida que envejeces y trabajas en tener tus experiencias en una determinada relación. Los hijos de narcisistas tenderán a buscar o gravitar hacia relaciones desafiantes o dramáticas porque fue lo que se modeló para ellos cuando eran niños. Es lo que saben que les encanta "parecer". Crecer con la creencia de que no eres esencialmente bueno o adorable, causa la cuestión de buscar sólo asociaciones que perpetúen esa creencia con otro compañero.

Es bastante común que cualquier niño, esté en una relación narcisista entre padre-hijo, que busque relaciones en su vida adulta que reproduzcan lo que aprendieron en la infancia. Si está buscando algo más, se parece como si fuera externo y extraño. Imagine un pez fuera del agua como el hijo de un narcisista que recibe amor incondicional de una pareja, sin esperar nada a cambio.

Los hijos de narcisistas buscarán parejas románticas que sean críticas o juiciosas, emocionalmente distantes o que no estén disponibles, o que retendrán o negarán afecto e intimidad. Esencialmente, estarán buscando una pareja que se sienta cómoda, que conozcan y entiendan, repitiendo la dinámica que compartieron con sus padres narcisistas/codependientes.

Por supuesto, cualquiera puede sanar de tal experiencia, y a veces, el hijo de un narcisista encontrará que, a través de algunas terapias y algunas asociaciones saludables, pueden darse cuenta, identificar y desafiar los problemas de su experiencia de infancia con sus padres narcisistas. Ser capaz de identificar las causas de por qué puede tener problemas en sus relaciones adultas a menudo se deriva de identificar qué tipo de relación tuvo con sus cuidadores de vida temprana. A menudo, cuando dicho niño elige sanar, crecer y avanzar de su forma anterior de experimentar sus relaciones, el padre narcisista entrará en pánico y comenzará a acusar al

de estar "lavado del cerebro" o influenciado por el terapeuta/compañero/amigo/colega que sugirió que obtendrán ayuda para sanar sus problemas.

Para los padres, esto significa que ya no tienen el control de su hijo y tendrán que sufrir las consecuencias del crecimiento de ese niño y la preferencia de sanar las heridas en las que incurrieron de la relación padre-hijo.

Un padre narcisista podría entonces distanciarse, eligiendo rechazar y negar a su hijo, con la esperanza de que su forma de castigo haga que su descendencia "vea la luz" y regrese a su antigua dinámica. El padre es muy revelador en su comportamiento, ya que el niño ahora puede ver mejor que todo lo que su padre quiere es servir a sus necesidades emocionales y no tiene ningún sentimiento por lo que su hijo ha experimentado.

La crianza narcisista puede causar muchas dificultades en sus hijos o hijos, y en la edad adulta, ese niño puede aprender de la manera difícil lo que estaba experimentando con sus padres. Para desglosarlo aún más, aquí hay una lista de cómo un padre narcisista puede afectar a sus hijos:

• El niño sentirá que no puede ser escuchado o visto.

- No tendrán sus sentimientos reconocidos, o su realidad validada.

- En lugar de ser vistos como una persona, serán tratados como el accesorio para el padre.

- No serán valorados por quiénes son, solo por lo que pueden hacer, especialmente por los padres.

- El niño desarrollará una intensa duda de sí mismo, en lugar de aprender a confiar en sí mismo y en su identidad.

- Aprenderán que cómo se sienten es menos importante y cómo se ven es más importante.

- Aprenderán que la autenticidad no es tan buena como una imagen y luego aprenderán a tener miedo de "ser reales" con los demás.

- El niño aprenderá a comportarse y actuar en secreto como una protección para la familia o el padre.

- No habrá ningún estímulo saludable para desarrollar un sentido de identidad o de sí mismo.

- No se sentirán nutridos y pueden sentirse vacíos de emociones.

- Aprenderán que no es bueno, o peligroso, confiar en nadie.

- Por lo general se sentirán manipulados o utilizados sin entender la sensación.

- El niño aprenderá a "estar allí" para el padre, en lugar de como debe ser cuando el padre está presente y disponible para el niño.

- El desarrollo emocional está atrofiado.

- Sentirán juicio o crítica en lugar de amor y aceptación incondicionales.

- Se desarrollarán sentimientos de no ser lo suficientemente bueno.

- No habrá un modelo a seguir para crear conexiones saludables y vínculos de relación.

- No aprenderán a tener barreras saludables con los demás.

- Aprenderán a desarrollar la codependencia y, por lo tanto, no aprenderán el autocuidado saludable y el amor propio.

- Se les mostrará que buscar la validación desde fuera del yo en lugar de aprender a validar el yo desde dentro.

- Aprenderán un mensaje mixto de "hazme sentir orgulloso" pero también "no hagas nada mejor que yo".

- No aprenderá a felicitarse a sí mismo ni a celebrarlo durante los éxitos importantes.

- Puede sufrir de depresión, adicción, ansiedad u otros problemas en la edad adulta para hacerle frente al trauma de la infancia.

- Crecerá asumiendo o creyendo que no son adorables, o dignos de amor debido a que el padre los niega o los rechaza

- Crecerán con baja autoestima debido a la vergüenza en la dinámica entre los padres e hijos.

- Se arrastrarán a una vida de ser alguien que se auto-sabotea, sobre logra, o fluctúa de un lado a otro

- El niño tendrá que aprender de la manera difícil de retomarse una vez que se libere de la dinámica padre-hijo en la edad adulta

Los efectos de ser el hijo de un narcisista son intensos, duraderos y profundamente arraigados en los comportamientos, emociones e incluso cualidades físicas y atributos de una persona. Puede ser psicológica y emocionalmente perjudicial y puede llevar a toda una vida de tratar con la programación inculcada por el padre narcisista durante los años de formación de su hijo.

Puede ser difícil decir que alguien es un narcisista por lo encantadores que pueden ser en ese momento y lo fácil que es para ellos ponerse resbaladizos como un pez cuando están siendo interrogados. Son muy astutos, e incluso algunos psicólogos pueden no darse cuenta de las banderas rojas cuando se les presenta el dolor emocional o psicológico de un niño.

Debido a que un narcisista nunca se le reclamará una rendición de cuentas o responsabilidad por sus acciones o comportamientos, entonces recae en el niño tomar la peor parte de la culpa, la censura, la vergüenza y el remordimiento por cualquier cosa que sucede. Cada situación es diferente, ya que cada familia y cada individuo son diferentes, pero las banderas rojas y las señales de identidad son las mismas. Revise la lista anterior para ver si su hijo podría tener algunos de estos síntomas, o si puede identificar si puede haber sido afectado por un padre narcisista cuando era niño.

Lo opuesto al narcisismo es la empatía. Si usted está en una situación con un niño que está tratando con un padre narcisista, entonces la mejor manera de contrarrestar los efectos dañinos del abuso del narcisista es ser padre con empatía, ofrecer compasión y apoyo, y ayudar a crear un apego seguro para que el niño al que nos estamos refiriendo pueda experimentar un vínculo amoroso saludable que pueden llevar a su vida adulta.

Es importante recordar que el narcisismo es un trastorno del espectro y toma diversos grados de gravedad. Si usted es el hijo de un narcisista, o usted está en una relación con alguien con quien usted está tratando de ser co-padre, es importante entender este trastorno para que pueda ayudar a toda su familia en la curación, terminando patrones y ciclos, y rompiendo hasta tener asociaciones más saludables y lazos de amor, para todos los involucrados.

Ya sea sólo por el bien de usted mismo, o quizás el de sus hijos también, dependiendo de la gravedad del abuso y los efectos en su felicidad y bienestar, dejarse ir y seguir adelante puede dar un poco de miedo, pero este libro está aquí para ayudarle a ofrecerle orientación mientras explora y examinar sus opciones.

Capítulo 9

―――&&&&―――――

Un conjunto estricto de reglas

Las reglas son esenciales para la continuación de cada relación narcisista. Al terminar la relación con un narcisista, es probable que recibas un texto u otra forma de comunicación de este tipo: "Es curioso cómo no creer que necesite vivir de acuerdo con las reglas. Sólo digo."

Las "reglas" son sus reglas, y no es necesario vivir por ellas. Nadie tiene que vivir de las reglas de un narcisista. Los narcisistas y sociópatas, en general, tienen un cierto conjunto de reglas por las que esperan que vivan sus víctimas. Estas reglas ayudan a garantizar el control sobre sus víctimas, que la dictadura se mantenga viva y de muy buena manera. Las reglas narcisistas se pueden aplicar a través de tácticas encubiertas o abiertas, como mentiras y manipulación como se discutió anteriormente, y a través del control de comportamientos, y el abuso físico y mental. La premisa básica de todas las reglas narcisistas es que cada acción tomada por la víctima debe apaciguar al narcisista. La víctima debe pensar primero en el narcisista. Las víctimas conyugales deben dar a su amante narcisista amor unilateral, respeto y adoración en todo momento que nunca será correspondido. No esperes que lo sea. La eficacia de la elaboración de reglas del narcisista y la aplicabilidad de estas reglas descansan en la voluntad de la víctima de someterse a la voluntad del narcisista. Todas las relaciones tienen reglas, Por lo general, se espera que un cónyuge permanezca fiel, que la pareja tenga una línea abierta de comunicación y se deje saber su paradero si van a algún lugar inesperadamente. Pero, no sólo los narcisistas se niegan a acatar estos conceptos básicos, sino que llevan el establecimiento de reglas al siguiente nivel, y depende de la víctima para reconocer el conjunto de reglas no saludables que ya están inevitablemente establecidas.

Controlar la forma en que alguien se viste, llamando excesiva y repetidamente, y poniendo alertas en cámaras y dispositivos que informan al cónyuge del paradero de su pareja en todo momento no es normal. Hacer cumplir las reglas que tienen que ver con obedecer al narcisista no es normal. Un ejemplo sería utilizar una herramienta en su teléfono para ser alertado cada vez que se abre una puerta de garaje o la configuración de alertas en una cuenta bancaria conjunta para ser notificado cada vez que se retira dinero incluso cantidades minúsculas. Estas cosas no son aceptadas como normales por la mayoría de las personas. Son señales no físicas, pero peligrosas de control narcisista.

Tres reglas adicionales e igualmente poderosas que el narcisista construye desde el principio, y necesitan ser observadas por una víctima potencial, son las siguientes:

• Puedo acusarte falsamente de hacer cosas que nunca hiciste, y no se te permite hacerme mentiroso defendiéndote.

• No se te permite confrontarme y revelar las cosas que realmente hice. Debes encubrir lo que hago y decir y mantenerlo en secreto.

• Nunca se te permite confrontarme. Soy el único al que se le permite enfrentar a alguien.

En pocas palabras, el narcisista espera que su víctima sufra en silencio. Cualquier represalia contra su regla general y abarcadora es una amenaza para el falso yo del narcisista y, por lo tanto, simplemente inaceptable. El narcisista espera que todo salga por la espalda de su víctima.

Para el su comportamiento 'no es gran cosa' y no debe ser cuestionado. No se le permite lastimarte, enojarte, frustrarte o sentir dolor. No sólo debe ocultar cualquier emoción negativa que sienta, debe proteger a su abusador de sentirse descontento.

Hay consecuencias para desviarse de las reglas. Es difícil describir la ira de la furia de un narcisista si te has desviado de las reglas a cualquiera que no haya pasado por ella de primera mano, pero las víctimas conocen muy bien los efectos terribles.

Ladrón de ideas

Una persona nunca debería dejar que un narcisista se haga cargo de un proyecto que es cercano y muy querido a su corazón. El narcisista no sólo tomará el control total del proyecto, avanzando en la dirección que elija, sino que dictará todo el proceso y al finalizar, asumirá toda la responsabilidad por su éxito, incluso afirmando que todo fue idea suya. Esto es lo mismo que pedirle a un narcisista que vaya a terapia de pareja. Es probable que nieguen todo, si su cónyuge hace la sugerencia, hasta que las apuestas estén altas y estén a punto de perderlo todo, ellos van a culpar a la víctima por no querer ir, por rendirse tan fácilmente.

Es imprudente hacer favores a los narcisistas, incluso si está en la naturaleza de uno para ayudar a los demás. El narcisista aprovechará al máximo, pidiendo más y más a esa persona hasta que no quede nada. Cuando uno finalmente diga "no", serán llamados inútiles o egoístas.

Si el narcisista le pide a alguien que asuman un proyecto por lo que finalmente obtendrá un crédito, pero es incapaz de llevarlo a cabo por una razón u otra, esto es absolutamente una bandera roja. Asegurar su finalización exitosa permite al narcisista desfilar el logro del propietario legítimo como propio tan pronto como se complete la obra.

Falta de empatía

Los narcisistas son incapaces de poseer una empatía genuina, incluso hacia sus propios hijos. De hecho, no sienten emociones comunes en absoluto, especialmente aquellas relacionadas con estar a culpables por causar daño, como culpa o remordimiento.

Pero, como maestros de la manipulación, toman nota de las emociones humanas normales y son capaces de reflejarlas para su propio beneficio. Por ejemplo, un narcisista es testigo de un fracaso, toma nota experto del comportamiento que acompaña utilizando su memoria fotográfica, un rasgo común y lo archivos para imitar en un momento que consideren beneficioso. Son expertos en analizar las emociones humanas, memorizarla e imitarla, a voluntad.

El narcisista imita estos comportamientos mientras está en el ojo público para demostrar que son capaces de cuidar a los demás. Pueden dar generosamente a organizaciones caritativas, abogar contra el hambre en el mundo u otros problemas sociales y asistir a reuniones, conferencias, juegos y otros eventos sociales en la escuela de sus hijos. Lo único que todos estos esfuerzos tienen en común es que se hacen públicamente por atención y para el beneficio de la reputación del narcisista.

Los narcisistas son especialmente conscientes de mostrar empatía si están tratando de atraer a un nuevo compañero. Se aprovechan de los vulnerables, a menudo recogiendo a mano a las víctimas de abusos que están desprevenidas, prometiendo ser su salvador. Los narcisistas pretenden expresar empatía por el trauma de sus víctimas para consolidar su posición de poder como el "caballero de la armadura brillante" de la víctima. Si aún están casados o comprometidos, menospreciarán a su cónyuge o pareja actual en lugar de intentar ocultarlo de su nuevo objetivo. Se pintarán a sí mismos como una víctima y manipularán su nuevo objetivo para ganar la empatía que anhelan.

Un narcisista llegará a grandes extremos para crear una fachada de empatía al intentar atraer a un nuevo compañero. Si la iglesia sirve como su lugar de cacería de su elección, que es muy común, pueden elegir a su antojo al miembro más vulnerable que se apoya en la espiritualidad y la comodidad de la comunidad de la iglesia para sanarse.

La presencia del narcisista en la iglesia crea una falsa personalidad de una persona buena y moral para su víctima prevista. Se unirán a los mismos grupos que su objetivo para acercarse mientras estudian y toman nota de lo que hace que la víctima sienta su presencia. El narcisista puede más tarde utilizar su posición en la iglesia para amplificar la percepción de la perfección a los demás y aumentar su control de la víctima.

Se sabe que los narcisistas tienen memorias de "imagen". Son muy hábiles para tomar imágenes mentales de sus víctimas en las primeras etapas, señalando y recordando su apariencia, estilo de vestimenta, patrones de habla, intereses e idiosincrasias. Esta información le da al narcisista el conocimiento y la capacidad de hacer que la víctima crea que es todo lo que siempre ha querido en una pareja. Más tarde, el narcisista usa este conocimiento para solidificar el sentido de insuficiencia de la víctima. Una vez que se completa su estudio inicial, el narcisista hace su movimiento.

Antes de invitar a su víctima por primera vez, el narcisista puede reemplazar su decoración con arte religioso para ayudar en su engaño. Pueden fingir un gran interés en la espiritualidad, declarando públicamente su postura en las redes sociales. Cuanto un narcisista recibe más "me gusta", más se alimenta su ego y más apta es su víctima para aceptar la falsa personalidad. Una vez que la víctima está cautivada y el narcisista tiene el control total, el comportamiento empático se detiene y se revela su verdadera personalidad.

Si una víctima es capaz de reconocer las tácticas de reflejo y escapa de la trampa, sin hacer ningún contacto, comenzará a identificar la contorsión con la que lidió durante la relación. Con el tiempo, recordarán cada mentira y cada demostración de falsa empatía, cuando algo evoca un recuerdo repentino del tiempo con su abusador. Este recuerdo repentino del trauma a manos del narcisista se llama Trastorno de Estrés Postraumático (TEPT), que más tarde explicare con más detalle en este trabajo. El TEPT generalmente requiere tratamiento profesional por parte de un terapeuta para una curación adecuada.

Maltrato a los trabajadores del servicio

Los narcisistas tienen una ferviente necesidad de atención y solo entablan relaciones cuando saben que se beneficiarán. Cada arreglo relacional está basado en esta premisa. Incluso el más breve de los encuentros existe únicamente para cumplir su propósito. Las interacciones superficiales, como con un servidor en un restaurante, no se complican por una conexión más profunda e íntima. Por lo tanto, el narcisismo surgirá mucho más rápido que cuando el narcisista quiere impresionar a un compañero potencial. Es crucial prestar atención a sus acciones en estas situaciones.

Durante la etapa de desarrollo de una relación, es útil observar cómo su pareja trata a los camareros, azafatas, cajeros de supermercados y otros empleados de servicio. Lo más probable es que si están en la escala de narcisismo poco saludable, tratarán a estos individuos con falta de respeto, tal como lo harían con cualquiera que consideren inferior y decidan que su único propósito es esperarlos de pies y manos.

Capítulo 10

Como dejar de ser narcisista

En última instancia, una vez que haya escapado y haya comenzado a sanar del narcisista, puede que se pregunte cómo alguna vez es que se aleja completamente del narcisista, particularmente después de que él se ganó su corazón. Definitivamente no es una tarea fácil, pero si has llegado hasta aquí, puedes hacerlo. Dejar pasar al narcisista implica desconectarse del narcisista, practicar la atención plena y superarse. A través de estas habilidades, podrá distanciarse más del narcisista, comprender sus sentimientos cuando quiera regresar y puede encontrar una manera constructiva de usar sus sentimientos hacia el narcisista.

Con afirmaciones, tendrá una herramienta en su bolsillo para ayudarlo a recordar su valor y lo que quiere de la vida.

Desacoplarse del narcisista

Desacoplarse del narcisista implicará pasar por varias etapas, al igual que el duelo. Este es su proceso de dejar ir al narcisista y reconocer que la relación está arruinada y necesita ser terminada permanentemente. Aunque es más fácil decirlo que hacerlo, desconectarse y separarse del narcisista es crucial para la curación. Al igual que en las etapas de duelo, pasarás por tres etapas distintas cuando intentes desconectarte del narcisista antes de llegar finalmente a la etapa 4: la libertad.

Etapa 1: Negarse a tomar la culpa

En la etapa 1, se niega a que lo culpen por todo lo que sucedió. Usted se dice que no merecía lo que hizo el narcisista, y aunque pudo haber terminado la relación, no fue usted quien degradó la relación hasta el punto de que tuvo que terminar. Esta etapa implica que reconozca que el narcisista nunca le dará lo que merecía en la relación. El narcisista nunca será la pareja que querías que fuera, y lo reconoce. Usted reconoce que el narcisista tiene fallas más allá de su propia capacidad para reparar a alguien y que su naturaleza destructiva no es suya para administrarla, ni es algo que pueda imponerle. El narcisista se convierte en alguien que aún puedes amar, pero reconoces la verdad en la situación y que la relación tiene que terminar por el bien de todos.

Etapa 2: Ira y resentimiento

En la etapa 2, se da cuenta de que toda la esperanza que tenía para la relación y el narcisista está siendo reemplazada. En esta etapa, está enojado. Ve que el narcisista no es la persona que querías y comienzas a resentirse con él. Incluso si todavía tiene sentimientos en esta etapa, no es probable que actúe sobre ellos. Sus ojos se han abierto a la verdad y se niega a permitir que la relación te consuma por más tiempo. En esta etapa, ya no le importa la manipulación que el narcisista probablemente le ha estado haciendo para intentar recuperarle. Realmente reconoce que merece algo mejor que ser tratado mal o con falta de respeto. Siente la necesidad de defenderse y mejorar. Desea vivir una vida de felicidad, no una en la que su único deber sea proporcionar a otra persona la felicidad que ha estado privada de sentir durante tanto tiempo.

Etapa 3: Separarse y sintiéndose libre

Cuando finalmente llegas a la etapa 3, finalmente se está separando. La sola vista del narcisista o la mera mención de su nombre podría ser suficiente para hacerte sentir mal del estómago, y te das cuenta de que el amor que tenías por él alguna vez se ha desvanecido. En cambio, has trabajado para mejorarse a usted mismo.

Si ha ido a un terapeuta o ha estado interactuando con un grupo de apoyo, está comenzando a tomar sus consejos con más frecuencia y darse cuenta de que funciona. Está usted mucho más preocupado por obtener lo que quiere y necesita que preocuparse del narcisista. Toma sus decisiones en función de lo que es mejor para usted en comparación con cualquier otra persona, y por primera vez en mucho tiempo, prácticamente puede saborear la libertad.

Etapa 4: Libertad

En este punto, finalmente usted es libre. Ya no permite que el narcisista le influya y es probable que haya cortado todo contacto con él. Se ha separado total y completamente del narcisista, y nunca podría sentirse mejor. Su libertad se ganó a través de sangre, sudor y lágrimas metafóricas, y posiblemente literalmente, y planea disfrutarla, sin importar lo que el narcisista tenga que decir al respecto.

Practicando la Conciencia Plena

La atención plena, en su forma más simple, es la idea de que, cuando está envuelto en el caos y las emociones fuertes, puede tomarle un momento para desconectarse de la situación en cuestión y observar lo que está sucediendo desde una perspectiva racional. Usted se retira para reflexionar sobre cómo se sientes y por qué se sientes como está con la esperanza de encontrar respuestas que puedan ayudarle a lidiar mejor con lo que te está molestando.

Esta es una forma particularmente útil de identificar cualquier desencadenante emocional, esas cosas en el mundo exterior que automáticamente te hacen sentir todo lo que el narcisista te ha programado a sentir. Indudablemente, quedan algunos en usted después de una relación con un narcisista, pero aprenderlos a manejar puede tomar mucho tiempo y paciencia. Cuando quieres practicar la Conciencia Plena, quieres comprender completamente por qué estás respondiendo de la manera en que lo haces.

Esta es una habilidad fantástica para cualquiera, ya que la Conciencia Plena puede ayudarle a controlar los arrebatos emocionales, así como a disminuir el estrés. Es un mecanismo de afrontamiento increíblemente saludable y es absolutamente valioso de aprender. La Conciencia Plena implica cinco pasos que te permitirán alcanzar el estado de Atención Plena. Este estado es un estado de tranquilidad, atención interna. Cuando aprendes por primera vez la Conciencia Plena, lo mejor es hacerlo en períodos de calma para dominar el arte antes de comenzar a usarlo cuando las tensiones aumentan.

Siéntese

El primer paso en la Conciencia Plena es sentarte o identificar un lugar tranquilo en el que pueda concentrarse de manera silenciosa y segura en su respiración. Cualquier lugar es aceptable, siempre y cuando pueda concentrarse y te sientas cómodo, así que quizás intentes encontrar un rincón tranquilo en tu casa o debajo de un árbol en tu jardín. La parte importante aquí es que debes estar tranquilo y relajado donde sea que elijas.

Elija un momento

Con el objetivo en mente, elija cuánto tiempo está usted dispuesto a dedicar a sus primeros intentos de atención plena. Por lo general, es mejor que comience con un período más corto al principio y avanzar lentamente hacia los más largos.

Quizás, por primera vez, establezca una meta de 5 minutos de atención plena.

Preste atención a su cuerpo

Elija una posición cómoda y realmente concéntrese en su cuerpo. Desea elegir una posición en la que se sienta estable y relajado, y que sea cómoda mientras dure su atención. Una vez que se haya instalado, realmente comienza a concentrarte en su cuerpo. Intente sentir cada parte de sí mismo, comenzando en la punta de los dedos de los pies y lentamente subiendo hasta la parte superior de la cabeza. Debe hacerlo lentamente como si te estuvieras escaneando mentalmente. Presta atención a cualquier área que esté particularmente tensa e intenta relajarla.

Respire

Concéntrese en su respiración. Respire hondo e intente seguir la sensación hasta los pulmones, manteniéndolo allí antes de exhalar y repitiendo. Asegúrese de que sus respiraciones sean profundas y de limpieza, y concéntrese realmente en cada una.

Mantenga su mente en el camino

Cada vez que sienta que su mente divaga, vuelva a ponerla en silencio sin juzgarse. ¿Recuerde cómo se supone que debe sentirse compasivo consigo mismo? ¡Este es un buen lugar para comenzar! En particular, al principio, es fácil distraerse, y eso no es algo de lo que avergonzarse. Simplemente reagruparse y continuar.

Después de completar todos los pasos, debe sentirse mucho más relajado que cuando comenzó. Esta puede ser una herramienta fantástica para relajarse después de un día ocupado o estresante, o cuando sienta que su temperamento aumenta. A medida que domine la capacidad de llamarle a la Conciencia Plena cuando esté tranquilo, puede comenzar a usarlo como un mecanismo de confrontación cuando se sienta frustrado o estresado, o cada vez que comience a debatir si volver al narcisista sería realmente malo. A menudo, esas inseguridades están ligadas a algún tipo de angustia física, y debe tratar de dejarlas ir lo mejor que puedas.

Otro truco para alcanzar la Conciencia Plena, que algunas personas encuentran que funciona bien, particularmente cuando las emociones se están agotando es la regla 5-4-3-2-1. En esta técnica, busque identificar las cosas a su alrededor con sus diversos sentidos, involucrándolos en lugar de permitir que sus emociones negativas lo consuman, y cuando se concentre en usted nuevamente, puede manejar mejor sus propias reacciones en el futuro.

Vea

Primero, comience identificando cinco cosas a su alrededor que pueda ver. Sea lo más descriptivo posible consigo mismo si puede serlo. Tal vez vea una bola azul con una textura tejida en el suelo, un vidrio liso y transparente en la mesa junto a usted, y un cielo del color de un océano azul claro que sueñe con vacacionar para ver. Cuando haya identificado cinco cosas para usted, estará listo para pasar a su próximo sentido.

Toque

Luego, concéntrese en su sentido del tacto. Observe cuatro cosas diferentes a su alrededor que pueda sentir. Quizás sienta arena cediendo bajo tus pies, o una brisa fresca acariciando su cabello. Independientemente de lo que sienta, intente identificar cuatro lo más específicamente posible. Realmente sienta cada uno lo mejor que pueda y concéntrese en cada detalle. Observe cómo su cabello le hace cosquillas en la cara cuando lo sopla el viento, o cómo todo su cuerpo se mueve como lo hace la arena debajo de usted, compensando la superficie en movimiento.

Oíga

Entonces debe concentrarse en su audición. Escuche tres cosas a su alrededor y realmente tómese unos minutos para escucharlas. Debe prestar atención a cómo suenan, siguiendo sus melodías y ritmos lo mejor que pueda. Si escucha el trino de un pájaro, concéntrese en cómo sube y baja su canción y qué tan rápido lo hace.

Huela

Cuarto, identificará dos cosas diferentes a su alrededor que pueda oler. ¿Huela su perfume? ¿Cuál es el aroma que tiene esta vez? ¿Es dulce? agrio, ¿Huela los aromas de las flores que se calientan al sol? Intente identificar tantos elementos del aroma como pueda.

Sienta

Por último, identifique una cosa dentro de usted que esté sintiendo en ese momento. ¿Está enojado? ¿Qué le está haciendo esa ira a su cuerpo? ¿Está acelerando su pulso? ¿le está poniendo tenso? Si estás triste, ¿siente esa sensación hueca extendiéndose en su pecho? ¿Están sus hombros encorvados? Averigüe cómo se siente y cómo afecta su cuerpo.

Con su atención plena lograda, podrá lidiar mejor con las emociones a las que su cuerpo estaba reaccionando, eligiendo reacciones saludables y racionales en lugar de explotar o actuar con impulsos emocionales.

Mejorándose a sí mismo

A medida que continúe en su viaje para superar al narcisista, debería esforzarte. Intente mejorarse a sí mismo le dará algo más en lo que debe concentrarse, aparte del narcisista y le mantendrá ocupado. No tendrá tiempo para preocuparse tanto por el narcisista si elige un nuevo pasatiempo, como aprender a tocar el piano. Incluso puede usar este pasatiempo para insertar en el tiempo que solía pasar con el narcisista. Por ejemplo, si siempre pasaba los viernes por la noche comiendo comida para llevar y viendo el programa de televisión favorito de su narcisista que siempre odiaba en secreto, podría utilizar esa cantidad de tiempo semanal para desarrollar su nueva habilidad. Tal vez elija esta hora de la tarde para trabajar en escalas o tratar de aprender las nuevas canciones que su profesor de piano ha asignado para la semana. Tal vez, en su lugar, busque tutoriales en video sobre cómo tocar todo tipo de canciones que escuche que le recuerden mantenerse fuerte.

En última instancia, aprenda una nueva habilidad y usted mejorara y esto lo ayudara más. Nunca estará peor si concentra su energía y atención en aprender una nueva habilidad, pero si usa ese tiempo para enfocarse en el pasado, detenerse y deprimirse, es probable que se sienta culpable por ello más tarde. En general, tiene más sentido que pases ese tiempo enfocándote en cosas que te mejorarán o pueden darte una nueva sensación de autoestima para reemplazar el daño que el narcisista ha hecho.

Afirmaciones

Una última habilidad útil para aprender cuando se trata de superar al narcisista es aprender a formar afirmaciones adecuadas. Una afirmación es una pequeña oración que utiliza para recordar un objetivo u objetivo o para reafirmar sus propios límites. Por lo general, son bastante cortos y son una parte común de muchas terapias diferentes, incluida la terapia cognitivo-conductual, que enseña a quienes la usan para reestructurar su pensamiento. La idea aquí es revertir el daño que el narcisista le ha hecho a través de todas sus palabras crueles y comentarios degradantes. Escucho sus crueldades durante tanto tiempo que las internalizo, y las afirmaciones buscan hacer exactamente lo contrario usando el mismo concepto. Repetirá sus afirmaciones con tanta frecuencia que le convencerá de que son ciertas. Con el tiempo, comenzará a creerlos, tal como creía en los comentarios despectivos del narcisista. Las afirmaciones tienen tres partes clave: deben ser positivas, auto dirigidas y en presente.

Afirmaciones positivas

La razón por la que desea enfocar su afirmación en lo positivo es que cambiará su forma de pensar. Se sentirá más positivo si piensa más positivamente. Esto usa la idea de que atrae lo que piensa. Piénselo de esta manera: en la terapia cognitivo-conductual; Se reconoce que los pensamientos influyen en los comportamientos, que influyen en los sentimientos, que influyen en los pensamientos, y el ciclo continúa. Si tiene un pensamiento positivo, conducirá a un comportamiento positivo, lo que creará un sentimiento positivo, que luego creará pensamientos más positivos. La positividad genera positividad y, en última instancia, puede presentarse por toda la vida. Su positividad se extenderá a lo largo de su vida, comenzando con esa simple afirmación positiva, así como la negatividad del narcisista se extendió a través de usted.

Afirmaciones Auto-dirigidas

Su afirmación debe enfocarse en usted mismo porque, en última instancia, lo único en este mundo sobre lo que realmente tienes control es sobre usted. Cuando estás hablando de usted, no puede encontrar una manera de negar su verdad si lo estás pensando. Al enfocarse en usted mismo, puede hacerlo realidad. Si dice que respirará antes de reaccionar ante situaciones tensas, tiene la influencia para que eso suceda. Esa es la parte importante aquí: usted hace que suceda. Si su afirmación se centró en otra persona, no puede garantizar su validez, ni tiene control sobre si sucede. Esto hace que sea realmente difícil confiar o confiar.

Afirmaciones en tiempo presente

La razón de una afirmación en tiempo presente es que decirla en este momento hace que sea cierta en ese momento. Si dice que hará algo, es ambiguo si eso significa inmediatamente o en algún momento en el futuro. Es más fácil esquivar ese problema por completo y mantener la afirmación en tiempo presente.

Con estas tres reglas en mente, estás listo para crear tus afirmaciones. Toma los tres aspectos y los une para crear una oración como:

- Merezco ser tratado con respeto, dignidad y amabilidad.

- Soy suficiente como soy ahora.

- La forma en que veo el mundo es confiable, y siempre confío en mis percepciones de lo que está sucediendo a mi alrededor.

Cada una de estas afirmaciones proporciona algún tipo de guía y te impulsa a creer más en ti mismo. Puede crear afirmaciones para prácticamente cualquier situación que creas que se beneficiarían de ellas, y debes usarlas siempre que sientas que ayudarían. Por lo menos, asegúrese de recitarse cada afirmación al menos diez veces al día a la misma hora todos los días para que sea un hábito.

Por ejemplo, podría decirse a sí mismo: "Soy lo suficiente como soy ahora" cada vez que se sienta en el automóvil para ir al trabajo. Todos los días, lo repites varias veces para ti mismo y, finalmente, ese pensamiento se vuelve tan reflexivo y habitual como ponerte el cinturón de seguridad cuando te subes a tu auto. Así es como cambias lentamente tu mente del envenenado por el narcisista al más saludable que mereces.

Capítulo 11

―――― ⁕⁕⁕⁕ ――――

Viviendo con uno, lidiando con uno

Aunque se dice que solo se considera que el uno por ciento de la población tiene narcisismo, puede encontrarse con narcisistas en muchas situaciones diferentes. Son difíciles de tratar, especialmente si tiene una relación personal con ellos. Si el narcisista es un miembro de su familia o su pareja, se considera una de las situaciones más difíciles de manejar. Los narcisistas a menudo tienen motivos ocultos cuando hablan con alguien y, a veces, incluso pueden ser crueles porque realmente no les importan los sentimientos de la otra persona. Veamos de qué manera un narcisista puede influir en su vida y consejos que puedes usar.

Tratando con narcisistas con los que vives y trabajas (consejos incluidos)

Si vive con padres narcisistas, existe una buena posibilidad de que también termine como narcisista. Algunos científicos creen que el narcisismo también puede transmitirse a través de la genética. El vínculo genético podría ser una causa, pero con mayor frecuencia la razón es la forma en que se cría al niño. Ya mencionamos que los padres narcisistas no son los mejores para criar hijos. Por lo general, se centran en sus propias necesidades y tienen expectativas realmente altas de cómo debe desempeñarse el niño. El niño se convierte en un reflejo del padre y le presta la atención buscada. Cuando estábamos hablando de las consecuencias de ser criados en familias narcisistas, vimos que algunos de esos padres ignoran a sus hijos y solo les hablan cuando les beneficia de alguna manera. Los niños viven una vida llena de drama y aprenden a reprimir y cortar sus emociones. El padre narcisista no entiende realmente los sentimientos que está experimentando su hijo, por lo que simplemente no le prestan atención, lo ignoran, por eso muchos de estos niños son ignorados y maltratados.

Si el niño; sin embargo, intenta hacer algo que a los padres no les gusta, puede terminar siendo un gran problema. El padre puede menospreciar y humillar al niño hasta que estén de acuerdo con el padre. Los niños criados por padres narcisistas generalmente tienen problemas para establecer una conexión con otros porque nunca formaron una actitud adecuada hacia los sentimientos.

Por el contrario, los cerraron porque no era deseable tener emociones que no satisfacen las necesidades de sus padres. Están imitando el comportamiento que vieron en sus padres porque esos fueron sus modelos a seguir. A medida que crecían, pensar en los demás no era algo que incluso considerarían. Si crees que fuiste criado por padres narcisistas, tal vez podrías hablar con un profesional capacitado para que te ayude. Incluso si usted no tiene el trastorno narcisista de la personalidad, es bueno tener a alguien con quien compartir sus preocupaciones.

Si usted vive con un cónyuge narcisista, puede ser realmente difícil. En primer lugar, ha pasado algún tiempo estableciendo una relación con esta persona. Luego, si vinieron los niños e incluso compró una casa, básicamente ha acumulado toda su vida alrededor de ellos. Los narcisistas encantan a muchas personas sin siquiera darse cuenta porque los narcisistas pueden ser persuasivos y saber cómo manipular la situación para obtener lo que quieren. Como son adictos a la atención, siempre y cuando le des al Narcisista la atención que quiere y quiere obtener algo de usted, el Narcisista será su mejor amigo. El problema comienza cuando ya no le necesita o si comienza usted a estar en desacuerdo con él. Si alguna vez se peleó con el narcisista, probablemente se sintió usado y degradado. Más tarde se dio cuenta de que no había un buen acuerdo, y es porque un narcisista tiene una manera de poner las cosas a su propio acuerdo. Puede terminar lidiando con el narcisista durante mucho tiempo, incluso durante muchos años.

Pueden mantener su encantador comportamiento durante mucho tiempo y, especialmente si viven juntos, es fácil disculpar el comportamiento destructivo ocasional del narcisista como tener un mal día en el trabajo o creer que usted fue quien causó el problema. Cuando usted se da cuenta de que está lidiando con un narcisista, ya tiene una larga vida construida alrededor de él y es difícil escapar.

Si usted vive con un amigo narcisista, puede ser especialmente difícil lidiar con él. Puede ser que haya conocido a esa persona durante toda su vida y tal vez hay algunas situaciones en las que siente que deberías aislar a esa persona porque no se tratan bien. E incluso si trato de hacerlo, su amigo narcisista regresó, se arrepintió y fue aún más encantador que antes. Esta es una técnica narcisista estándar porque esa persona quiere que le preste atención o está aterrorizada por la idea de estar solo. Ese tipo de amigo siempre volverá diciéndole que lamenta la forma en que ha actuado y, básicamente, le rogamos que regrese. Si pensó en romper una amistad porque esa persona no parece preocuparse por sus sentimientos y siente que le está usando, lo más probable es que esté lidiando con un narcisista. Como cualquier narcisista, esa persona también es muy buena para mantener a alguien cerca si lo quiere. Este tipo de amigo hará y dirá cualquier cosa para mantenerle cerca para que se sientan bien, por lo que, si intenta romper con ellos, comenzarán a comportarse de manera horrible. Si bien estas personas pueden ser encantadoras y sorprendentes cuando las conoces por primera vez, también pueden ser su peor pesadilla cuando quieren algo. Si siente que siempre está siendo usado o se pelea mucho cada vez que ofenda a su amigo, eso significa que él es un narcisista y la cuestión es que, durante esas peleas, ni siquiera pueden echarle la culpa. Mientras todo vaya de acuerdo a su plan y deseos, las cosas irán bien. Pero si las cosas comienzan a cambiar y a desviarse de los planes del narcisista, eso significa problemas. Si tiene usted este tipo de amigo, debe considerar una forma de separarse de ellos. Intenta limitar el contacto. Tal vez lentamente al principio, puede ser un paso pequeño, pero bueno. También debe considerar encontrar personas que lo cuiden y estén allí para apoyarlo.

Si tiene un jefe o compañero de trabajo narcisista, puede ser complicado y puede influir en usted en múltiples niveles. Si disfruta el trabajo que hace y sucede que tiene un jefe o compañero de trabajo narcisista, puede ser particularmente difícil tratar con ellos y tendrás que trabajar duro. Existen; sin embargo, algunas cosas que puede hacer para facilitarle la vida.

Debe tratar de no tomar en serio sus promesas. Si su jefe o compañero de trabajo narcisista quiere que usted haga algo por él o ella, le van a hablar dulcemente. Si se toma en serio su conversación, puedes decepcionarte. Si aprende a reconocer a los narcisistas y se da cuenta de lo que están tratando de hacer, comprenderá que tan pronto como la promesa sea inconveniente para el narcisista, actuarán como la promesa que hicieron, nunca existió. Tampoco debería intentarlo nunca y desperdiciar tu oxígeno, diciéndole al narcisista que está equivocado. Desde su punto de vista, no pueden estar equivocados. Nunca creen que son más superiores a los demás y si los enfrentas, actuarán como enemigos. La mejor manera de lidiar con ellos es simplemente ignorarlos. Intenta ignorar su encanto también. Como mencionamos varias veces, los narcisistas pueden ser personas muy encantadoras cuando quieren algo. Si pueden obtener algo de usted, será su mejor amigo e intentará usar su encanto en usted. Una vez que el narcisista consigue lo que quiere, deja de ser tan amable y le excluye rápidamente cuando pierde interés.

Debe establecer quiénes son los habilitadores. Un narcisista, especialmente si es un jefe y ha ganado algo de poder, se rodeará de personas que harán cualquier cosa por él. Su infinita necesidad de supremacía y su deseo de manipularlo lo harán tratar a otras personas como títeres para sus necesidades. Si no desea convertirse en una de estas personas, deberá establecer quiénes son los habilitadores y comenzar a trabajar con ellos.

De esta manera obtendrá lo que quiere. Por ejemplo, si usted tiene un jefe narcisista y quiere un aumento, le pedirá a alguien que esté cerca del narcisista que le ayude con esto. Este habilitador será aún más útil si el narcisista necesita un favor de su parte.

Dicen que no hay muchos narcisistas en el mundo; Sin embargo, tan pronto como uno entra en su vida, puede ser difícil deshacerse de ellos. El Narcisista regularmente quiere mantenerle cerca para que puedan obtener toda la atención que desean o simplemente necesitan que satisfaga otra necesidad para ellos. De ninguna manera harán algo por usted a menos que los beneficie de alguna manera.

Nunca hay un momento en que harán algo que le preocupe a usted o su bienestar y nunca harán algo por usted solo por el hecho de que son sus amigos. La verdad es que puede usar algunas técnicas y estrategias para lidiar con un narcisista. Por lo menos, le ayudarán a lidiar con ellos y te prepararán más cuando lleguen.

Técnicas y estrategias

• Debe determinar el tipo de narcisista con el que está tratando. La forma en que maneja cada tipo también es diferente. Un narcisista vulnerable, por ejemplo, no tiene la autoestima más alta, pero el narcisista grandioso empujará a todos y a todo para obtener lo que quieren. Si necesita hacer un aliado del narcisista, el grandioso narcisista es la mejor opción, solo debe convencerlo de que el objetivo también lo beneficia.

• Debes reconoce que está molesto. Es común que un narcisista se meta debajo de su piel. Si usted se siente frustrado porque cada vez que comienza a hacer algo, el Narcisista anda interrumpiéndole y deseando toda la atención, debe admitir y reconocer esa frustración.

Le ayudará a lidiar con el narcisista más tarde.

• Necesita apreciar de dónde viene el comportamiento. Cuando entienda cómo se sienten los narcisistas y por qué actúan como lo hacen, puede que no le ayude a aceptarlo, pero puede ayudarle a lidiar con eso.

Si establece y comprende que el narcisista no está considerando las emociones de otras personas porque es incapaz de sentir empatía, será más fácil para usted evitar ser atrapado por ellas o ser influenciado por ellas.

• Debe mantener sus expectativas realistas. Los narcisistas siempre tendrán limitaciones en sus emociones. Es importante recordar que incluso si está bien disfrutar de algunas buenas cualidades que vienen con un narcisista. Si aprende a aceptar que sus emociones son limitadas, le ayudará a dejar de preguntar y esperar algo que no pueden proporcionar.

• ¡Es especialmente importante que no haga que su autoestima dependa de ellos! Si hace eso, al final le hará sentir mal. La gente a menudo cae en la trampa de tratar de hacer feliz al narcisista.

Pero el narcisista no será feliz, no importa cuánto lo intente. No intente confiar sus secretos y deseos más profundos al narcisista porque no se lo tomarán en serio o los apreciarán y probablemente los usarán contra usted en algún momento si sienten que lo necesitan.

• Usted debe tratar de convertir algo en su beneficio. Si quiere aprender a comunicarse con éxito con un narcisista, debe entender que siempre tiene que mostrarle cómo le beneficiará. Hablar de sus propias necesidades no va a funcionar con el narcisista y ser exigente o actuar enojado tampoco funcionará. En su lugar, usted debe mostrar al Narcisista cómo usted puede ser útil a ellos, así ellos pueden considerar ayudarle.

Ser capaz de tratar con narcisistas requiere mucha paciencia, aprendizaje y autogestión. Dado que no reaccionan a las situaciones como lo hace la mayoría de la gente, no puedes usar métodos convencionales para lidiar con ellas. Mientras que otros pueden estar cerca de usted o trabajar con usted porque sienten algo acerca de usted o porque quieren ayudar, el Narcisista no va a entender cómo funciona eso. Él va a hacer cosas de acuerdo con sus propias creencias que no se basan en un comportamiento común.

Lidiando con un narcisista que ama.

Cuando usted está enamorado de un narcisista, o está en una relación con uno, puede ser muy difícil ver cuáles serán sus próximos pasos. Cuando trata con el narcisista en el trabajo o si es su vecino, puede considerar dejar su trabajo, encontrar uno nuevo y simplemente dejar de comunicarse. Si un amigo que tiene rasgos narcisistas, puede intentar encontrar otro grupo de amigos. ¿Pero qué hacer cuando la persona narcisista es alguien con quien ha estado usted lidiando durante años?

¿Alguien con quien tiene hijos y a quien ama? Hay muchos desafíos que las personas deben atravesar cuando tienen una relación con un narcisista y hay muchas razones que consideran demasiado importantes para romper esa relación.

La parte difícil es darse cuenta de que está viviendo con un cónyuge narcisista. En primer lugar, ama a esta persona. ¿Y si una familia y niños con esta persona? ¿Qué pasa si ha construido una vida con ellos? Cuando lo piensa, cambiar de trabajo parece fácil. Encontrar un nuevo grupo de amigos también le parece más fácil. Aun así, hay algunas técnicas y estrategias que pueden ayudar con el cónyuge o pareja narcisista.

Técnicas y estrategias

• Debe estar seguro, ya que algunos narcisistas tienden a recurrir al abuso cuando no pueden obtener lo que quieren, pero este no es el caso con todos los narcisistas. Sin embargo, si está lidiando con el abuso que es producto del comportamiento narcisista, es hora de que termine esa relación.

• Debe darse permiso para pensar en usted mismo y no siempre estar pensando en su pareja y ponerlo primero. Los narcisistas son muy buenos para convencerlo de que piense en ellos todo el tiempo, pero necesita reconectarse consigo mismo e intentar satisfacer sus propias necesidades.

- ¡Nunca olvide recordar su propia valía! Los narcisistas siempre intentan menospreciarle para que puedan sentirse superiores y tener la admiración que desean. Necesita encontrar una manera de recordar siempre que es inteligente, amable y merecedor; incluso si su pareja le puede decir lo contrario.

- Aprenda a lidiar con sus inseguridades. Use todos los recursos que pueda obtener para ayudar a lidiar con cualquier inseguridad que pueda tener. No importa si esas inseguridades fueron provocadas por su compañero narcisista o si son algo con lo que está lidiando anteriormente. Sus inseguridades lo hacen más vulnerable y necesita aprender a superarlas.

- Debe aceptar que no puede cambiar a su pareja. La razón principal de esto es que, por lo general, el narcisista no ve una razón para cambiar. No ve un problema porque, por la forma en que lo ve, todo es normal. No olvide que las personas con trastorno de personalidad narcisista tienen una imagen retorcida de ser normal.

- También debe aceptar que ese tipo de comportamiento se trata de la otra persona. Usted no es el culpable y no necesita sentirse culpable ni tratar de justificar a la otra persona. Si siente que su pareja o cónyuge tiene rasgos narcisistas, debería considerar compartir lo que le está sucediendo a un amigo u otra persona de confianza. Debe considerar lo que ve como un comportamiento inaceptable y si su actitud al respecto ha cambiado desde que comenzó a estar con su compañero narcisista. También debe determinar si ha estado inventando excusas para su pareja.

- Una vez que decida cuáles son los límites correctos, cuéntale a tu pareja. No debe esperar que este tipo de iniciativa no tenga consecuencias. El compañero narcisista probablemente ignorará todas sus solicitudes y se negará a seguir cualquier límite. Si decide hacer esto, debe prepararse para irse si no hay nada más que pueda hacer.

Si se das cuenta de que estás en una relación con un narcisista, debe aprender a aceptar que debes terminar esa relación.

¿Puede un narcisista cambiar?

En este punto, la cura para el trastorno de personalidad narcisista no existe. La única forma en que las personas con este trastorno pueden obtener ayuda es a través de terapia individual, familiar o grupal. Sin embargo, la forma más eficiente de terapia para este trastorno es la psicoterapia cognitiva conductual (TCC). La razón por la cual la TCC es el tratamiento más exitoso es que ayuda al narcisista a comprender sus comportamientos negativos y reemplazar sus creencias negativas por otras positivas.

El narcisista no cambiará por completo, pero puede construir un comportamiento más constructivo y pueden llegar al punto en que entienden.

Por eso es importante determinar con qué tipo de narcisista está tratando o con qué tipo de narcisista está. Un narcisista tal vez no pueda cambiar, en términos de ciencia, pero puede aprender a construir expectativas más realistas hacia los demás y hacia sí mismo. También puede aprender a relacionarse más positivamente con otras personas.

Consejos que pueden ayudar a cambiar al narcisista.

• Como ya mencionamos, tenga en cuenta que los diferentes tipos de narcisistas tienen una motivación diferente, por lo tanto, diferente capacidad para cambiar su comportamiento. Intenta determinar el tipo y ver con quién estás realmente tratando

• Los narcisistas no tienen una idea de sus rasgos negativos; por lo tanto, se ven a sí mismos como superiores, por eso es aún más difícil hacer que se den cuenta de los aspectos negativos de su personalidad. Aquí es donde los terapeutas pueden ayudar más. Harán que el narcisista se dé cuenta del punto de vista de los demás.

• Esto también está asociado con el hecho de que la autopercepción positiva narcisista es más fuerte que las percepciones y la reputación de los demás.

• Debe hacer que los narcisistas se den cuenta de que son narcisistas, ya que generalmente no son conscientes de eso. En la mayoría de los casos, ni siquiera se dan cuenta de que otros no los ven tan gloriosos como se ven a sí mismos.

• Si los métodos normales no funcionan, debe tener en cuenta que algunos narcisistas buscan ayuda si se sienten desesperados o ansiosos. Si enfrentan fallas constantes en su lugar de trabajo o con sus parejas, es probable que estén dispuestos a ir a terapia.

• Si un narcisista puede reconocer una debilidad, eso también es una buena señal y está en el camino de la recuperación, y tenderá a invertir más en su crecimiento personal.

• Por último, pero no menos importante, tenga en cuenta las razones por las que un narcisista cambia. Es más fácil ayudarlos si lo hacen para su propio beneficio. Como sabes, un narcisista no hará nada por nadie más, así que en lugar de preguntar "hazlo por mí", considera convencerlos de que un cambio en su comportamiento los beneficiará mucho.

Conclusión

Gracias por llegar hasta el final. El siguiente paso es concentrarse en sanar y reconstruir su sentido de identidad. El abuso narcisista puede enseñar a las víctimas mecanismos de afrontamiento poco saludables, como la defensa injustificada, adormecer el ser a las experiencias emocionales o auto medicarse al dolor emocional sordo. Estos legados del abuso deberán ser confrontados, examinados y desmantelados para liberarse por completo.

Si la terapia privada no está disponible para usted, recuerde que hay muchos otros recursos diseñados específicamente para víctimas de abuso, hijos adultos de narcisistas y personas que han escapado de grupos o instituciones de culto. Los grupos de apoyo pueden ser inmensamente curativos, ya sea que se encuentren en espacios físicos o virtuales. Si no puede encontrar uno en su área, podría tener sentido buscar uno. El abuso narcisista puede hacer que las víctimas se sientan solas y aisladas, incluso cuando están rodeadas de amor; pero los datos de búsqueda en Internet nos dicen que el problema del abuso narcisista está muy extendido. Nunca sabrá cuántas otras personas entienden su experiencia, y han sobrevivido a formas similares de abuso, hasta que llegue a compartir su historia.

No importa a quién recurra en busca de validación, nunca olvide honrarse en su práctica de sanación. Usted se merece reconocimiento, se merece respeto; se merece amor. Y si otros no le ofrecen estas cosas, tiene el pleno derecho a dárselas usted mismo.

MADRES NARCISISTAS

CÓMO SOBREVIVIR A LAS RELACIONES PARENTALES ABUSIVAS CAUSADAS POR TRASTORNOS DE LA PERSONALIDAD. RECUPERARSE DEL DESCUIDO EMOCIONAL DE LA INFANCIA. UNA GUÍA COMPLETA PARA CÓMO SANAR

HOPE UTARAM

Tabla de contenidos

Introducción 137

Capítulo 1 Madres Narcisistas 139

Capítulo 2 Entender El Narcisismo 151

Capítulo 3 Trastorno De Personalidad Narcisista ... 168

Capítulo 4 Características De Los Padres Narcisistas 182

Capítulo 5 El Futuro De Su Relación 197

Capítulo 6 Madres Narcisistas Y Sus Hijos 203

Capítulo 7 Cómo Tratar Con Padres Narcisistas 216

Capítulo 8 Recuperación 223

Capítulo 9 Sanación Del Narcisismo 234

Capítulo 10 Cómo Las Manipulaciones Influyen En Su Mentalidad 243

Capítulo 11 Terapia 260

Conclusión 264

Introducción

Como una niña que creció con padres narcisistas, especialmente mi madre, entiendo que esta es una carga gigante que superar. Entender lo que es un narcisista y cómo funcionan puede ayudarte a combatir los problemas que los padres tóxicos pueden tener en nosotros como adultos. A medida que aprendemos a afrontar y trabajar a través de diferentes estrategias, realmente puede permitirnos llegar a ser mejores padres cuando tenemos nuestros propios hijos.

En este libro, voy a repasar lo que es el narcisismo y los rasgos del trastorno narcisista de la personalidad. Puede manifestarse de diversas maneras y hay muchas señales de que usted está tratando con un padre narcisista. Además, voy a discutir los efectos que esto puede tener en ti como la hija de una madre narcisista. También vamos a hablar sobre los trastornos límite de la personalidad y las consecuencias que te llegan cuando eres criado por padres narcisistas.

También habrá una discusión sobre la inteligencia emocional y cómo afecta a sus relaciones. Mirando sobre las habilidades sociales, incluyendo lo que son y cómo pueden ayudarte a tratar con personas tóxicas o tus padres tóxicos también se incluirán. Les daré una buena base en la programación neurolingüística y cómo puede ayudarle de de manera positiva.

Además de todo esto, también vamos a discutir la Terapia Cognitiva Conductual y cómo se puede utilizar a diario para ayudar a cambiar sus patrones de pensamiento y la forma en que trata con las personas. Por último, la perspectiva sobre cómo puedes protegerte del abuso, ya sea mental o emocional. Saber ser una madre maravillosa y evitar las tendencias narcisistas con las que creciste es probablemente una de las piezas más beneficiosas de este libro. En esa nota, empecemos.

Capítulo 1

Madres Narcisistas

Como la mayoría de las madres, hay muchas razones por las que una madre narcisista querría tener un hijo. Si bien quieren amar y cuidar a sus hijos, es posible que también quieran tener hijos por todas las razones equivocadas. Pueden sentir que tener hijos los hace lucir mejor a los ojos de otras personas. Otra razón es que les proporciona un sentido de derecho. Después de todo, si son madres, la gente naturalmente debería querer ayudarlos. Finalmente, tener un hijo les dará a alguien que adora el suelo sobre el que camina, al menos durante unos años. Sin embargo, muchas madres narcisistas también querían tener un hijo porque siempre soñaban con ello. Sienten que esto es parte de la misión de su vida.

No importa cuál sea su razonamiento detrás de su deseo de convertirse en madre, es importante recordar que tu madre te ama. Usted leerá una gran cantidad de información en línea que dice que las madres narcisistas tienen problemas para amar a sus hijos. Aunque se ve así desde afuera, el interior de un narcisista es diferente. La verdad es que aman de manera diferente debido a su narcisismo. Hasta que aprendan estrategias para ayudar a controlar el trastorno de la personalidad, naturalmente se pondrán en primer lugar. Cuando eres niño, nunca debes olvidar que eres parte de tu madre. Ella se preocupaba por ti cuando estabas en su vientre mientras crecías y te desarrollabas en un recién nacido. No importa cómo se haya desarrollado el viaje, siempre hubo amor por ti en tu corazón.

No importa cómo te sientas acerca de tu madre, uno de los pasos más grandes que debes tomar es reconocer que tu madre tiene una enfermedad mental diagnóstica. Las conexiones y los productos químicos en su cerebro no son los mismos que en su cerebro. En otras palabras, tu madre no puede evitar que piense como lo hace. Pasó por situaciones en su vida que la llevaron a convertirse en una narcisista. Por supuesto, saber esto no siempre lo hace más fácil, sin embargo puede llevarte a un punto en el que estés listo para comenzar a perdonar a tu madre por todo el dolor y el dolor que te causó a lo largo de los años.

Darse cuenta del Trastorno De personalidad narcisista es una enfermedad mental también es un gran paso para alguien que sufre del trastorno. Dado que este libro no es sólo para niños que fueron criados por un narcisista, sino también para la persona que vive con el trastorno, es importante entender que hay ayuda para todos. Una vez que llegues al punto en el que entiendas que tienes un trastorno psicológico, puedes comenzar a cambiar tu vida. Puedes empezar a entenderte mejor, como la forma en que piensas, por qué piensas de esta manera y cómo puedes cambiar tu método de pensamiento.

La ayuda que todo el mundo puede recibir a través de un terapeuta no va a arreglar todo de la noche a la mañana. Va a tomar mucho tiempo, paciencia, compasión y amor para superar los años de daño, dolor y estrés que causó el trastorno de la personalidad. Sin embargo, cuanto más trabaje para crear una vida mejor para usted, más creará una vida mejor para su hijo. Esto es algo que requiere mucho coraje, fuerza y es algo de lo que deberías estar orgulloso.

Signos de una madre narcisista

Hay varios signos de una madre narcisista ("Características de las madres narcisistas", n.d.). Aunque voy a discutir muchas de las características comunes, todavía hay mucho que no se mencionará. Esto se debe en parte a que hay docenas de características y en parte porque todos son diferentes. Mientras que las madres narcisistas tendrán algunos de los mismos rasgos de personalidad, hay muchos otros rasgos que varían de una madre a la siguiente.

Ya seas madre o hijo, estos signos pueden ser difíciles de leer. Como madre, no puedes imaginar que trataste a tu hijo de esta manera. Cuando era niño, puede traer recuerdos dolorosos. Sin embargo, para superar el pasado, es necesario reconocer los signos comunes. Esto no solo te ayudará a entender aún más el Trastorno de la Personalidad Narcisista, sino que también te ayudará a avanzar hacia el futuro.

Ella lo negará todo

Parte del Trastorno De personalidad narcisista es culpar a otras personas y negar las malas acciones. La razón más grande por la que un narcisista reaccionará de esta manera es porque tienen una fuerte necesidad de mantener su mejor imagen. Incluso si la gente se da cuenta de que está mintiendo o negando la participación, un narcisista continuará haciendo lo que sea necesario para actuar como si no hubieran hecho nada malo. Cuando eras niño, a menudo te culpaban por lo que hacía tu madre. Esto se debe a que eras el blanco más fácil de usar, ya que eras menos propenso a discutir o decir la verdad para evitar recibir su ira. Además, la mayoría de los niños quieren proteger a sus padres, del mismo tiempo que se supone que sus padres los protegen. Incluso si no recibió protección de su madre, todavía sintió la necesidad de protegerla.

Tu madre te miente

Se sabe que los narcisistas mienten. Hacen esto con el fin de manipular o controlar para obtener lo que quieren. También se mentirán a sí mismos. Necesitan hacer esto para que se vean mejor frente a otras personas.

Se cree que muchos narcisistas son mentirosos compulsivos, pero esto no es necesariamente cierto. Los narcisistas generalmente saben cuándo mienten mientras que los mentirosos compulsivos no siempre entienden que mienten.

Es importante recordar que todos mienten en algún momento de sus vidas. También mentimos por diferentes razones. Si bien a menudo te lastimaban las mentiras de tu madre, es importante entender que esta es otra parte del narcisismo. Si estás buscando un problema, intenta encontrarte con alguien más. También pueden mentir para tratar de sentirse mejor consigo mismos. Esto es especialmente cierto para un narcisista que entiende su trastorno mental y está tratando de superarlo.

Ella es manipuladora

Uno de los rasgos más importantes de un narcisista es que son manipuladores. Un narcisista utilizará varias tácticas de manipulación para hacerse con el control de la situación. Por ejemplo, tu madre te compara negativamente con uno de tus hermanos, te avergüenza cuando no cumples con lo que quiere o dice que eres desagradecida y no te preocupas por ella.

Hay varias formas de manipulación que van desde lo bueno hasta lo malo. Un narcisista rara vez usará una buena forma de manipulación, como usar la manipulación para ayudar a otra persona, por lo tanto, tener un propósito altruista. Por ejemplo, cuando un terapeuta te manipula haciéndote una pregunta de cierta manera, lo hace para ayudarte a entenderte mejor. Las formas negativas de manipulación se utilizan cuando alguien intenta que usted haga algo para su propio beneficio. Estas son las formas de manipulación que usará tu madre.

Una táctica manipuladora es el tripper de culpa. Hay muchos ejemplos de trippers culpables. Por ejemplo, una madre y su hijo están discutiendo si debe acompañar a su madre en un viaje de compras o salir con sus amigos. El hijo de 13 años le dice a su madre que preferiría salir con sus amigos porque puede salir con ella en cualquier momento. Durante el verano, rara vez llega a estar con sus amigos. Cuando está a punto de salir por la puerta, la madre comienza a usar la culpa que se dispara diciendo: "Si realmente te amas y te preocupas por mí, pasarías tiempo conmigo". Incluso si el hijo está empezando a entender que esta es una estrategia que su madre usa para salirse con la suya, sabe que se sentirá culpable si va con sus amigos en lugar de ella. También sabe que ella continuará haciéndolo sentir culpable, incluso semanas a partir de ahora sobre este evento. Por lo tanto, él permite que su culpa tome el control y decide ir de compras con ella en su lugar.

Si alguna vez oíste a tu madre usar frases como "Si supieras por lo que he pasado..." o "Si fueras un buen niño, lo harías..." usó el disparo de culpa para conseguir lo que quería. En realidad, ella no quiso decir lo que dijo, ya que los manipuladores rara vez usan tácticas significativas para obtener lo que quieren. Sabía que esta estrategia funcionaba contigo, así que la usó. Si alguna vez dejaste de escuchar su culpabilidad, entonces es posible que hayas notado que dejó de usarlo y recurrió a una estrategia diferente.

Shaming es otra forma de manipulación que se puede utilizar pública o privadamente. Hoy en día, hay un montón de formas de avergonzamiento público gracias a las redes sociales. Muchos padres elogian a otros padres que publican fotos o videos de sus hijos sosteniendo un letrero diciendo lo que hicieron mal y cuál es su castigo— esta es una forma de avergonzamiento público. Mientras que la mayoría de los padres que han hecho esto rara vez usan esta forma de disciplina, un narcisista a menudo recurrirá a avergonzar a su hijo.

Tu madre narcisista podría haber usado el mismo razonamiento para avergonzarte a lo largo de tu vida o puede haber usado diferentes razones. Salem tiene ahora 33 años y apenas habla con su madre narcisista. Ella está tratando de aprender a perdonar a su madre a través de la terapia, pero a menudo encuentra esto difícil, ya que está criando a sus propios dos hijos. Como madre misma, Salem no entiende por qué su madre la avergonzó tanto. Esto es algo que Salem nunca podría hacerle a sus propias hijas. Ella recuerda específicamente cómo su madre a menudo se refería a ella como una "niña mala" porque nació un domingo, que es el día de descanso según Dios. Salem recuerda cómo su madre solía decir: "Ya me pusiste a luz un domingo", cada vez que le pedía a Salem que hiciera algo que ella no haría. A menudo usaba esta razón para decirle a otras personas lo malo que podría ser su hijo.

Muchas personas se refieren a la vergüenza pública y privada como el "juego de la vergüenza". Algunas de las razones más comunes por las que los padres narcisistas avergüenzan a sus hijos de sentirse superiores, debilitar la autoestima, obtener el control, llevar a alguien a la auto culpación o a la autodestrucción, manipular a alguien para que asuma su responsabilidad y aislarlo.

La realidad acerca de avergonzar a su hijo es que no importa cuán a menudo lo haga, usted está abusando emocionalmente de su hijo. Los efectos de avergonzar a los niños en cualquier entorno son el odio a sí mismo, la adicción, la autolesiones, la baja o nula autoestima, la externalización o internalización de la ira y otras emociones negativas, el miedo a la intimidad, la abstinencia emocional y física, la ansiedad paralizante, la depresión, perfeccionismo, y el bajo rendimiento.

El ataque a la autoestima es otra forma de manipulación. Una de las principales razones por las que los narcisistas usan esta táctica es para asegurarse de que usted cree que son mejores que usted. Un narcisista siempre necesita encontrar una manera de mantener su imagen, ya sea en privado o públicamente. Las formas más comunes de ataques a la autoestima son insultos, críticas extremas, insultos, juicios y etiquetas. Tu madre probablemente te dijo muchas cosas para atacar tu autoestima. Algunos de los ejemplos más comunes son "¿Por qué eres tan estúpido?" "Nunca llegarás a nada", o "No vales nada". Otros tipos de ataques no son tan directos. Por ejemplo, una madre narcisista le decía a su hija: "Sólo las niñas que trabajan en la esquina de la calle usan esa ropa a la luz del día".

Otra razón por la que tu madre pudo haber atacado tu autoestima fue para asegurarte de que no volverías a involucrarte en cierto comportamiento. Por ejemplo, si no la escuchaste, ella podría haberte dicho que eres "sordo y sin valor".

Otra forma de manipulación es ser competitivo. Los narcisistas convertirán casi cualquier cosa en una competencia. Esto a menudo puede ser un juego divertido cuando eres un niño, al menos hasta que te encuentres perdiendo todo el tiempo. Un ejemplo de esto es durante la película Mommie Dearest cuando el personaje Joan Crawford, interpretado por Faye Dunnaway, y su hija pequeña, Christina Crawford, interpretada por Mara Hobel, están nadando en la piscina. Joan le dice a su hija que deben correr y ella está de acuerdo. A medida que la escena se desarrolla, Joan gana todas las carreras contra su hija. Cerca del final de la escena, Christina se enoja con su madre y le dice que no es justo que siempre gane. Joan responde haciéndole saber que siempre ganará contra ella porque es más grande y mejor.

Los narcisistas les dirán a sus hijos: "¡Quien pueda hacer esto primero, gane!" y siempre encuentre una manera de ganar. Incluso podrían tratar de ser amables dándole una ventaja o una advertencia, pero todavía ganarán al final. Si terminas ganando, descubrirás que tu madre se vuelve iral y podría atacar tu autoestima para ganar ventaja.

El tratamiento silencioso es otra forma de manipulación. Esto sucede cuando el narcisista retira cualquier emoción y formas de comunicación. Por ejemplo, una madre que le da a su hijo el tratamiento silencioso los ignorará incluso si intenta hacer una pregunta o necesita algo. No importa la frecuencia con la que traten de hablar con su madre, ella actuará como si no los oyera o simplemente se fuera.

Es importante tener en cuenta que cuando está dando el tratamiento silencioso, también está prestando atención a cómo usted está respondiendo. Ella prestará atención a tus expresiones faciales o gestos, ya que quiere que sientas tristeza o miedo. Por lo general quiere ver que sientes miedo al abandono o al rechazo. Una vez que empieces a mostrar signos de estas emociones, a menudo comenzará a responderte de nuevo. Por lo tanto, una manera de poner fin a este tipo de comportamiento es desengancharse y no responder de la manera que ella quiere y espera que responda..

Otro tipo de manipulación es la iluminación de gas o hacerte sentir que eres el "loco". Antes de ir más lejos, quiero decir que un narcisista no es "loco". Tienen un trastorno de la personalidad que les hace pensar de cierta manera. Cuando un narcisista usa la iluminación de gas como táctica, están tratando de hacerte creer que no dijeron algo, incluso si los recuerdas que lo decían. Te dirán que dijiste algo, que no recuerdas haber dicho. Lo harán tan a menudo que empiezas a creer que tienen razón y te equivocas. Esto puede hacer que alguien sienta que "se está volviendo loco".

Ella usa la codependencia para controlarte
Hay muchos niños que sienten que nunca pueden vivir su propia vida porque su madre siempre está diciendo: "No puedo vivir contigo, así que no me dejes". Mientras que la mayoría de los padres no quieren que sus hijos crezcan y los dejen, saben que es inevitable y parte de la vida. También sienten que este es un momento agridulce, ya que están orgullosos de sus hijos por lograr hitos como ir a la universidad, conseguir su primer trabajo de tiempo completo y comprar su propia casa. Los narcisistas no sienten lo mismo. Necesitan a sus hijos con ellos, incluso si no actúan así, porque es la única manera de que puedan garantizar el control sobre ti. Si sales de su casa o te mudas, ya no pueden mantener el control sobre ti.

Reacciona extremadamente cuando es criticada

No importa quién seas o cuántos años tengas, vas a recibir críticas de alguien de vez en cuando. A medida que los niños envejecen, a menudo comenzarán a criticar a sus padres por varias razones. Mientras que la mayoría de los padres manejan bien las críticas, los padres que son narcisistas reaccionarán de una manera extrema. Por ejemplo, podrían castigarte, gritarte, criticarte con dureza o avergonzarte.

Capítulo 2

Entender el narcisismo

Para entender el narcisismo, necesitas saber lo que es en sí mismo. Alguien que admira su inteligencia o su apariencia a un nivel extenso es alguien que es narcisista. Tienden a ser extremadamente egoístas y tienen un sentido de derecho que no está justificado. Los narcisistas suelen tener una gran falta de empatía y necesitan que la gente los adore. Encontrarán esta adoración por cualquier medio necesario.

Es importante tener en cuenta que simplemente ser arrogante o jactancioso no convierte a alguien en un narcisista. Es mucho más profundo que eso. Quieren obtener el control de los que los rodean y ser admirados en niveles extremos, incluso cuando no está justificado. Abusarán de los que los rodean para obtener este control. A menudo, los narcisistas ni siquiera se dan cuenta de que tienen un problema. Esto hace que tratarlos y cambiar su perspectiva sea extremadamente difícil.

Independientemente de la edad a la que trates con un narcisista puede ser muy difícil. Es absolutamente el más difícil cuando eres un niño tratando de tratar con padres narcisistas. De hecho, si usted es un niño pequeño, es probable que ni siquiera sepa lo que está pasando a su alrededor sólo que usted está en una mala situación.

Impactos de un padre narcisista

El impacto que los padres narcisistas pueden tener en sus hijos es extremo. Puede afectar el desarrollo psicológico del niño. Esto jugará un papel en sus comportamientos. Además, su actitud, emociones y sentido de la ética pueden ser expulsados. El hijo de un padre narcisista tendrá expectativas poco realistas que están tratando de cumplir. Esto es casi imposible y puede cambiar completamente la forma en que un niño trata con el mundo.

Es importante entender que complacer a un padre narcisista es casi imposible. Con frecuencia, cuando era niño, esto les llevará a sentirse como si no fueran vistos ni escuchados. Su realidad será totalmente deformada. Los niños que tienen padres narcisistas son tratados como propiedad en lugar de una persona. Obviamente, esto va a tener efectos importantes en ellos a medida que crecen y se desarrollan.

Con este tipo de habilidades tóxicas de crianza, muchos niños que se crían en este tipo de hogares no son valorados como personas. En cambio, son elogiados o criticados basándose únicamente en lo que están haciendo. No aprenden a entender sus sentimientos, y esto puede llevar a una terrible duda de sí mismos. A medida que el hijo de esta situación crece, esta duda jugará un papel importante en todas sus relaciones.

Cuando estás en una situación en la que te clasificas en cómo te ves o lo inteligente que eres, es probable que no entiendas o des importancia en cómo te sientes. Es un círculo vicioso que, por desgracia, puede convertir al hijo de un padre narcisista en un narcisista. Ser real no es algo que se le enseñe al niño que está tratando con este tipo de padres. Creerán que su imagen es excepcionalmente más importante que su verdadero yo.

Mantener secretos es una gran parte de los caminos del narcisista. A su vez, el niño estará involucrado en guardar secretos que mantendrán bien protegido sano a su familia o a sus padres. No podrán encontrarse a sí mismos, ya que estarán totalmente entrelazados con lo que el padre narcisista quiere. No habrá cuidado y, por lo general, estos niños se sentirán emocionalmente estériles. Cuando un niño se siente así, les resulta extremadamente difícil confiar en otras personas. Esto se debe al hecho de que entienden que están siendo manipulados y utilizados por aquellos que se supone que más les aman.

Como padres, se supone que estamos allí para nuestros hijos, sin embargo, sucede de la manera opuesta cuando un padre es un narcisista. Esto atrofia el desarrollo de un niño de diferentes maneras. Donde deben sentirse amados y aceptados por lo que son, en su lugar se sentirán como si estuvieran siendo juzgados y criticados en cada esquina. Esto puede llevar a una frustración importante para el niño. Constantemente buscarán aprobación y amor, pero probablemente nunca podrán encontrarlo. Al menos no de sus padres.

Cuando te crías en un hogar donde nada de lo que haces es lo suficientemente bueno, obviamente va a afectar el resto de tu vida a menos que hagas algún trabajo para corregir el daño que se ha hecho. Sin un modelo a seguir para una buena conexión con otras personas, es muy difícil desarrollar estas habilidades. No entenderán cómo son los límites saludables de una relación. A menudo, los niños que crecen en este tipo de situaciones se vuelven excepcionalmente codependientes. No entienden ni aprenden a cuidarse emocional, física o mentalmente.

El hijo de los padres narcisistas también buscará continuamente la validación. No lo buscarán dentro de sí mismos; lo buscarán de otras personas. Se vuelve muy confuso para estos niños, ya que quieren hacerlo bien y hacer felices a sus padres, pero absolutamente no quieren hacerlo tan bien que podrían ser vistos como mejores que sus padres. Los padres narcisistas tienden a ponerse excepcionalmente celosos de sus hijos cuando a sus hijos les va bien en algo. Esto eventualmente llevará al niño a un no entendimiento de cuándo realmente merecen crédito por sus buenas y las buenas realidades en la vida.

Muchos niños que crecen en un hogar que tiene uno o incluso dos padres narcisistas sufrirán de una variedad de trastornos diferentes. Esto puede incluir depresión, ansiedad, e incluso trastorno de estrés postraumático. A menudo, esto se ve más adelante en la vida y puede ser extremadamente difícil para ellos superar. Hay maneras de superar el daño que los padres narcisistas hacen, sin embargo, se necesitará mucho trabajo.

Cuando creces en un hogar que te hace sentir que eres indigno del amor, obviamente, va a tener algún efecto importante en la persona en la que te conviertes. Estos niños también son frecuentemente humillados por sus padres. Esto conduce a terribles problemas de autoestima y una sensación de vergüenza, incluso cuando es infundado. A veces, el hijo de un narcisista se convertirá en un sobre triunfador, ya que sienten que necesitan ser perfectos. A veces, va exactamente en sentido opuesto. Simplemente creerán que no pueden hacer nada bien, incluso cuando es un área en la que son excelentes. Se derribarán y sabotearán cualquier posibilidad de éxito.

Signos de que alguien tiene rasgos narcisistas

Muchas personas tienen rasgos narcisistas; sin embargo, esto no significa que tengan un trastorno narcisista de la personalidad. Alguien con este trastorno siempre estará preocupado de que alguien a su alrededor sea mejor que ellos o que tenga un estatus más alto que ellos. Es como si estuvieran constantemente mirando por encima de sus hombros para ver si alguien está en sus talones. Tienen un agujero dentro de ellos que necesita ser llenado de admiración o un sentido de superioridad a los que los rodean. Necesitan que la gente piense que es la persona más guapa o la más inteligente.

Hay algunas marcas fundamentales de personas que tienen trastornos narcisistas de la personalidad. Como se ha señalado, tendrán una extrema falta de empatía por quienes los rodean. Además, buscan admiración a gran escala. Todo lo que hacen es más grande y mejor que los demás.

Comúnmente, las personas que tienen trastorno de personalidad narcisista serán descritas como manipuladoras, arrogantes, extremadamente exigentes y egocéntricas. Viven en un mundo de fantasía y están convencidos de que, por alguna razón u otra, deben recibir un trato especial de aquellos que están a su alrededor.

Por lo general, estos comienzan a ser vistos durante la edad adulta temprana. Aquellos que son etiquetados como NPD mostrarán evidencia de su trastorno en múltiples facetas de sus vidas. Esto incluye el trabajo, las relaciones y la crianza, solo por nombrar algunos.

Para que alguien sea etiquetado como que tiene un trastorno de personalidad narcisista, debe exhibir varios rasgos diferentes que se ven comúnmente entre las personas que tienen esta enfermedad mental. Las características que debe buscar son:

- Autoimportancia a gran escala

- Un deseo de admiración excesiva

- Infundado sentido del derecho

- Pensamientos consistentes de mayor éxito, inteligencia, poder, apariencia o amor

- La idea de que son especiales y sólo son entendidos por otros que son especiales

- Explotación consistente de quienes los rodean

- Falta grave de empatía

- Envidioso de los que les rodean o la creencia de que son envidiados por otros

- Altos niveles de arrogancia

Hay muchos otros rasgos que ayudan a identificar a las personas con trastornos narcisistas de la personalidad. Por lo general, no se ocupan de las críticas muy bien en absoluto. Esto puede mostrarse con peleas de ira o retirarse de la sociedad. Es sorprendente que las personas con NPD tienden a fallar, teniendo en cuenta que suelen ser personas que logran más altas. Con su incapacidad para tomar críticas y corregir sus defectos, son fallas frecuentes en situaciones como el trabajo.

Muchas personas encuentran sorprendente que aquellos con trastornos de la personalidad narcisistas son propensos a aflicciones como el abuso de drogas y otros problemas de estado de ánimo o ansiedad. Se cree que esto se debe al hecho de que los narcisistas tienden a tener problemas de control de impulsos. También experimentan niveles más altos de vergüenza que fomentan otros comportamientos que interrumpen la vida.

Si bien estos rasgos son para cualquier persona que tenga un trastorno narcisista de la personalidad, este libro está aquí para discutir la madre narcisista. Algunos de los rasgos de carácter de la madre narcisista pueden ser bastante sutiles, mientras que otros estarán en tu cara. Detectar a un padre narcisista puede ser difícil, sin embargo, puede ayudarte a sobrevivir a lo que te hicieron pasar y permitirte llevar una vida más normal como adulto.

Muchos de nosotros no nos damos cuenta de lo que está sucediendo cuando somos niños, y por lo tanto, debemos aprender a lidiar con él como adultos. Conocer los signos de lo que crecer con una madre narcisista puede ayudar a sanar el daño emocional y mental que han causado. Además, puede ayudar a asegurarse de que usted no haga las mismas cosas a sus hijos y que usted sea capaz de construir relaciones saludables con ellos.

La mayoría de las madres narcisistas tienen algunas características muy definitorias. A menudo envuelven pensamientos negativos sobre ti en términos que son duraderos. Pretenden que son considerados cuando son realistas, están siendo hostiles o agresivos. Esta es una forma seria de manipulación. Puede que hayas descubierto que tu madre te criticó de una manera que parecía que estaba preocupada por ti. Demostrar que ella sólo quiere lo que es bueno para ti al destrozarte no es un ejemplo de buena crianza.

Los padres narcisistas son fantásticos con la manipulación. Hemos detectado un problema desconocido. Es posible que encuentres que siempre te comparan con uno de tus hermanos. Tomando nota de que tu hermano lo hizo mejor o que necesitas trabajar más duro para ser como ellos.

A menudo, simplemente te ignorarán o no dirán nada cuando compartas tus logros. Al compararte con los que están a tu alrededor, te derribará y te hará sentir como si te faltaras en las cosas que hacen que una persona sea buena. Esto es gravemente perjudicial para uno mismo. Puede que encuentres que de vez en cuando tu madre dice felicitaciones, pero el tono de su voz dice algo completamente diferente. Esta es una forma de entrenamiento. Te ayudará a mantenerte asustado y en la fila haciéndola la superiora de la situación cada vez.

Si tu madre es narcisista, probablemente también viole los límites personales todo el tiempo. Te sentirás como si no fueras tu propia persona, sino simplemente un pedazo de ella. Habrá una falta de cortesías comunes. Esto podría parecer que tus cosas se regalan justo delante de ti. Esto se hará sin ninguna razón y simplemente se espera que lo acepte.

Con frecuencia, las madres narcisistas harán y dirán cosas para tratar de humillarte. Esto se puede hacer hablando de ti mientras estás en la habitación pero actuando como si no estuvieras allí. Además, usted no tendrá ningún sentido de privacidad en casa. La madre narcisista husguen a través de todas tus cosas. Incluso llevar un diario será imposible. Independientemente de dónde decidas ocultarlo, puedes estar seguro de que ella lo va a encontrar. Ella querrá saber cualquier y todo sobre ti para que pueda usarlo en tu contra en el futuro.

Si vives en una familia con varios hijos, la madre narcisista probablemente elegirá a uno como su favorito. Ella también tendrá uno que ella elige más que los otros. Al niño favorito se le concederán privilegios que los otros niños simplemente no obtienen. Recibirán atención y aliento adecuados en lugar de ser desgarrados por todo lo que han hecho. Este niño realmente no puede hacer nada malo a los ojos de una madre narcisista. Rara vez tienen la culpa, incluso cuando los atrapan con las manos en la masa. Ella transmitirá la culpa a otros niños para asegurarse de que el niño de oro no tiene ninguna marca negra.

Desafortunadamente, el niño que es favorecido sobre los demás probablemente se convertirá en un narcisista. Se acostumbrarán tanto a ganar y nunca estarán en el mal que el sentido de derecho que los narcisistas tienen es el pan en ellos como adultos. No podrán asumir la responsabilidad y se sentirán como si fueran superiores a los que les rodean. La madre narcisista los ha construido para sentirse así.

Por horrible que sea, una madre narcisista nunca se dará cuenta de lo bien que lo estás haciendo. Eso es a menos que ella pueda de alguna manera tomar crédito por sus logros. Si no puede, simplemente será ignorado o comparado con alguien que lo hizo mejor. Como siempre, tiene que ser la mejor. Si usted es el que va a llamar la atención o la adoración, será simplemente, apagado. Además, ella encontrará maneras de hacerte daño por tus logros. Esto puede ser simples pequeñas excavaciones con palabras o castigos mayores para pequeñas insuficiencias.

Si usted está encontrando gozo en las cosas que están haciendo, es probable que la madre narcisista va a tratar de derribar eso también. Ella realmente no quiere que sientas felicidad. Siempre tratará de bajarte un poco. Esto se puede hacer de varias maneras, pero cada forma en que se hace es perjudicial para la psique infantil.

Con frecuencia verás que ella te critica innecesariamente. Esto se hace con frecuencia comparándote con tus otros hermanos o con las personas que están frecuentemente a tu alrededor. Tratar de decirle sobre las cosas malas que están sucediendo en tu vida será imposible. Ella comúnmente tomará el lado de la persona que te ha hecho mal. Esto es para ayudarla a mantener el control. Es una forma sencilla de mostrarte que nada de lo que digas o hagas va a tener razón.

Las madres narcisistas son excelentes para hacerte sentir o parecer loca a los que te rodean. Tratar de hablar con ella sobre las cosas que está haciendo se cerrará inmediatamente. Ella lo culpará de cosas como tu imaginación o simplemente te dirá que no tienes idea de lo que estás diciendo. Puede haber negación incluso cuando fue un evento inicial. Puede decir que eso no sucedió o decir que no recuerda que sucedió. Cuando esto sucede continuamente, es probable que deje de confrontarla sobre problemas en la mano. Esto es exactamente lo que ella quiere.

La envidia que viene de tu madre será un período intenso si siente que tienes mejor aspecto que ella, o si has recibido algo de buena calidad. Su envidia será fácil de ver. Ella puede simplemente tomar de usted o ir a buscar algo mejor para sí misma. Las madres narcisistas, por horribles que sea, a menudo, competirán con sus hijos en todos los aspectos.

Las mentiras que se escupirán también son numerosas. En cualquier momento dado, usted puede hacer apuestas sobre el hecho de que ella probablemente está mintiendo sobre una situación. Las mentiras son excelentes para crear conflictos. Esta también es una buena manera de obtener el control. Los narcisistas son cuidadosos con sus mentiras y se vuelven extremadamente buenos en ello. Ellos girarán historias para hacerse bien no sólo a ti, sino todo lo que está a tu alrededor. Ella usará palabras que permitirán que las mentiras vayan al camino si es capturada específicamente. No habrá una aceptación directa del hecho de que se le dice una mentira, en cambio, ella usará palabras como "tal vez" o "supongo".

Como se ha señalado, la manipulación es una de las opciones favoritas para un padre narcisista. Esto se puede hacer de varias maneras, pero comienza muy temprano en la vida. Usted encontrará que es para identificar sus tácticas de manipulación. Esto es muy desafortunado ya que la manipulación es un problema importante con muchos adultos. Es extremadamente egoísta y será utilizado en tu contra mientras sea posible.

Las madres narcisistas tienden a ser extremadamente ensimismada. También son defensivos ante cualquier tipo de crítica que pueda ser lanzada a su manera. A menudo se puede demostrar por una explosión de emociones después de ser criticado. Te aterrorizará por intentar mostrarle que no es perfecta.

Desafortunadamente, no hay una verdadera causa para aquellos con trastornos narcisistas de la personalidad. Se desarrolla como otros problemas de salud mental. Es probable que sea un conjunto complejo de circunstancias que lleve a una persona a actuar de esta manera. Muchos creen que el entorno en el que se encuentra juega un papel importante en este trastorno. Si creciste en una casa con una madre narcisista, es más probable que te conviertas en una tú misma. Esto es especialmente cierto si no te tomas el tiempo para reconocer lo que está pasando a tu alrededor.

Otros creen que es simplemente genético que heredamos estos rasgos y que es inevitable sin trabajo serio. También hay pensamientos de que la forma en que nuestros cerebros están conectados podría ser el vínculo en cuanto a por qué esto sucede. La forma en que nos comportamos y la forma en que pensamos definitivamente juegan un papel en lo que somos. Por lo tanto, si estás en sintonía con los rasgos de un narcisista, puede ser más fácil desarrollar un trastorno narcisista de la personalidad

Comúnmente vemos este trastorno recortando en adolescentes y aquellos que están entrando en la edad adulta. Podemos ver signos de ello en los niños, sin embargo, estos por lo general no se manifiestan en nada más una vez que el niño se desarrolla social y emocionalmente. Esto es, a menos que el niño esté creciendo alrededor de otros narcisistas y aprenda que los comportamientos de sus padres son aceptables.

Hay una variedad de señales de que usted puede estar tratando con una madre narcisista. A través de sus comportamientos y su estilo de crianza, puede ser fácil de identificar. Una vez que tienes la capacidad de ver estas cosas sobre tu madre, puede hacer que sea más fácil de sobrellevar. Puede proporcionarle una comprensión de lo que está pasando y ayudarle a combatir los efectos de la misma. Obviamente, el conocimiento común es poder y cuando estás tratando con un narcisista, puede ayudar a asegurar que no te conviertas en el mismo.

Una señal importante de que usted está tratando con un padre narcisista es que tratan de vivir a través de su hijo. En su mayor parte, los padres desean que sus hijos tengan éxito. La madre narcisista, sin embargo, tendrá un conjunto de expectativas que beneficiarán sus propios deseos en lugar de los de sus hijos. Ellos querrán que sus hijos se adapte a sus deseos personales mientras ponen los suyos en el quemador trasero.

Si encuentras que tu madre está frecuentemente amenazada por tus éxitos, también es una señal de que tienen tendencias narcisistas. Su propia autoestima se verá afectada negativamente cuando lo hagas bien. Cuando esto sucede, es probable que vayan a derribar a su hijo. Esto les permitirá permanecer la persona superior en la relación. Esto se puede ver con un juicio masivo sobre el niño, comparación con otros que lo hicieron mejor, rechazo de logros, y simplemente nitpicking.

Otra señal de que tu madre puede ser narcisista es una enorme autoimagen. Pueden ser extremadamente engreídos acerca de quiénes son. Con frecuencia, no tratan muy bien a los que les rodean ni los tratan como a otros seres humanos. Simplemente ven a las personas como formas de lograr ganancias personales. Incluso llegarán a la medida de destruir a los que los rodean si eso significa que obtendrán lo que desean.

La madre narcisista tratará de asegurarse de que todos a su alrededor entiendan lo únicos y especiales que son realmente. Esto es típicamente equivocado y poco realista. Puede ser que crean que son las más bellas, inteligentes o dueñas de las mejores cosas y quieren que todos lo sepan. Necesitan la atención que ayudará a impulsar su ego. Tienen una actitud que dice, "mírame y lo que puedo hacer".

La manipulación es un componente importante en el arsenal de la madre narcisista. Son excelentes para usar el viaje de culpabilidad a su favor. Culparte o avergonzarte por lo que ha pasado también es extremadamente común. Estos tipos de manipulación pueden ser difíciles de envolver su mente alrededor. Otras maneras en que tratarán de manipularte es mediante la comparación. Hacerle preguntas como: "¿Por qué no eres tan bueno como tu hermano?" es un buen ejemplo. Es común que ofrezcan amor como recompensa en lugar de algo que te mereces. También, por el contrario, amenazan con quitar el amor como una forma de castigo.

Los padres narcisistas con frecuencia tienen estrictas expectativas para sus hijos. Se centran en los pequeños detalles y si hay algún paso en falso, hacen un gran negocio de ella. Esto realmente puede afectar la forma de pensar de un niño en la autoestima. Estos padres también son muy delicados. Se pueden poner en marcha muy fácilmente y tienden a irritarse con la gota de un sombrero. Todo esto se debe al hecho de que quieren un control total sobre su hijo. No reaccionarán de una manera típica, en cambio, explotarán en la más pequeña de las cosas.

La posesividad y los celos también son muy buenas señales de que estás tratando con una madre narcisista. Debido al hecho de que quieren un control total sobre la vida de un niño, pueden ponerse celosos en los hitos de la madurez o la independencia dentro de su hijo. Esto les muestra que hay separación y que no lo manejan muy bien en absoluto. Pueden hacerte sentir culpable por hacerlo bien y seguir adelante en la vida. Quieren saber que siempre estás ahí para ellos y que estás envuelto alrededor de su dedo.

Todos estos son una buena mirada a las características y acciones de un padre narcisista. Sin embargo, debes tener en cuenta que hay muchos otros síntomas o signos de que estás tratando con un narcisista. Mantenerse protegido y entender cómo su padre lo está tratando no siempre es fácil. Cuando sabes qué buscar, puede ser más fácil. Esto ayudará a asegurar que lleves una vida sana y próspera como adulto y que salgas de debajo del pulgar de tu madre narcisista.

Capítulo 3

Trastorno de Personalidad Narcisista

La mayoría de los expertos en el campo de la psiquiatría creen que el Trastorno Narcisista de la Personalidad (NPD) no se puede curar. Esto significa que las personas diagnosticadas con él tendrán los síntomas del trastorno toda su vida y tendrán que trabajar continuamente duro para hacer frente a las dificultades de comportamiento causadas por el trastorno.

Aunque las personas diagnosticadas con NPD pueden experimentar alivio de los síntomas y podrían aprender estrategias valiosas de afrontamiento, todavía tendrán algunos signos del trastorno por el resto de sus vidas. Además, la mayoría de los psiquiatras no creen que la medicación funcione bien para controlar cualquier trastorno de la personalidad, especialmente el NPD.

El narcisismo es una especie de creencia que una persona tiene sobre sí misma, que son únicas y más importantes que otras a su alrededor. Con esta creencia, a menudo actúan de maneras particulares y harán cosas para aumentar su imagen a los ojos de los demás.

La creencia en su superioridad sobre los demás está tan profundamente arraigada en los narcisistas que experimentan muchas dificultades al tratar con otras personas, ya que a menudo tratarán a todos los demás como menos importantes.

Trastorno de Personalidad Narcisista (NPD), por lo tanto, es el término que connota un tipo de trastorno mental en el que el individuo afectado tiene un sentido exagerado de auto-importancia.

Las personas afectadas por el NPD tienen una profunda necesidad de reverencia por parte de los demás, aunque carecen de empatía por los demás. Las personas afectadas con NPD no se presentan para el tratamiento psicológico porque no ven que hay un problema con su conducta, a pesar de que son conscientes de que las personas a su alrededor constantemente les resulta muy difícil de tratar.

Los criterios utilizados oficialmente para diagnosticar el Trastorno De personalidad narcisista se describen en el Manual Diagnóstico y Estadístico, Versión Cinco (DSM-V). El DSM-V es el libro que los expertos en salud mental utilizan para diagnosticar enfermedades mentales.

Es pertinente notar que algunas personas pueden mostrar signos de tendencias narcisistas, pero no tienen NPD en toda regla.

Algunos criterios para diagnosticar el NPD como se describe en el DSM-V son:

A. Antagonismo, caracterizado por la grandiosidad, y

B. Búsqueda de atención.

Los criterios descritos en el DSM-V pueden explicarse a través de las acciones de la persona en particular que sufre de NPD. Un individuo que se ve afectado por el NPD sólo pensará en sí mismo. Sus acciones revelarán que sólo piensan en sí mismos y tratan de acabar con las personas que los rodean.

Por ejemplo, una persona que sufre de NPD puede tergiversar su contribución a un proyecto de trabajo mientras desuso el compromiso de un compañero de trabajo con el proyecto. El individuo podría incluso robar las ideas de otros y tomar crédito por las ideas y acciones de los demás. Un individuo que sufre de NPD debe estar en el centro del universo en todo momento.

Ser diagnosticado con NPD en toda regla significa que una persona debe exhibir este comportamiento de búsqueda de atención tanto con el tiempo como en muchas circunstancias diferentes. Deben haberlo exhibido como un adulto joven, y deben haber envejecido sin mucho cambio en su comportamiento. Exhiben atención con su familia, en el trabajo y en la comunidad. Este rasgo de personalidad parece estable, no importa con quién estén y lo que están haciendo.

Una persona que sufre de NPD no puede tener sus comportamientos explicados basados en la edad que tiene. Por ejemplo, muchos adolescentes actúan como si fueran el centro del universo y puedan exagerar sus acciones, pero esto puede explicarse como una etapa normal en su crecimiento psicológico, que eventualmente superarán. Sin embargo, una persona con NPD nunca abandonará sus comportamientos adolescentes. Así que para un adulto, algunos actos no se consideran normales. Esta es una de las razones por las que los trastornos de la personalidad como el NPD no se diagnostican hasta que una persona es adulta.

Alguien con NPD buscará atención y tendrá un falso sentido de sí mismo sin importar cuál sea su estado de sobriedad. Por ejemplo, una persona que se comporta como un narcisista mientras está borracha, pero es una persona amorosa y saludable mientras está sobria, no sería diagnosticada con NPD porque sus comportamientos son como resultado del alcohol en su sistema. Alguien con NPD actuará como un narcisista sin importar cuál sea su estado.

Tomados como un todo, cuando alguien tiene NPD, cree que es el centro del universo y todo gira alrededor de ellos y como tal, no tienen en cuenta los sentimientos de las personas que les rodean, junto con el hecho de que no serán empáticos con otras personas.

Las personas que sufren de NPD harán todo lo posible para ser el centro de atención y mostrar a los demás lo importantes que son para el mundo. Seguirán mostrando estos rasgos a lo largo de toda su vida. Por lo general, estos rasgos comienzan a mostrarse en sus vidas durante la adolescencia, y llevarán estos rasgos a la edad adulta.

Se estima que hasta el 6,2% de la población general sufre trastorno narcisista de la personalidad y que los hombres tienen más del doble de probabilidades de ser diagnosticados que las mujeres.

Cómo se desarrolla el trastorno narcisista de la personalidad

Al igual que con cualquier otra enfermedad mental o trastorno de la personalidad, hay diferentes explicaciones para el NPD. Las causas del NPD podrían aparecer de forma independiente o existir unas con otras en la vida de alguien; esto fomentará el desarrollo del NPD.

La primera pieza del rompecabezas en el desarrollo del NPD es la genética. Si un miembro de la familia tenía NPD, es muy probable que los niños y algunos otros parientes también puedan desarrollar el trastorno. Esto se debe a la psicobiología; la idea de que el cerebro y los comportamientos humanos están conectados. Si el cerebro está genéticamente cableado de una manera debido a los genes que una persona ha heredado de los padres y abuelos, entonces es probable que una persona herede los genes que causaron que el cableado se produjera de tal manera que cree NPD. Las personas que tienen una predisposición genética son más propensas a sufrir de NPD que las que no lo tienen.

El otro desencadenante para NPD son los problemas de crianza. Si una persona vive con un padre o en una situación familiar en la que es demasiado mimada, tratada continuamente como única, o dado todo lo que siempre pide sin ninguna idea de que hay límites, es más probable que desarrolle NPD. Los niños necesitan límites y disciplina, y sin ellos, crecerán con una visión poco realista tanto de sí mismos como de cómo funciona el mundo. Incorporan la creencia de que son especiales y perfectos en su visión del mundo.

Por otro lado, las personas que crecieron con padres que eran especialmente duras y nunca valoraron nada de lo que el niño hizo también pueden desarrollar NPD. El niño desarrolla un mecanismo de defensa para compensar las críticas negativas y constantes que reciben. Piense en ello como un péndulo balanceándose hacia el otro lado. Si el padre es demasiado duro con el niño, el niño comenzará a compensar en exceso creyendo que tiene derecho a todo, que son especiales, y que se merecen el mundo, sólo para combatir la negatividad que los rodea todos los días. Esto generalmente se piensa que sucede porque el niño puede estar sobre compensando para tratar de demostrar su valor a sus padres. Quieren ganarse el amor y la aprobación de los padres.

No importa qué tipo de padre tuviera la persona con NPD, los comportamientos de los padres comenzaron cuando el niño era joven, generalmente antes de los tres años.

Un tercer factor que puede ser relevante para el desarrollo del NPD son las ideas de la sociedad de quién y qué es importante. Por ejemplo, la idea de que los más poderosos, ricos y exitosos son más importantes que las "personas ordinarias" se ha convertido en una creencia arraigada gracias a la preocupación de los medios de comunicación con este tipo de personas. Al ver la televisión de realidad, las personas que son egocéntricas, egoístas y groseras con los demás son idealizadas, mientras que las personas que son cariñosas y compasivas a menudo son marginadas o completamente ignoradas. En segundo lugar, las personas reciben más aprobación de influencia externa cuando son más inteligentes, más prósperas o tienen un estatus más alto. Esto podría hacer que las personas trabajen para este estatus más alto para que puedan recibir el mismo tipo de reconocimiento. Por último, hay un debilitamiento de la comunidad en nuestra sociedad. Los niños no suelen ser criados para creer que son parte de algo más grande que ellos mismos, lo que lleva a que los niños tengan más dificultades para identificarse con los demás. Una grandiosa autoimagen reemplaza su capacidad de empatizar.

Por lo general, sin embargo, hay una mezcla de factores genéticos y factores ambientales, tanto personales como sociales, en el trabajo con el desarrollo de cualquier trastorno de la personalidad. Si un padre u otro familiar cercano tiene el trastorno de la personalidad, es probable que el niño crezca tanto con un vínculo genético para obtenerlo como en un ambiente hogareco inestable donde los rasgos son más propensos a desarrollarse. Debido a que muchos de los rasgos han demostrado existir desde la infancia, es fácil ver por qué el trastorno se vuelve tan difícil de tratar.

Sin embargo, eso no significa que no haya tratamientos u opciones para una persona que sufre de NPD o sus familias.

Sin duda, habrás oído hablar del término 'Ego'. Naturalmente se asume que todo el mundo tiene uno; aunque los egos de algunas personas son mucho más grandes que otros. El ego es una idea de tu autoestima; en muchas personas, este es un tema frágil; fácilmente afectados por otros y sus opiniones y puntos de vista.

Tu ego se basará en tus propias creencias y experiencias a lo largo de la vida; si siempre has tenido éxito, es probable que tengas un ego más grande y tengas más confianza. Del mismo modo, aquellos que a menudo se encuentran con el fracaso tienden a tener un ego disminuido y ser menos confiados en sus habilidades. Todo lo que emprendas en la vida ayudará a construir o disminuir este ego; es un ser conmovedor, casi viviente, y esta es una parte esencial y saludable de la vida.

El egoísmo es una extensión de este principio; cree que todas las acciones y metas deben relacionarse con usted; todo lo que hagas debería beneficiarte y ayudarte a alcanzar tus propias metas. Mover una etapa más allá de esto y te conviertes en alguien con NPD; cuando el logro de sus metas y el beneficio de sus acciones se centra enteramente en usted. Esto debe ser independientemente del efecto en los que te rodean. El egoísmo a menudo se disfraza de bondad y generosidad; dar a otra persona un regalo sin una recompensa puede parecer desinteresado; de hecho, a menudo es una herramienta utilizada por alguien con NPD para manipular y obtener el apoyo de otros; el regalo se puede mencionar más tarde para asegurarse de que se proporciona un favor cuando sea necesario. Un verdadero egotista no considerará los pensamientos de los demás; sus intereses residen sólo en lo que es bueno para ellos.

Un ego que se centra en sus propias necesidades por encima de todas las demás es esencial para la creación del NPD. Lo que es quizás lo más interesante de esto es que está de acuerdo en que alguien nace sin ningún ego. En el momento en que naces, no tienes ninguna idea preconcebida sobre el mundo, ti mismo, ni siquiera ningún conocimiento. Todas estas cosas se construyen desde el momento en que naces. Tus primeros instintos serán tender la mano y explorar el mundo que te rodea; en un bebé, esto se hace a través de los sentidos; la vista, el tacto, el olfato; oído y gusto. En este punto, tu ego es simplemente un reflejo de lo que otros piensan y hacen; si te alaban y te sonríen entonces te sentirás bien contigo mismo, si no lo hacen, te sentirás mal contigo mismo. Desde este simple comienzo, tu ego crecerá y será alimentado por las imágenes y experiencias que te rodean. Desde este punto de vista, un egoísta o alguien que pueda tener una personalidad narcisista es un producto de la sociedad. Por supuesto, este es un enfoque muy simplista, ya que hay muchos otros factores que influirán en el desarrollo del NPD; la causa exacta no se conoce, pero podría estar relacionada con sus genes.

La definición de egoísmo es que la auto creencia creada por tu ego es esencial para asegurarte de tomar las decisiones morales correctas y, por lo tanto, comportarte mediante normas morales aceptadas.

Por supuesto, estas normas también se extienden para ayudar a comprender el desarrollo del NPD; el egoísmo acepta que cualquiera debe ponerse primero y esta auto creencia debe motivar todas las acciones conscientes; esto significa que el interés propio es una conclusión aceptable para cualquier acción, que es exactamente lo que alguien con NPD hace!

El egoísmo es también un rasgo de alguien con NPD; sus deseos se colocan por encima de todos los demás. Se ven a sí mismos como más importantes y dignos de éxito que cualquier otra persona, y esto se convierte en una justificación para ser egoístas. Casi todo el mundo ha sido egoísta en algún momento u otro en su vida; podría estar aferrándose a una persona vital porque los necesitan en lugar de ser lo mejor para la persona o la relación. Alternativamente, podría ser algo más sencillo, como tomar el último chocolate!

Sin embargo, los rasgos del egoísmo a veces son esenciales en partes de la vida. Los líderes empresariales, en particular, necesitan poner los intereses de su empresa en primer lugar para tener éxito. Esto puede incluso ser visto como esencial para preservar los puestos de trabajo y el bienestar de sus empleados. Sin embargo, poner las necesidades de la empresa en primer lugar también garantizará que se dé prioridad a sus propias necesidades. Los mismos rasgos que son esenciales para el éxito empresarial pueden iniciar a alguien en el curso hacia una personalidad narcisista, incluso si no desarrollan NPD.

La aceptación económica del egoísmo como un rasgo esencial si la empresa muestra las complicaciones que surgen al tratar de establecer los parámetros y la definición de alguien que sufre de NPD; en muchos ámbitos de la vida su comportamiento será similar a una persona extremadamente exitosa. Por esta lógica, el egoísmo es un rasgo deseable e incluso esencial para aquellos que desean tener éxito.

Para ser genuinamente egoísta necesitas estar desprovisto de empatía o consideración por los sentimientos de otras personas; este es, tal vez, el punto crítico en el que alguien cambiará de ser considerado socialmente 'normal' y tener un trastorno de la personalidad. Cualquiera que tenga NPD no podrá establecer empatía con los que los rodean; esto conduce inevitablemente a la capacidad y el deseo de manipular a los que te rodean a medida que pierdes la capacidad de respetar sus sentimientos o necesidades. Este tipo de comportamiento está asociado con aquellos que sufren de NPD, así como psicópatas.

Hay que entender que, como con todos los rasgos de personalidad, es esencial tener una conciencia de sí mismo y cuidar de sus intereses. Ser egoísta a veces es necesario para asegurarte de que te adhieres a tus principios, valores o simplemente para completar un trabajo cerca de tu corazón. La diferencia crucial es entender el efecto que esto puede tener en los demás y elegir hacerlo de todos modos, a pesar de las consecuencias emocionales y físicas. Si nunca eres egoísta, nunca defenderás nada en lo que creas y será probable que pases tu vida siguiendo a la manada, posiblemente nunca logrando todo tu potencial.

Se ha sugerido que el egoísmo en los adultos se puede crear a través de una infancia difícil. Cualquier niño que tenga poco o ningún elogio o incluso reconocimiento de su existencia es probable que se retire a su mundo. Algunos de estos niños se convertirán en reclusos y socialmente ineptos por la vida; otros construirán sus mundos de fantasía para retirarse y escapar de la dureza de su vida. Estos mundos de fantasía a menudo giran en torno a tener el control, el poder y la admiración que no están recibiendo de niño. Estos mundos pueden ser llevados a la edad adulta, y una personalidad narcisista se desarrollará a medida que el deseo de ser apreciado eclipsará todos los demás sentimientos. Una vez más, este desarrollo estará en conjunto con otras influencias y sus genes.

El egoísmo es un rasgo de alguien con NPD; sin embargo, usted puede ser egoísta sin tener NPD. Aparte de la forma sana de egoísmo que ya se ha discutido; la mayoría de las personas se encuentran siendo egoístas debido a las demandas y tensiones de sus propias vidas; no es un deseo fundamental de herir a los demás, sino más bien una reacción a su entorno. Las personas egoístas tienden a ser egoístas, mientras que las personas con NPD son encantadoras y parecen encajar bien, mientras que son muy complacientes. Esto se debe a que están manipulando y controlando a las personas que los rodean para obtener sus propias necesidades egoístas. La diferencia en la personalidad es a la vez fácil de detectar y una parte esencial de la diferencia entre alguien que tiene NPD y alguien que no lo tiene. Después de todo, alguien que realmente tiene NPD estará muy preocupado por verse bien con los demás; esto asegurará que reciban la ayuda que necesitan para alcanzar sus metas. Parecerán dignos de confianza y desinteresados cuando, de hecho, sean exactamente lo contrario; el problema es que su encanto y carisma ocultarán su verdadera personalidad y motivación de usted.

Capítulo 4

Características de los padres narcisistas

Las madres son la base para el apego de sus hijos al mundo. Todos tendemos a aprender de nuestras madres en función del modo que ella protege y nos protege del daño, nos nutre y cuida de nosotros. El potencial de una madre para satisfacer nuestras necesidades básicas, validar nuestro dolor, sintonizar nuestras emociones y proporcionarnos un apego saludable tiene un impacto significativo hacia nuestra regulación emocional, estilos de apego y nuestro desarrollo. Sin embargo, este no es el mismo caso para los criados por una madre narcisista. Una de las principales señales sobre la madre narcisista es que te enseñaron a creer que eres una loca y desequilibrada; sinfín de dudas sobre ti mismo y cualquier sentimiento que tengas sobre ellos. El otro signo es la culpa constante que nunca desaparece. Te das cuenta de que tal vez algo está mal con tu madre, pero te sientes avergonzado de pensar de esa manera y golpearte a ti mismo en su lugar. Las siguientes son las características más comunes de una madre narcisista:

• Todo lo que hace es negable. Ella presenta manipulaciones egoístas como regalos. Ella es hostil y agresiva, pero presenta sus acciones como actos de consideración. Ella cumple sus crueldades con términos amorosos y siempre da excusas y explicaciones. Para ella, todo lo que quiere es lo mejor para ti, para ayudarte. Ella nunca admitirá que ella piensa que eres inadecuado, pero en su lugar, cuando le dices que has hecho algo mal, ella te contrarresta con algo que fue hecho mejor por tu hermano o simplemente responder con silencio. Sin embargo, ella eventualmente hará algo cruel contigo para enseñarte una lección y asegurarte de que no te pongas por encima de ti mismo. Ella separa con precisión la causa (la alegría en tus logros) del efecto (negando que asistes a la ceremonia de premiación) de una manera que alguien que no vive en el abuso nunca entenderá.

Ella usa la comparación como sus principales humillaciones. Si estás pensando que el contraste es lo mismo que tú y el contraste está dirigido a ti. Ella se asegura de que no seas bueno sin siquiera decir una palabra y arruinar tu placer felicitándolo con una voz infeliz, envidiosa y enojada haciéndote sentir inútil. Ella es completamente negable. A pesar de que siempre es posible confrontar a alguien observando sus expresiones faciales, la forma en que te miran y su tono de voz, el caso de una madre narcisista es diferente. Ella se asegura de que entiendas completamente el castigo que seguirá inmediatamente si te opones a cualquiera de sus opiniones, lo que te hace temer, sintiendo que siempre estás equivocado, pero no puedes señalar por qué.

Dado que su abusividad es a largo plazo y siempre eres su hija, siempre te resultará difícil explicar a otras personas por qué es mala. Ella siempre es muy cuidadosa acerca de cómo involucra sus abusos y siempre es muy secreta. Ella siempre hace el momento adecuado para sus acciones abusivas para asegurarse de que nadie escuchará o notará sus comportamientos abusivos. Sin embargo, para el público, ella emerge como completamente diferente y siempre te manejará con preocupación, amor y comprensión. Como resultado, los narcisistas generalmente informan que nadie cree en ellos. En otros casos, los terapeutas terminan de lado de la madre narcisista dejando al niño aislado e indefenso.

- Ella viola tus límites. Te sientes constantemente como si estuvieras como una extensión de ella. Ella siempre da tu propiedad sin siquiera preguntar, a veces incluso en frente de usted y cuando se queja, ella se enfrentará a usted que nunca fue incluso la suya. Ella expresa opiniones que estaban destinadas a ser tuyas y comprometer su tiempo sin siquiera consultarlo. Ella te discute mientras estás presente como si no estuvieras allí. Ella no respeta tu privacidad; irrumpe en su dormitorio o baño con o sin su consentimiento. Sigue haciendo preguntas entrometidas, husmea en sus conversaciones, diario, cartas y correo electrónico. Ella siempre está indagando en tus sentimientos, especialmente si son negativos y se pueden usar en tu contra. Ella siempre está en contra de tus deseos sin sentir vergüenza o pensamiento. Cada intento en su autonomía pasada se resiste fuertemente mientras que los ritos normales de paso como salir, usar maquillaje y aprender a afeitarse están permitidos después de insistir fuertemente y si intentas resistirte, estás fuertemente castigado. Por ejemplo, puede decir que "ya que has crecido lo suficiente hasta la fecha, también puedes empezar a pagar por tu propia ropa". Si intentas pedir derechos apropiados para la edad, control sobre tu propia vida, aseo o incluso ropa, entonces te consideran arrogante y ella ridiculiza tu independencia.

• Una madre narcisista también tiene un favorito. Ella selecciona a un niño, o incluso más, para ser su hijo de oro y el otro, o incluso más, para ser su chivo expiatorio. Ella ofrece a su hijo de oro con todos los privilegios siempre y cuando siga sus instrucciones y haga lo que ella quiera. Ella tiene expectativas de que el niño de oro debe ser respetado por todos en la familia, mientras que el papel del chivo expiatorio es cuidar de la madre. La niña dorada nunca hará algo malo a menos que sea en contra de la voluntad de su madre. Sin embargo, el chivo expiatorio siempre tiene la culpa, lo que crea divisiones entre los niños donde algunos consideran que la madre es maravillosa y sabia, mientras que el resto la encuentra odiosa. La madre narcisista fomenta la división mintiendo con un comportamiento descaradamente injusto. El niño de oro toma un papel activo para defender a su madre y perpetuar el abuso indirectamente al encontrar razones para culpar al chivo expiatorio en lugar de la madre. La niña dorada ayuda a la madre narcisista con sus abusos hacia el chivo expiatorio asegurando que no lo haga solo.

• Una madre narcisista también socava. Sólo puede reconocer los logros de sus hijos si es capaz de tomar crédito por ellos. Sin embargo, si no la benefician, ella disminuye o ignora todos los logros o el éxito. Cada vez que estás en el escenario y ella no puede tener la oportunidad de ser el centro de atención, ella responde negativamente tratando de prevenir la ocasión por completo; se pierde el evento, deja la ocasión temprano, actúa como si no fuera un gran problema, o incluso dejar un comentario negativo de que alguien más hizo mejor que tú. Incluso crea peleas innecesarias para socavarte y te hace sentir desagradable justo cuando estás a punto de hacer un movimiento importante. A menudo retira sus esfuerzos y atención cada vez que tenga oportunidades que no le gustan y se niegue a hacer incluso las pequeñas cosas para apoyarlo. Ella actúa desagradable hacia las cosas que encuentras alegres y aquellos que están conectados a tu éxito que te hace sentir inútil incluso si ella no lo dice directamente. Ella siempre se asegura de que independientemente de los esfuerzos que usted está poniendo hacia su éxito, ella te lleva a la fijación para ello.

• Ella siempre denigra, critica y degrada: Una madre narcisista se asegura de que usted sea consciente de todas las pequeñas cosas. Ella piensa menos de ti en comparación con lo que hace con otras personas o tus hermanos en general. Si en cualquier caso, usted se queja de maltrato por parte de otra persona, ella toma inmediatamente la posición de la otra persona para atacarlo incluso si ella no sabe nada acerca de la otra persona. Nunca reconoce sus quejas ni sobre los jueces de esas personas. Lo que le importa es hacerte sentir que nunca tienes razón. A menudo, ella dirá algunas púas generalizadas que a menudo son difíciles de refutar. Por ejemplo, "Nadie podría soportar las cosas que haces", "siempre eres un alborotador", "eres muy difícil de vivir", "nunca terminas nada de lo que empiezas", "siempre eres difícil de amar", "siempre eres difícil". Sin embargo, siempre se queja de sí misma de una manera lateral. La oirás quejarse de que todo el mundo es tan egoísta, a nadie le importa, ama o hace algo por ella mientras eres la única persona en la habitación. Esta es una combinación de crítica y negación.

Si estás teniendo un problema desconocido. algo que usted participó también, mostrándole que no le gustaba acerca de usted. Ella siempre tratará de mostrarte cómo su relación con otras personas es maravillosa de una manera que te hará darte cuenta de que no es lo mismo entre ustedes dos. En este caso, el mensaje silencioso que está tratando de comunicar es que realmente no le importas. Ella ignora los descuentos y minimiza sus opiniones y experiencias. Ella conoce sus ideas con acusaciones, negaciones y condescendía. Por ejemplo, mientras estudia, dirá irónicamente: "Creo que lees demasiado". Además, ella eliminará lo que usted diga, incluso en esos campos, se le reconoce como un experto. Te enfrenta con sonrisas y abusaste del sonido o algunas exclamaciones exageradas y se asegura de que no escuche ni haga lo que tú digas.

- Ella se asegura de que te veas loco. Si en cualquier caso, tratas de encontrarte con ella sobre algo que ha hecho, ella te insulta diciéndote que tienes una imaginación vívida. Esto es común en todo tipo de narcisistas para invalidar su experiencia sobre su abuso. También abusa de ti para no entender de lo que estás hablando. Ella finge olvidarse de eventos muy memorables negando como nunca sucedió, y cuando se lo recuerdas, no admite ninguna posibilidad que ella podría haber olvidado. Esta táctica se conoce como "iluminación de gas", e implica un comportamiento muy agresivo y excepcionalmente endurecedor que es común en todo tipo de narcisistas. Ella socava tus percepciones de la realidad que mata tu confianza en tu poder de razonamiento, tu memoria e intuición, lo que te convierte en una completa víctima de ella. Además, las madres narcisistas siempre son luz de gas. Escucharás que te dicen que eres inestable para escuchar ciertas cosas. Se refieren a ti como demasiado reactivo, completamente irrazonable, histérico, siempre imaginando o demasiado sensible.

Una vez que haya construido estas falsas fantasías de tus patologías emocionales, las compartirá con otros mostrándoles lo indefensa y la víctima que es contigo a tu alrededor. Siempre dice ser inocente y dice que no entiende por completo por qué estás tan enojada con ella. De hecho, terminas siendo el que la lastimó y piensa que necesitas psicoterapia. Ella afirma lo mucho que ama y se preocupa por ti y haría cualquier cosa para verte feliz, pero ella no entiende cómo. Según ella, todo lo que haces es empujarla cuando todo lo que quería era ayudarte. Se queja de que ha sacrificado sus responsabilidades por tu empatía y concluye que algo está realmente mal en ti. Ella usa esto como un arma para socavar tu credibilidad con sus oyentes al elaborar claramente lo perfecta que desempeña su papel como madre.

• Una madre narcisista también tiene envidia. Cada vez que haces algo bien, ella se envidiosa y enojada, que sólo desaparece si ama lo que sea que te haga tener éxito. Si no, ella hará intentos de estropearlo por ti, tómalo de ti o obtendrá lo mismo, pero mejor para sí misma. Ella siempre se asegura de que ella está en el camino correcto para obtener lo que otras personas tienen. La envidia de las madres narcisistas va mucho más allá para incluso competir sexualmente con sus hijas o nueras. Están prohibiéndoles activamente que se acicalen o incluso usen maquillaje, al mismo tiempo que critican su apariencia. La envidia también puede extenderse a las relaciones donde la madre narcisista interfiere con el matrimonio de sus hijos y la crianza de sus nietos.

- Una madre narcisista se encuentra en numerosas maneras de coun. Cada vez que está hablando de algo que tiene algún significado emocional para ella, es justo decir que está mintiendo. Es la única táctica que utiliza para crear un conflicto en las relaciones y entre las personas con las que vive. Ella miente sobre sus sentimientos, lo que han hecho y lo que otras personas han dicho sobre ellos. Ella miente sobre la relación entre ustedes dos, su situación, o incluso su comportamiento para asegurarse de que su credibilidad siempre se ve socavada. Sin embargo, ella siempre es cautelosa sobre cómo y cuándo miente. Para los forasteros, lo hace de una manera deliberada y reflexiva que se puede cubrir si se enfrenta. Ella cambia lo que dijiste para tomar un significado negativo al poner algunas interpretaciones deshonestas sobre lo que hiciste. Cuando se involucra en algo malo, usa mentiras preventivas y habla antes de que digas nada. Cuando finalmente hablas, ella te confronta con frases como: "Ya lo sabía". Ya que siempre es muy cuidadosa con sus mentiras, es posible que nunca te des cuenta.

Cuando te está mintiendo, lo hace descaradamente. Ella pretenderá no recordar las cosas malas que ha hecho. Ella miente abiertamente incluso si lo que hizo fue tan reciente o es algo imposible de olvidar. Cuando te rindes con la mentira y tratas de hacerla recordar sobre el tema, entonces ella se refiere a ti como tener una "imaginación vívida". Ella te enfrentará con preguntas como, "¿por qué te aferras a los rencores?" Tus conversiones siempre están llenas de cepillos donde te hace sentir inútil. Ella no te respeta y al final de la conversación, hace que no suene bien. Sus conversaciones se basan únicamente en una regla; nunca ganarás. Ella sólo reconoce que está equivocada en muy raras ocasiones y cuando lo hace, admite sin duda. Por ejemplo, usa frases como "podría tener", "adivina", "tal vez" que ha hecho algo malo. Siempre recorta la acción equivocada para que suene bien. Ella usa las frases por culpa porque sabe muy bien lo que hizo.

• Ella quiere ser el centro de atención todo el tiempo: Los niños son la fuente de adoración y atención para las madres narcisistas. Más a menudo, te encuentras haciendo algunas tareas en el momento más apropiado sólo porque ella te ve allí. Encuentras que algo que no tenías que hacer ese día o esa semana tienes que hacerlo a petición de ella. Crea ocasiones obsoletas sólo para estar en el centro de atención, como el memorial de alguien que murió hace mucho tiempo. Ella opta por ser la artista para que pueda ser la vida de su propio partido y hará intentos de distraer o estropear cuando alguien más arrastra la atención, especialmente si es el momento de su hijo chivo expiatorio. Siempre se invita a sí misma en momentos en los que no es bienvenida. Cuando alguno de ustedes hace una visita, ella requiere que pase el tiempo con ella y entretenerla es interminable. Cuando haces algo sin involucrarla, privas te de su atención o te niegas a esperarla en algo, ella termina siendo enfurecida, manipulada o incluso asesada.

Además, las madres narcisistas mayores usan limitaciones naturales envejecidas como hacer cosas que las enferman como una ventaja. Por ejemplo, si el médico le priva de algunos alimentos, los llevará intencionalmente a enfermarse y, por lo tanto, arrastrar la atención. Cuando se enferman, utilizan todos los medios que pueden llegar a usted y exigen atención inmediata y, por lo tanto, la asistencia. Ella espera que llores por su dolor, le des palmada la mano, corren a su lado y escuches con simpatía su dolor sin fin y lo horrible que es. Sin embargo, esto no te hace mejor; ella te somete a condiciones difíciles que de otra manera podrían haberse evitado. Sin embargo, si no le prestas la atención y el público que está manipulando, te hace ver mal para todos e incluso podría buscar la culpabilidad legal.

• Ella siempre está manipulando sus emociones con el objetivo de alimentarse de su dolor. El comportamiento extremadamente extraño y enfermo es común entre casi todo tipo de madres narcisistas que sus hijos siempre se refieren a ellos como vampiros emocionales. El sadismo es una de las estrategias utilizadas para alimentar estas emociones a los niños. La madre narcisista te está necesitando activamente acerca de las cosas a las que eres sensible, sigue diciendo o haciendo cosas sólo para herirte, se involucra de una manera tormentosa, pero en breve, verías una sonrisa sobre sus labios. Por ejemplo, ella te lleva a una película espantosa en 3D y luego te insulta sobre tu llanto infantil, y luego sonreía encantadamente sobre tu cara hiriente. En muchos casos, se oía la risa en su voz mientras dice cosas angustiosas y estresantes para usted. Entonces la escucharías regodeándose sobre cómo te burló y compartiría cómodamente con otras personas sobre cómo es divertido burlarse de ti que son como reclutarlos para compartir su diversión. Ella parece disfrutar de sus crueldades y no tiene ningún segundo pensamiento acerca de disfrazar eso. Ella deja claro que tu dolor es parte de su diversión. Más a menudo, ella viene con temas ofensivos y te sondea acerca de ellos mientras observa de cerca su reacción.

Además, este modo de vampirismo emocional implica tanto una demanda que el público sufre mientras busca atención como. Las madres narcisistas siempre actúan como mártires que toma la forma de autocompasión y desgarradora. Ella sigue llorando y sollozando que todo el mundo es tan egoísta y nadie la ama y que ella no quiere vivir; ella quiere morir. Ella se preocupa menos por cómo su manipulación afecta a otras personas, que es uno de los principales comportamientos de las personas narcisistas. Ella es capaz de crear dramas en medio de las tragedias de otras personas que muestran cómo está sufriendo.

- Ella es intencional y egoísta. Una madre narcisista siempre se asegurará de que gane lo mejor de todo. Ella sigue y cree en sus propios caminos y lo perseguirá manipulante y despiadadamente, incluso si le costará algunos esfuerzos adicionales o pasar el comportamiento normal. Ella hace enormes esfuerzos para ganar algo que le negaste incluso si tenías razón acerca de que ella no lo tenía o ella lo exigió de una manera irrazonable y egoísta. Si usted está teniendo una fiesta y notificarle para traer a sus amigos, ella se asegurará de que sus amigos vendrán incluso si ella no había planeado sobre eso. Ella mentirá que usted es quien los invitó a llevar la carga de ceder o tomar la decisión de avergonzarlos en sus puertas. Si, por ejemplo, ella quiere venir a su casa y usted se niega, ella decide llamar a su cónyuge y termina con el permiso. Sin embargo, ella no te notificará y aparecerá como una sorpresa que será una vergüenza total para ti.

Además, dado que la mayoría de las madres narcisistas son egocéntricas y egoístas, una de las principales características comunes con todas ellas es que son malas donantes. Recibirán cosas de mercado o manos abajo para sí mismos como regalos para usted. Por ejemplo, pueden darle su vieja bicicleta como regalo y comprar una nueva para sí mismos. Creen que las cosas nuevas no te convienen y argumentan que eres un quid pro quo. Sin embargo, si la sorprendes con algo que le gusta, entonces probablemente te comprará algo de tu elección, pero ella se asegurará de que te des cuenta de cómo le duele darte algo. Como resultado, ella podría comprarte un artículo y obtener un artículo idéntico para sí mismos o pueden elegir llevarte de compras, comprarte un regalo, y al mismo tiempo, comprar algo mejor para ella misma para que se sienta mejor.

• Avergüenza regularmente a sus hijos. Las madres narcisistas siempre usan el avergonzamiento como arma para asegurar que sus hijos nunca desarrollarán autoestima o identidad constantes para asegurarse de que nunca se volverán lo suficientemente independientes como para vivir sin su aprobación o validación. Ella avergüenza públicamente a sus hijos por no lograr mucho personal, profesional, social o incluso académicamente. Ella los avergüenza con respecto a sus preferencias, personalidad, manera de vestir, estilo de vida, amigos, pareja y opciones de carrera. Cuando sus hijos actúan con cualquier sentido del albedrío, averguenza el siguiente temor de que pierda poder y control. Como consecuencia, infunde una sensación de no ser lo suficientemente buena independientemente de sus logros.

• Las madres narcisistas están marginadas. Es extraño pensar que algunas madres narcisistas se ven amenazadas por el éxito, la promesa y el potencial de sus hijos y los enfrenta negativamente desafiándolos a su autoestima. Una madre narcisista se siente amenazada y, como resultado, hace algún esfuerzo para dejar a su hijo para que sigan siendo superiores. Algunos de los ejemplos de una madre narcisista marginada incluyen rechazar el éxito y los logros de sus hijos, la comparación injusta con sus compañeros, las críticas y juicios irrazonables, y la selección de nit. Por ejemplo, una madre narcisista enfrentaría a su descendencia con frases como: "Nunca serás lo suficientemente bueno".

Capítulo 5

El futuro de su relación

El futuro de cómo se verá tu relación con tu madre en última instancia va a depender de ti y de lo que creas que será lo mejor para tu situación. Dicho esto, te aconsejo tomar un largo descanso de hablar con tu madre mientras te curas de su abuso y luego te relajas de nuevo en cualquier tipo de relación que puedas compartir si este es el camino que eliges. Intentar sanar del abuso de su madre mientras se mantiene atrapado en el ciclo manteniendo una relación bastante cercana, o al menos una relación consistente, durante el ciclo de curación puede interrumpir sus resultados. Es posible que te encuentres constantemente siendo arrastrado de nuevo a pesar del esfuerzo que pones en la curación, lo que puede dejarte sintiéndote extremadamente mal contigo mismo.

Con las madres narcisistas generalmente hay tres maneras en que la relación puede ir: puedes romperse por completo, puedes tener una relación pequeña, o puedes tener una relación consistente con límites fuertes. Lo que elija dependerá de los métodos de afrontamiento elegidos y del nivel de relación que pueda manejar personalmente sin sentirse afectado por su abuso. Esto significa que después de su descanso usted debe construir lentamente su relación de nuevo y no exceder lo que se siente bien para usted, para asegurarse de que no se succiona en viejos comportamientos que podrían conducir a una recaída completa en su relación.

Qué hacer si su relación debe terminar completamente

La idea de que tu relación con tu madre podría tener que terminar completamente puede ser increíblemente dolorosa, especialmente si has pasado una gran parte de tu vida esperando que mejore. Hasta este punto de tu vida, es posible que hayas estado bajo la influencia de la creencia de que de alguna manera podrías contorsionarte para mejorar las cosas y que esto llevaría a tu madre como tú más y tu relación es fija. Desafortunadamente, esto no es real y no hay una verdadera esperanza de que tu relación sea la que quieres que sea, tan difícil como eso es admitir. Créeme, me llevó mucho tiempo y muchas recaídas en mi relación con mi madre darme cuenta de que nunca iba a ser la madre cariñosa, solidaria y amorosa que quería y necesitaba.

Si te encuentras en una posición en la que tu relación debe terminar completamente, puede ser ya que el abuso de tu madre es extremo, posiblemente al borde de la violencia, o causando toxicidad grave y trauma en tu vida. Tu madre puede ser abusiva hasta el punto en que no puedes tener ni una sola conversación con ella sin que ella cree una red de abuso, lo que te lleva a sentir que necesitas terminar la relación por completo. En este caso, lo que tienes que hacer es cortar completamente todos los lazos y mantener esos lazos cortados. Si te encuentras en una situación en la que la gravedad del narcisismo está tan avanzada que debes cortar lazos, debes recordar por qué la situación se adelantó. Cuando te encuentras queriendo recaer en una relación con tu madre, debes recordar la razón por la que ya no tienes una relación con ella en primer lugar. Si vas y vienes en relaciones que son tan dañinas puede ser aún más perjudicial a medida que comienzas a experimentar el trauma de tu madre, así como el trauma de ti mismo cada vez que te "permites" ser absorbido. Esto puede convertirse en un gran punto de culpa, y puede hacer que la curación sea aún más difícil, por lo que se recomienda encarecidamente que si usted toma esta decisión se adhieren a ella.

Qué hacer si necesita minimizar su relación

En algunas situaciones, es posible que no necesites, o tal vez no puedas, terminar completamente tu relación con tu madre. En este caso, es ideal que minimices tu relación con ella. Minimizar tu relación puede verse como quieras que se vea, pero en última instancia requiere que evites ver o hablar con tu madre constantemente. Es posible que solo te encuentres hablando con ella cuando sean las vacaciones y estés juntos en una reunión familiar, o posiblemente hasta una o dos veces al mes. La frecuencia de esta relación depende en última instancia de ti y de lo que realmente sientas que puedes manejar con tu madre.

Esta es la zona donde me caigo con mi madre. El resto de mi familia está bastante cerca y quiero asegurarme de mantener una relación con ellos, lo que inevitablemente significa que necesito estar cerca de mi madre de vez en cuando. Aparte de estas visitas, sin embargo, no me comunico con mi madre porque no me parece correcto hacerlo. Me siento más fuerte cuando experimento la vida por mi cuenta que cuando intento celebrar con mi madre o confiar en mi madre sólo para ser satisfecha con indisponibilidad emocional y abuso. Por esa razón, este es mi mejor método de afrontamiento. Incluso con la mínima cantidad de tiempo que vemos y hablamos entre nosotros, todavía se necesita una fuerza inmensa para mantenerme firme en mis métodos de afrontamiento y abstenerme de ser absorbido por el drama y el abuso de mi madre.

Qué hacer si necesita mantenerse consistente en su relación

Algunas hijas continuarán teniendo una relación bastante consistente con su madre, incluso después de que sanen del narcisismo. Esto es a menudo muy poco común, sin embargo, ya que puede ser extremadamente difícil permanecer verdaderamente alejado de la disfunción cuando usted todavía está expuesto regularmente a su madre y todos sus síntomas. Las hijas que se encuentran capaces de comunicarse constantemente con sus madres y mantener relaciones de alta frecuencia requieren enormes cantidades de fuerza para poder mantener sus límites y mantenerse fuertes. Es increíblemente difícil romper la dinámica entre la madre y la hija en este escenario porque la madre ya lo tiene tan arraigado en ella, y es todo lo que la hija ha conocido desde su nacimiento. En estas relaciones, la madre a menudo sabe exactamente qué decir para presionar los botones de su hija para forzarla a volver al ciclo de abuso.

Debido a la complejidad del narcisismo y el tacto y el abuso calculado que reparten, es importante darse cuenta de que la probabilidad de que puedas mantener una relación consistente con tu madre y sanar de su abuso es altamente improbable. Si intentas conservar este tipo de relación, hay una buena posibilidad de que lo estés haciendo debido a su aseo y condicionamiento para obligarte a creer que es necesario y que de alguna manera eres una mala persona si no lo haces. Incluso puede ser debido a que ella te mancha y abusa de ti si tratas de defenderte y alejarte del abuso.

Asegúrate de que si vas a probar esto consideras fuertemente por qué lo estás haciendo y que si lo tienes, trabajas constantemente en aumentar tu fuerza y límites y mantenerlos en tu relación. Nunca puedes bajar la guardia aquí, o tu madre verá la oportunidad e intentará aprovecharla. No importa lo lejos que llegues a protegerte, tu madre siempre estará tratando de abusar de ti a lo largo de toda tu vida. Probablemente incluso llegará a usar el cumplimiento como una manera de mostrarle que la relación puede ser "todo mejor" para des alijarse, sólo para comenzar la dinámica de nuevo. Siempre debes ser cauteloso y tener el control de esta relación, pase lo que pase. Por esa razón, es probable que sea demasiado agotador para que usted pueda mantener y no es una buena idea apuntar a este tipo de relación.

Capítulo 6

Madres narcisistas y sus hijos

Una relación que un hombre tiene con su madre es tan complicada como una relación con una hija y su madre.

Creo que lo que sucederá es que a medida que avancemos más y más hombres van a tener que enfrentar lo que realmente está en la raíz de algunas de las cosas con las que están luchando. Una madre narcisista es alguien que no es capaz de sintonizarse con sus hijos, por lo que sus hijos son como las que posee; su propiedad y se lo deben.

Un primer área específica de la relación entre el niño varón y la madre narcisista es su comportamiento con todas las personas que tienen una relación con su hijo.

La madre narcisista es agresiva, abrasiva e intolerante. Para ella todos los demás son un imbécil, todos los demás son estúpidos especialmente otras mujeres. Por lo tanto, es un poco más fácil ver que esta persona es narcisista, pero podrías tener madres narcisistas donde no es tan fácil de detectar.

Una madre narcisista encubierta puede salir como si realmente se preocupara por su hijo y es posible que no puedas presenciar o entender que hay una dependencia que se está fomentando.

En ambas situaciones (encubiertas y encubiertas) las madres narcisistas están usando a sus hijos como fuente de suministro.

Hay una inversión sucediendo, hay un deseo inconsciente de consumir al hijo y crear una dependencia que es tener siempre una fuente de suministro. Para que el hijo nunca tenga la capacidad de salir y convertirse en un individuo separado de ella.

La agenda de la madre narcisista es asegurarse de que ella es la número uno, para asegurarse de que este joven nunca salga y la deje. Así que otras mujeres son consideradas una amenaza, ella considerará a sus amigos una amenaza y ella encontrará algo malo con cada persona que su hijo trae en la casa. Ella tendrá un problema con las madres de sus amigos o los padres de sus amigos, ella tendrá un problema con cada maestro que su hijo tiene.

Otro gran problema es la relación con su marido y su padre de su hijo. A menudo una madre narcisista se ha casado con un hombre muy codependiente. Ella lo pone frente a los niños y se burla de él sexualmente. Muchos hombres han sido testigos de cómo sus madres narcisistas han maltratado a sus padres frente a ellos, tal vez no delante de los vecinos y otros miembros de la familia, pero a puerta cerrada definitivamente.

Este es el tipo de caos que ocurre cuando tienes una madre narcisista y un padre que es codependiente y ha sido emasculado y constantemente golpeado.

Si eres el hijo de esta pareja, probablemente no tienes idea de cómo ir contra este tipo de personalidad. Estás siendo abandonado emocionalmente por este hombre que se ha quedado sin vapor. Va a trabajar, vuelve a casa para ser criticado y tiene que dormir en el sofá.

Nada de lo que hace es lo suficientemente bueno. Siempre hay algo de qué quejarse y por eso has sido abandonado por este hombre que debería enseñarte a defenderte y no ser abusado, pero eso no está sucediendo.

En la otra cara de la moneda, este es tu padre a quien tu madre está poniendo y no te das cuenta de que lo que está haciendo es realmente condicionarte a tener miedo, a ser como él.

Ella está tratando de asegurarse de que te sientas dependiente de ella y obligado a ella y tengas la sensación de decepción. Está tratando de encontrar una manera de asegurarse de que no le hagas lo que tu padre le ha hecho, que es abandonarla, porque así lo ve.

Mamá necesita saber que su hijo la ha puesto en el centro de su vida. Por lo tanto, el hijo de una madre narcisista está aterrorizado, viviendo en un estado de supervivencia. También está la pérdida del yo y esto es un problema en términos de desarrollo emocional.

Al niño no se le permite sentirse lo suficientemente libre para explorar su entorno sin miedo, por lo que hay mucha inseguridad en el joven que tiene una madre narcisista y que se traslada a la adolescencia cuando este joven quiere traer a casa una cita.

La mamá encontrará un problema con la fecha y en realidad jadeará la fecha creando muchos problemas. El hijo recibirá el mensaje de que la mamá no está feliz de que trajo a la niña a casa. Declaraciones como "Esa chica sólo te quiere por tu dinero", "Esa chica va a salir y quedar embarazada por ti", o "Vas a tener que apoyarla a ella y a algún niño por el resto de tu vida" se flotarán por ahí. Podrías tener 12 años y ese es el tipo de mierda que tu madre te estará diciendo, así que estás recibiendo el mensaje.

También sucede que las madres narcisistas siempre jugaban enfermas en el momento en que su hijo quiere salir a jugar béisbol o decirle que tiene novia. Mamá se enfermaba y el niño tenía que abandonar y probarle a su madre que ella es la número uno en su vida y esto se repite una y otra vez.

Hay mucho miedo a decepcionar a mamá. Te sientes obligado a poner sus necesidades en primer lugar y cuando te estás enfocando en tratar de complacer a mamá, te estás perdiendo a ti mismo. Cuando esto se convierte en un problema para ti, no tienes la capacidad de conectarte a él, por lo que sientes que tienes baja autoestima y careces de identidad.

Ahora, cuando estás cerca de otras personas te sientes insegura, tienes ansiedad, pero no es culpa tuya.

A medida que envejeces, te casas y tienes hijos, tu madre narcisista será un problema porque quiere asegurarse de que usted entienda que ella es la primera y ella quiere asegurarse de que las mujeres en su vida e incluso sus hijos saben que mamá es lo primero antes Todo.

Mamá narcisista verá a las mujeres en su vida como competidoras. Tu esposa definitivamente se sentirá como si hubiera una amante en la habitación y aunque no te acuestes con tu madre, esta energía será parte de tu vida.

Estarás en conflicto si no sabes que mamá es una narcisista y que está tratando de controlarte y quiere tomar el centro del escenario y ella realmente no se preocupa por ningún caos que está creando en tu vida.

Entonces si no eres consciente de eso, podrías estar confundido y podrías empujar a tu esposa hacia atrás porque tienes todos estos conflictos y has sido arreglado desde que eres un niño para preocuparte por mamá.

También podrías tener un miedo tremendo acerca de cortar a tu esposa, que es lo que tu mamá quiere hacer. Cuando eso sucede, ella ha ganado el control sobre un miedo muy primitivo, que es el miedo de ser abandonada por la persona que te creó. Eso es como la muerte de un recién nacido.

Tal vez no te des cuenta de que tu madre es intrusiva, que habla mal de tu esposa, que no tiene compasión ni empatía por ti, ni tiene compasión o empatía por tu esposa. Tal vez no reconozcas que mamá habla mal de todos. Es posible que no reconozcas que a mamá le cuesta mantener amistades.

Es posible que no te des cuenta de que mamá tiene que ser superior a todo el mundo, que mamá podría tener un problema con la bebida, un problema de compras, un problema de juego o que podría haber alguna adicción subyacente que no conoces.

Y debido a que te ha preparado para que tengas miedo de poder establecer un límite, tú como hijo de una madre narcisista puede tener problemas matrimoniales o problemas de relación con mujeres que están sintiendo este calor de mamá.

Este tira y aunó de guerra en la mente del hijo de las madres narcisistas podría ser serio. Ellos aman a su madre, que les ha condicionado a tener miedo demasiado para dejarlos ir. Además, están luchando con la adicción o baja autoestima, o esa situación en la que te sientes como un extraterrestre en tu propia piel.

Si eres un hijo de madre narcisista, es posible que tengas una disonancia cognitiva tremenda. Podrías amarla y odiarla al mismo tiempo. Podrías tener una rabia tremenda cuando se trata de mujeres porque estás tan enojada con tu madre, pero es posible que no entiendas de dónde viene... y esa rabia es válida. Esto no significa que abuses de las mujeres o culpes a tu novia, a tu hija o al cajero que conoces en la tienda de la esquina.

Lo que significa es que como hijo de una madre narcisista, reconoces que has sido abusado. Significa que reconoces que no se te ha permitido crecer, desarrollarte y sintonizarte con lo que es correcto. No se te ha permitido ser quién eres. Te han atornillado tus emociones.

Has sido manipulada y jugueteada con la agenda de esta mujer y la ira y la rabia que sientes que es válida y por eso es importante resolver esto.

En psicoterapia, es importante resolver esto con alguien que lo haga bien. Es muy importante que si vas a entrar en terapia encuentres a alguien que esté bien versado en el narcisismo, especialmente cuando se trata de ser el hijo de un narcisista. Esta persona debe ser capaz de permitirle expresar su ira y rabia y sacarlo todo. Puedes resolverlo para que puedas ser más lógico y racional sobre cómo te sientes para que puedas tomar decisiones con respecto a tu futuro.

No es tu culpa si has experimentado codependencia. Muchos hombres que tienen madres narcisistas se encuentran codependientes. Tienden a ser el tipo de hombres que las mujeres caminan por todas partes, tienen miedo de enojar a las mujeres, atraen a las mujeres que mienten y se aprovechan de ellas.

También hay otra visión de esto: algunos de estos hombres terminan con altos rasgos narcisistas ellos mismos. Donde en algunas situaciones, mamá ha puesto a su hijo en un pedestal y mamá parece muy dulce y muy cariñosa y muy cariñosa y todo eso, pero hay casi un incesto emocional que puede suceder y mamá no es tan cándida como otra madre narcisista. Es un poco pasiva-agresiva en sus comentarios sobre las mujeres. Ella es pasiva-agresiva acerca de estar sola, pero el mensaje es "nunca me dejes, tengo que ser el primero". Por lo tanto, ella podría decir cosas como "esa chica no es lo suficientemente buena para ti" o "debería tratarte mejor".

Pero entonces, lo que sucede podría ser como un equipo de parejas madre-hijo y si no eres consciente del enredo y la dependencia de la aprobación de mamá y la necesidad de validación y la forma en que está manipulando la situación, te aseguras de que ella sea la diosa de tu vida para siempre.

Si no eres consciente de lo que está pasando, si no sabes que eso es disfuncional y que no le has cortado el cordón a mamá, entonces cuando atraigas a una mujer a tu vida habrá una competencia y serás tú y tu madre contra esta mujer.

Si eres el hijo de una madre narcisista, hay muchas maneras en que esto puede salir a la obra. Si tienes una madre narcisista, podría ser más fácil para ti verla y podrías ser capaz de reconocer que tu madre te volvió contra cada mujer que alguna vez trajiste a la casa y ella habló mal de todos: cada hombre, cada mujer , todos los niños.

Ella acaba de infundirte la idea de que el mundo es un lugar aterrador porque quiere que seas el número uno en tu vida para ser y estar seguro de que siempre tiene esta fuente de su suministro narcisista.

Una madre sana sabe que es su trabajo preparar a su hijo para cuando ya no está aquí en el planeta Tierra. A las madres narcisistas no les importa, se sienten con derecho a explotarte emocionalmente, te culparán y te harán sentir como si no estuvieras tomando las decisiones correctas, crearán una gran culpa dentro de ti, una gran vergüenza dentro de ti.

Será difícil para ti tomar una decisión sin tu madre, así que de adolescente te golpeará e insinuará que no estás haciendo nada bien. Esa es la madre narcisista que es más fácil de ver. Si quieres hacer las cosas por tu cuenta, ella encontrará maneras de encenderte el gas, ella encontrará maneras de insinuar que es una idea estúpida, y ella encontrará maneras de cortar tus alas.

A medida que crezcas y atraigas a las hembras, tendrás que encontrar algo malo con cada hembra. Si te casas, tu madre será una fuente constante de dolor para ti y tu esposa, ella se resentirá de tus hijos, ella resentirá a tu esposa, y ella te resentirá.

Cuando le digas que algo maravilloso pasó, ella encontrará la manera de degradarlo. Su agenda es que te preocupes por ella, si le das alguna idea de que está siendo reemplazada va a haber un problema. Es importante si eres el hijo de una madre narcisista, puedes sentirte muy conflictivo y tener ira y rabia si no eres consciente de lo que está pasando.

Hay hijos adultos de madres narcisistas que se convierten en personas-por gustadoras y felpudos para las mujeres y en realidad atraerán a las mujeres que son abusivas hacia ellos, porque no sabrán cómo establecer límites. Y es sólo una repetición, es como si se casaran con su madre.

Y luego hay hombres que toman rasgos narcisistas, por lo que sienten conflicto con su madre. Se sentían controlados por sus madres, así que su agenda es que ninguna mujer me va a controlar, ninguna novia o esposa me va a controlar porque son un poco más conscientes de lo que sienten por su madre. Incluso podrían odiar a su madre.

Todavía podrían querer una relación con una mujer y una relación sexual incluso, pero podrían luchar con el conflicto porque su madre era tan tirante. Hay muchas maneras en que esta programación puede manifestarse en tu vida, así que es importante que entendamos que lo que nos pasó en nuestra infancia porque nos afecta como adultos.

Debes entender lo que te ha pasado como resultado y debes entender las tremendas consecuencias que ha tenido tener una madre narcisista.

Te han dicho que la vida da miedo cuando se trata de casarte siempre existe la posibilidad de que te divorcies y siempre existe la posibilidad de que te abandone una mujer.

Siempre hay una posibilidad de que los problemas de abandono se manifiesten. Eso es realmente algo de lo que tenemos que sanar especialmente si tenemos madres narcisistas porque ese miedo podría hacer que seamos emocionalmente evitados y no disponibles. Podría hacernos ser muy narcisistas porque tenemos miedo de ser abandonados.

Es tan importante que todos reconozcamos cómo el tener padres narcisistas nos afecta como adultos y tenemos que sanar esta herida abierta dentro de nuestros corazones que ha sido creada por este padre narcisista.

Tenemos que ser vulnerables, pero tenemos miedo, tenemos miedo de ser envueltos y enredados. Tenemos que confiar en la gente, pero no confiamos en la gente. Tenemos la necesidad de ser amados, pero no nos amamos a nosotros mismos.

Esto es lo que sucede como adultos y así que si eres el hijo de una madre narcisista, hay ayuda. Lo más importante que puedes hacer es investigar y entender las consecuencias de lo que te ha pasado.

Entiende que si has tenido un padre que ha sido golpeado por una madre narcisista y no has visto a un hombre afirmar límites y como resultado no sabes cómo reservar límites con una mujer o con otras personas, no es tu culpa.

No es tu culpa si tienes una madre que te pone en un pedestal y ahora, estás empezando a darte cuenta de que ella creó una dependencia de ti para que nunca la dejaras a ella y nadie, ninguna otra mujer la reemplazaría.

Cuando estás empezando a ser consciente de eso, podrías empezar a sentirte enojado, y eso es normal porque te robaron tu infancia. Tu inocencia y tu capacidad para sentirte vulnerable te fueron robados.

Entonces, tu ira es válida, pero eso no significa que ahora vayas a patear al perro o que se lo lleves a otras hembras inocentes. Significa que haces tu trabajo. Significa que lo descubres con un maravilloso psicoterapeuta.

Es posible que debas hablar con especialistas y psicoterapeutas que son expertos en el área del abuso narcisista y el trauma infantil y aquellos que sientes que pueden sintonizarte contigo. Tienes que pensar en todo eso antes de entrar en terapia.

Es muy importante que si vas a tratar con el psicoterapeuta, tratas con alguien que cuando lo entrevistas sientes que tiene la capacidad de sintonizarte contigo porque lo que te ha pasado es que has tenido tus sentimientos completamente invalidados y han sido marginados.

Tienes un gran conflicto dentro de ti. Tienes la necesidad de sentirte bien visto. Tienes la necesidad como hombre de poder expresar cómo te sientes verdaderamente; sentir acerca de su madre en un lugar seguro sin ser juzgado.

Tus amigos podrían decir que no deberías sentirte así por tu madre o podrías tener un terapeuta diciendo que tienes que perdonar a tu madre. Pero con el terapeuta adecuado puedes aprender a establecer límites con otras personas y saber que si estás en una relación con alguien o no eres suficiente, que tienes tu identidad, que tienes derecho a ser feliz, un derecho a sintonizarte con tu inna te regalos, y usted tiene derecho a la alegría.

Así que, hay esperanza de que aquellos de ustedes, esos hijos con madres narcisistas, se sientan escuchados. No es tu culpa, fuiste criado por una madre narcisista y la buena noticia es que puedes sanar. La buena noticia es que puedes reclamar tu derecho a una vida sana y feliz.

Usted puede aprender a amarse a sí mismo y tener relaciones más saludables con otras mujeres, puede atraer diferentes tipos de mujeres. Debes saber que hay esperanza para ti.

Capítulo 7

Cómo tratar con padres narcisistas

El verdadero problema de los padres narcisistas es que no sólo son selectivamente narcisistas. Mucha gente se molestará con sus padres por ser vergonzoso en las juntas familiares o por ser regordeta o necesitada. Sin embargo, los padres narcisistas superan con creces el ámbito aceptable de la crianza vergonzosa y molesta hasta el punto de ser enormemente perjudiciales para el desarrollo emocional de su hijo. Los padres narcisistas cometen uno de los errores más graves de todos los padres: preocuparse más por sí mismos que por sus hijos.

Una de las preguntas más grandes que te haces cuando has sido criado por narcisistas y te cansas de sus juegos mentales es cómo puedes lidiar con ellos ahora que eres mayor de edad. Hay algunos escenarios diferentes que vamos a ver, pero todos ellos son relativamente propicios para la idea de superar la comprensión descuidada e hiriente de la madre narcisista y / o padre.

Vamos a empezar a abordar esto recordando algo que hemos abordado varias veces en este libro: la necesidad absoluta de admitirse a sí mismo que sus padres no son perfectos. Una de las partes más difíciles de pasar del abuso, en general, es admitir que había un problema en la situación y que, por desgracia, no estabas por encima de las horribles y repugnantes probabilidades del universo. Le puede pasar a cualquiera y, por desgracia, te puede pasar a ti.

Te voy a proponer algo absolutamente impensable. Tal vez no necesites mantener contacto con tus padres. En el siglo pasado, especialmente en el último medio siglo, las actitudes sociales hacia las relaciones parentales han cambiado un poco. Por un parte, ha comenzado a haber mucha más conciencia sobre el abuso mental, emocional y físico. Estas cosas que normalmente pasaron sin cuestionar o que fueron simplemente vistos como una dura realidad de la vida de la que realmente no se hablaba comenzarían a ser vistos como grandes fuerzas negativas. Ya no existe una tolerancia social a los matices violentos o abusivos dentro de la estructura familiar.

Además de esto, la gente también ha comenzado a ver dejar caer a los padres como una opción realista en respuesta a situaciones abusivas. Sin embargo, algunas culturas fruncen el ceño ante esta noción, ya que la mayoría todavía ponen énfasis en mantener los lazos familiares por encima de todo y, en última instancia, tener una reverencia extrema por sus padres, ya sea que realmente lo merecen o no.

Afortunadamente, sin embargo, la realidad no necesariamente enfrenta esta idea, y la noción de dejar el contacto con los padres abusivos ha comenzado a ser visto como una opción más viable en el clima actual. Si bien todavía te dará algunas miradas extrañas, cada generación está aceptando cada vez más la elección de las personas afectadas de cortar lazos con sus padres abusivos o narcisistas.

Así que, en esencia, lo primero que debes hacer para tratar con los padres narcisistas es limitar el efecto que pueden tener en ti tanto como puedan. Realmente, esto es lo mejor que se puede hacer en general, por lo que gran parte de este capítulo se centrará en este aspecto. La cosa es que el narcisismo en última instancia se reduce a cómo una persona expresa el control sobre otra y cómo obligan a la persona a validar su imagen de sí misma y su ego increíblemente frágil. Por lo tanto, no es raro que los padres narcisistas mantengan cualquier medio que tengan para expresar el control sobre ti. Por esta razón, es importante que pueda cortar estos lo más rápido posible.

Si aún no ha sucedido, primero debe saldar un plan. Si sigues viviendo con tus padres narcisistas, entonces establece un plan discretamente para que puedas mudarte. Es probable que haya opciones disponibles para usted. Por ejemplo, si actualmente asiste a la universidad, es probable que pueda vivir en el campus y hacer que la universidad lo subvencione en una medida u otra, o incluso puede valer la pena tomar préstamos para la mejora de la calidad de vida que le traerá.

Lo siguiente que tienes que considerar es lo que actualmente y dependes activamente de ellos para si acaso. ¿Son tu salvavidas de una manera u otra? ¿Están manejando cosas como su factura de teléfono o el pago de su seguro de automóvil? Si es así, necesita incorporar estas cosas en su plan. Calcule sus costos personales para hacerlos por su cuenta e incorpórelos al costo total de vida en los precios de alquiler que está estimando.

La triste verdad es que si este tipo de cosas existen, tus padres las mantendrán sobre tu cabeza si intentas mudarte. Ellos amenazarán con cortarlos de todos modos, por lo que también podría tener un plan para cuando hacen exactamente . Si ya te has mudado, o estás fuera para la universidad, y todavía están tratando de mantener algún tipo de control innecesario sobre tu vida - un ejemplo podría ser negarse a permitirte salir en la universidad, o de lo contrario apagarán tu teléfono o dejarán de pagar los pagos de tu auto o negarse para ayudarle con los pagos de su préstamo - entonces usted necesita todavía afirmar estas cosas en su plan.

Una cosa obvia que vas a tener que hacer es conseguir un trabajo si aún no tienes uno. Desafortunadamente, los padres narcisistas a menudo no permiten que sus hijos consiguen trabajo porque les proporciona un sentido de independencia y los hace menos dependientes del padre narcisista. Por lo tanto, es posible que necesites couchsurf con amigos hasta que tengas suficiente para levantarte. Si esto sucede, sólo reconocer que muy bien puede terminar siendo sin un teléfono o conducir sin seguro durante un mes o dos, así que trate de asignar para estos. Evite conducir si no tendrá seguro y planifique alrededor de los sistemas de transporte público local es uno o intente organizar viajes hacia y desde sus responsabilidades de amigos y compañeros de trabajo.

Realmente, lo que esencialmente estás tratando de hacer es limitar cualquier retención que puedan tener sobre ti para que ya no tengan nada que sostener sobre tu cabeza. Esta puede ser la parte más difícil de todo este proceso, pero la realidad es que si estás tratando con padres narcisistas, hay muy pocas posibilidades de que alguna vez vengan a darse cuenta de que actúan de una manera narcisista. De hecho, las posibilidades son bastante buenas de que nunca van a tener la autoconciencia de hacerlo. Esto le presenta un ultimátum muy desafortunado que nunca realmente pidió: o puede tratar de limitar la cantidad total de interacción que tiene con sus padres y mitigar completamente el contacto con ellos - que es el camino que es propicio para convertirse en algún día completamente curado - o debe continuar el contacto con ellos y arriesgarse siempre a tener esa presencia narcisista y tóxica en su vida.

Al final, es desafortunado, pero si realmente quieres que te den la oportunidad de crecer como persona y empezar a reparar algunos de los traumas que se han producido en el transcurso de ser criado por narcisistas, lo más probable es que tengas que cortarlos o severamente limi el contacto que tienes con ellos.

La triste verdad es que simplemente son incapaces de mantener relaciones saludables porque no tienen ningún deseo de hacerlo. Ninguna cantidad de deseos por su parte solucionará este problema. Por otra parte, no hay cantidad de trabajo en su extremo o intenta que revisen cómo actúan o argumentarlos en considerar por qué son la forma en que son no va a ir bien para usted. El mejor caso es que te manipulan para que pienses que van a cambiar y luego experimentan un lento retorno a la forma como si nada hubiera pasado en primer lugar.

Bueno, eso no es verdad. El mejor caso, si tus padres son narcisistas, es que tendrán la capacidad de mirar hacia adentro lo que sucede y lo que lo causa dentro de sí mismos. Si realmente pueden empatizar contigo y están dispuestos a ponerte sobre sí mismos, entonces puede haber algún tipo de camino hecho. Sin embargo, no puede confiar en esta posibilidad.

Una vez que haya tenido en cuenta todas las cosas para las que confía en sus padres, si acaso, y tenga un plan claro junto con un plan de respaldo, finalmente puede comenzar a tallar algún tipo de movimiento hacia adelante. Usted necesita comenzar a actuar en su plan y avanzar hacia la mitigación del contacto con sus padres o cortarlos por completo.

En las etapas iniciales de este proceso, invariablemente tratarán de culparte por lo que estás haciendo. Por ejemplo, dirán cosas como "Algún día estaré muerto, y desearás que no hayas hecho esto" o cosas manipuladoras similares para hacerte sentir mal por cortarlas. Incluso pueden enviarte mensajes de texto, correos electrónicos, mensajes de voz o mensajes odiosos, amenazantes o tóxicos en las redes sociales. Pueden tratar de empeorar tu posición con cualquier miembro de la familia con el que estén en contacto calumniándolos y inventando cosas sobre ti.

Lo más importante es que, en primer lugar, te tomas el tiempo para prepararte mentalmente para cualquiera de las contralas que esperas de ellas y que tomas medidas para mitigarla antes de que tenga la oportunidad de suceder. Cortar a un padre o padres es una de las decisiones más difíciles que uno tendrá que tomar, pero si desea la oportunidad de seguir adelante con su vida y realmente empezar a lidiar con el trauma que le han infligido, puede ser la única manera adecuada de lidiar con su padres narcisistas.

Capítulo 8

Recuperación

Es posible que se pregunte por qué la mayor parte de este libro es sobre el daño en lugar de la parte muy importante de la recuperación. Volver atrás y entender lo que sucedió es una parte grande y muy importante de la recuperación. Entender cómo y por qué experimentaste tu existencia de la manera en que lo hiciste, y la dinámica de las manipulaciones narcisistas, es el comienzo del proceso de curación.

Tienes que tomar este viaje por ti mismo, no importa lo doloroso que pueda ser a veces. Tienes que averiguar de dónde vinieron tus patrones de comportamiento. En lugar de experimentar emociones en un estado infantil, serías capaz de calmar al niño que eras y tomar un control de tus reacciones y emociones como una persona adulta.

Este viaje requiere tiempo y esfuerzo, pero vale la pena. Es muy poco probable que los narcisistas cambien porque son incapaces de ver cuánto les pasa, pero puedes cambiar.

Pasos para la recuperación

SIN CONTACTO

En mi caso, ningún contacto fue una elección fácil. Pero si usted es una persona joven hay otras cosas a considerar.

Irse físicamente no es suficiente y tienes que estar lo suficientemente bien como para hacerlo por tu cuenta. Hubo un tiempo en que no pude escapar debido a la depresión y las crisis mentales.

Si usted no está en un estado para hacer frente por su cuenta que necesita para recuperarse lo suficiente primero. No es imposible. No te apresures en nada. Para ti hay técnicas que puedes usar para minimizar el daño de vivir con un narcisista.

Podría ser aún más beneficioso si puedes sacar a los narcisistas de tu cabeza incluso cuando están a tu lado. Recuerda, es tu decencia, tu culpa, tu buena naturaleza lo que los alimenta. Si descubres cómo te manipulan, puedes prevenirlo e incluso manipularlos hasta que puedas encontrar una forma más saludable y feliz de serlo.

Aprenda sobre esas técnicas, por ejemplo, la técnica de "observar, no absorber" y la técnica de "piedra gris".

Aprende todo lo que puedas sobre el trastorno. No desafías directamente al padre narcisista con lo que has aprendido. No tiene sentido, y es peligroso en esta etapa. Resiste el impulso, aunque podrías experimentar fuertes sentimientos de ira y dolor. Recuerda que tu objetivo es mejorar. La recuperación debe ser tu objetivo, no derribar al narcisista.

Una vez que sepas más usando la técnica 'observar, no absorber', puedes ver a través de la manipulación y no estar afectado. Comienza a entender las razones por las que se comportan de la manera en que lo hacen y por qué reaccionas a ellos de la manera que lo haces.

La "piedra gris" se trata de no alimentar al narcisista con tus emociones. No los provoques, aunque tratarán de sacarlo de la mejor manera a medida que mejores.

Haga lo que uno debe hacer para alejarse de cualquier abusador cuando esté agotado y mentalmente incapacitado : hacer un plan realista de escape, o podría empeorar las cosas. Mientras tanto, sigue aprendiendo sobre el narcisismo y sobre las técnicas para mejorar tu salud mental. No trates de explicar a los monos voladores cuáles son los narcisistas. Es tu primer objetivo ayudarte a ti mismo, y una vez que estés sano puedes ayudar a los demás.

Si usted es un hijo adulto de un narcisista

Si eres un hijo adulto de un narcisista, entonces no hay duda: no vayas a contactar. No trates de explicarles nada, sólo vete. Tienes tu propia vida, cortas cualquier contacto y mantente alejado de tu disfuncional familia de origen. Nada vale la destrucción mental que causan. Terminarán peor, y tú tienes todo para ganar.

El punto que estoy tratando de hacer es que si usted es incapaz de relajarse cuando está con su familia de origen, si se siente miserable debido a ellos, entonces usted no tiene que quedarse. Has sido condicionado a no creer en tus sentimientos. Pero si te sientes mal cuando estás con ciertas personas, no son buenas para ti. Si puedes evitarlo, no te obligues a estar cerca de ellos por ningún falso sentido del deber o miedo.

No puedo repetirlo lo suficiente: no se explique al padre narcisista. No tiene sentido entrar en argumentos verbales. Ellos florecen en ella, y tú sufrirás. No pele es contra ellos directamente. Ellos jugarán con la víctima, y son manipuladores expertos capaces de alimentarse de cualquier atención, siempre y cuando estén de alguna manera todavía involucrados en su vida.

Siempre y cuando tengan acceso se alimentarán de tus emociones. Si tienes que hablar con ellos, mantente distante y no les des información sobre ti mismo. Sólo di que no deseas tener ningún contacto con ellos, y eso es todo.

Una victoria contra un narcisista es vivir una buena vida.

Tienes que aprender a seguir con tu verdad, te creas o no. Los narcisistas encubiertos no son obvios para la mayoría de la gente. Comienza el proceso de curación y trabaja en una nueva forma de pensar y sentir acerca de ti mismo.

Vas a conocer a otros narcisistas, no los dejes entrar en tu vida. Y si lo haces, tienes que emplear las técnicas de "piedra gris" y "observar pero no absorber", y tratar de deshacerse de ellas.

Lo más importante, perdónate por cualquier error que hayas cometido en el pasado. Sobreviviste, y estabas bajo ataque desde que naciste. Se necesita a alguien con habilidad, sentido e intuición. Abraza quién eres, incluso cuando te sientas frágil y agotado.

El perdón se usa a menudo en un sentido religioso – perdona a aquellos que te han hecho daño. Esto no es lo que quiero decir. Las víctimas de abuso narcisista tienden a castigarse a sí mismas por ser estúpidas y no averiguar antes cuál era el juego narcisista. Esto es sólo una repetición de un mal patrón de pensamiento. Nunca fue tu culpa, pero perdonar se trata de dejar ir y seguir adelante. Acéptate y respétate.

No creas que los narcisistas cambiarán

Una vez que te escondes, el padre narcisista tratará de recuperarte con todo tipo de pretensiones. No te engañes, no otra vez. Tu familia tóxica tiene roles, y todo lo que hacen es empujarte de nuevo al papel de Chivo expiatorio. No les des ninguna información sobre ti mismo y no trates de explicar nada.

Otras cosas que debe saber sobre no tocar

Como mencioné antes, alejarse físicamente de los narcisistas no te sanará solo. No importa lo lejos que vayas, su veneno está dentro de ti. Es sólo el primer paso, entonces tienes que pasar por un proceso de curación. Si vienes de una familia narcisista tienes que repensar todo el sistema de valores inculcado en ti y dejar de sentirte inferior.

Y a medida que te liberes de la ilusión narcisista y de tu familia disfuncional, experimentarás mucho odio que viene hacia ti del padre narcisista y sus monos voladores. Y serás juzgado injustamente por personas que no estén lo suficientemente cerca como para saber cuál es la verdadera historia. Tienes que superarlo y aprender a quedarte con tu verdad.

Sí, sé lo profundo que es el deseo de la infancia complacer. Pero piénsalo: Si eres querido por un narcisista, tienes que preocuparte. Si te odian, es porque lo estás haciendo bien y ya no estás jugando sus juegos enfermos.

Lo mismo ocurre con los monos voladores: no valen la pena. Muévete. Incluso de parientes cercanos - no es su trabajo para salvarlos del narcisista. En primer lugar tienes que salvarte.

Tienes que aceptar que no todas las personas son buenas, y no todas las madres son buenas. La mayoría lo son, y las madres son muy importantes, y es por eso que las pocas desafortunadas tienen que lidiar con un mundo de dolor.

Inicio del proceso de curación

Hay cosas que debes tener en cuenta y cosas que debes evitar.

Volver a los primeros recuerdos y revisarlos es un buen lugar para empezar. Es donde tu cerebro no querrá ir al principio, pero es una parte necesaria del proceso.

Una vez que empieces a entender el daño que hizo el abuso de la infancia, vas a sentir una ira abrumadora. Enfadarse, pero no actúe en ello. No estarás en un estado para tomar decisiones acertadas sobre qué hacer. Recuerda, tu ira disminuirá con el tiempo.

No tengas miedo de sentir tus emociones, siempre y cuando no te controlen. Sé honesto y trata de verbalizar lo que sientes, porque te han hecho ignorar tus sentidos y tus necesidades. Cuando experimentes sentimientos abrumadores, pon la mano sobre el pecho y di en voz alta cómo te sientes. Esto funciona para la ira, y para cualquier otra emoción fuerte. Sólo decir lo que sientes lo reduce a la mitad.

Tienes que pasar por un proceso de duelo, apenado la pérdida del tiempo y la pérdida de la esperanza de que alguna vez tendrás buenos y solidarios padres. Ir a través de los escenarios sin retener, hasta que esté listo para dejar ir.

No rompas ningún contacto. Aprende técnicas para mejorar tu vida diaria y combatir el estrés y el trastorno de estrés y complejos.

Amarte incondicionalmente, porque vas a cometer los viejos errores unas cuantas veces más. Es fácil caer en el viejo patrón de comportamiento cuando estás estresado y cansado. Sé muy amable y paciente contigo mismo cuando lo hagas, trata de calmar al niño dentro. Tus reacciones a tus errores harán la verdadera diferencia en el tiempo.

Como regla general, no trate de explicar a las personas que nunca han sufrido abuso narcisista. Tienen que experimentarlo, o estar muy afinados emocionalmente, para entender su dolor. Otros empáticos, o personas con experiencias similares, entenderán y encontrar una comunidad en línea con la que compartir es lo mejor que puedes hacer.

Alguien que nunca ha sido una víctima y está leyendo esto podría decir que los narcisistas son tantas víctimas como las personas que destruyen, porque tuvieron algún tipo de infancia anormal. Tienen derecho a su opinión, pero no a decirle cómo manejar su situación.

Si eres víctima de un padre narcisista, para ti y para mí, hay reglas diferentes. Nunca sientas pena por un narcisista. Tenemos nuestro propio trastorno, y nos convierte en una presa de tipos y usuarios depredadores. Somos lo que buscan, porque los narcisistas no pueden quitarnos a una persona normal tanto como pueden.

Cómo manejar el crítico interno

El crítico interno es la voz crítica dentro de su cabeza moldeada por la actitud del padre narcisista. Una vez que entiendas lo dañino que es puedes cambiarlo atrapándolo mientras trata de bajarte y cambiar conscientemente el mensaje a uno positivo y cariñoso.

Sé paciente. La voz interior se formó en sus años juveniles y vino con la posición de control edísgica narcisista. Se forma con la verguenza tóxica de trabajar en su contra en beneficio del padre.

Para entrar en el hábito y desarrollar una voz interior positiva, tienes que practicar diciéndote cosas positivas a ti mismo. Desarrolla un mantra que funcione para ti y repítelo cuando te estreses.

Trate de aprender a amar todos esos defectos que utilizó para castigarse a sí mismo, amar su cuerpo como es. Llevará tiempo, pero una vez que consigas cambiar tu mentalidad experimentarás un enorme alivio y una sensación de libertad.

Flashbacks emocionales

Es posible que nunca hayas oído hablar de flashbacks emocionales, pero cuando eras hijo de un narcisista es más que probable que los hayas experimentado.

Esos son recuerdos de momentos a vergonzantes y humillantes de tu pasado. Pueden aparecer en tu cabeza en cualquier momento y hacer que tu mente vuelva a experimentarlos.

Desde momentos embarazosos en la escuela, hasta percances de tráfico, errores sociales. Todas esas veces que no realizaste están regresando en un instante, y eso no hace más que alimentar la vergüenza tóxica.

Es algo que hace la parte vieja del cerebro, y está buscando peligro. Por eso sigue repitiendo esos momentos que encontraste tan angustiosos una y otra vez.

Cuando tienes un flashback emocional, los músculos se contraen, la respiración se vuelve superficial, el corazón late más rápido, y se siente como una quemadura aguda en la mente y te hace estremecerte y retirarte tanto mental como físicamente.

Algunos recuerdos se almacenan en un estado infantil, tal como fueron experimentados. Otros desencadenan el estado de vergüenza tóxica que está incrustado en la mente de la gente.por favor. Ser humillado está registrado como peligro en tu mente, porque estaba en la familia narcisista.

Lidiar con Flashbacks Emocionales

Para combatir su efecto, aprende a reconocer los flashbacks emocionales y reconoce que estás teniendo un flashback.

Entonces respira hondo y hazte llegar al presente. Di 'estoy teniendo un flashback' en voz alta si es necesario. Pon tu mano en tu pecho. Recuerde que está a salvo y bien ahora, y que tiene una opción de cómo sentirse. Esos flashbacks son inútiles y dañinos, y son el resultado de la disfunción y el odio propio.

Relaja tu cuerpo y sé muy compasivo con ti mismo. Examinar conscientemente de dónde vino, y tratar de señalar los problemas subyacentes que desencadenan la ola de la vergüenza tóxica.

Sin la vergüenza tóxica, los flashbacks son sólo experiencias humanas, y todo el mundo tiene experiencias como esa. Se supone que no debes ser perfecto o mejor que todos para importar, este fue el veneno del abusador narcisista que te avergonzó de tu mente. Sé compasivo y muy amable con ti mismo.

Eventualmente, moverás tu reacción al lóbulo frontal, repensarás el peligro y reaccionarás con la razón en lugar de con la emoción y el miedo.

Capítulo 9

Sanación del narcisismo

El efecto de la negligencia emocional y física de una madre narcisista puede ser desastroso si no encuentras una salida.

Antes incluso de tratar de recuperarse de las heridas, primero debe notar que tiene una herida que sanar y que la herida fue causada por el abuso de su madre.

Estos son los signos de que tienes una herida para sanar:

1. No puedes superar el perfeccionismo

    Usted tiene la necesidad de hacer más y más de lo que es saludable y apropiado, o necesario. Esto significa que usted tiene la unidad de ser perfecto todo el tiempo, incluso en situaciones en las que sólo necesita ser promedio. Esto es generalmente una estrategia para hacer frente y sobrevivir y está dirigido a hacer que sobreviva y obtener la reacción que anhela.

    La actitud perfeccionista tiene que ver con las habilidades que has obtenido de tus padres, que si no eres perfecto, no servirás en la familia.

Lo malo es que muchas personas enseñan a sus hijos que una buena crianza se trata de empujar a sus hijos a ser excelentes en todo lo que hacen.

2. No puedes decir que no

Estás aterrorizado por el aspecto de decir que no, incluso cuando sabes que no tienes la capacidad de hacer algo. Sabes que si niegas lo que el padre quiere, te enfrentarás a mucho ridículo y vergüenza. Los padres incluso los abandonarán sólo porque los han defraudado.

3. Usted establece la barra demasiado alta para cualquier tarea.

Los logros deben ser medibles y fáciles de manejar. Si te encuentras logrando algo pero sientes que quieres llevarlo un poco más alto, entonces necesitas obtener algo de ayuda.

4. Te sientes como tu madre

Si dices algunas palabras y recuerdas lo que tu madre dijo hace algún tiempo, y entonces eres como ella, necesitas salir del bucle. Cuando creces en una relación abusiva narcisista con tu madre, los comportamientos generalmente te frotan, y te encontrarás comportándote como ella todo el tiempo.

5. Rechazas los desafíos

   Si alguien tiene las agallas para desafiarte, siempre aclaras que no lo quieres o que la gente no te respeta en absoluto. Empiezas a disgustarlos y a rechazar sus avances en exceso. Esto significa que no toleras ninguna competencia de nadie.

El viaje emocional a la curación

Antes de que puedas tomar el proceso de curación, pasarás por varias etapas del dolor que determinarán cómo funcionan las cosas para ti. Aquí están las etapas.

- Aceptación

Primero tienes que aceptar que tu padre era un narcisista. Tienes que mirar hacia atrás y luego saber que el padre tenía amor y empatía limitados para ofrecerte, y es por eso que te convertiste en la persona que eres hoy. Esto significa que te das cuenta de que hay un problema que debe ser manejado antes de que puedas sanar.

- Negación

Aquí, niegas que la madre que tanto amabas no era capaz del amor que necesitabas. Recuerda que cuando eras niño, anhelas que el amor sobreviva, lo que significa que si lo niegas, entonces puedes empezar a mirar las cosas de una manera totalmente diferente.

- Negociación

Tienes que darte cuenta de que has estado negociando con la madre narcisista toda tu vida, tanto interna como externamente. Has estado esperando y deseando que la madre pudiera cambiar para mejor, pero no ha funcionado como querías. Has intentado tantas cosas a lo largo de los años para recuperar su aprobación y amor sin nada.

- Ira

Una vez que te des cuenta de que has estado lastimando por tanto tiempo, te enojarás y te enojarás. Ahora te das cuenta de que tus necesidades emocionales no fueron satisfechas por la persona en la que más confiabas y que si las cosas hubieran ido al revés, habrías sido una mejor persona.

Te sentirás enojado con tu madre por llevarte a través de un momento difícil, y te enojarás contigo mismo por permitir que tu madre se aproveche de tu mente joven.

- Depresión

Este es el punto en el que sientes una tristeza intensa porque te has dado cuenta de que este no es el tipo de padre que querías, pero no tenías nada que ver con ello. Te resignas al hecho de que tu madre nunca será tan amorosa como esperas que sea. Dejas de perder cualquier expectativa que hayas tenido durante años y luego lamentas la pérdida de la visión.

Cuando pases por estas etapas, te darás cuenta de que rebotas de una etapa a otra, y si descubres que no estás aceptando el hecho, necesitas volver atrás e intentar la etapa de nuevo. Esta es la única manera apropiada de llorar. No vayas a la etapa de recuperación hasta que hayas pasado por estas etapas, y hayas aceptado que tu padre tenía una limitación. Para que funcione mejor, prueba y haz un diario de los sentimientos que experimentas. Hable con sus seres queridos y cuide de sí mismo durante todo el proceso.

Las soluciones a la curación

Echemos un vistazo a las diversas soluciones que debe seguir para que sane su cuerpo y mente del abuso narcisista de una madre.

1. Desarrollar la autocompasión

   Podría ser un gran desafío para algunas personas desarrollar la autocompasión. Esto se debe a que podría desencadenar algunos recuerdos emocionales para las personas que han estado expuestas al abuso donde la compasión se utilizó como una configuración para el ataque. Esto también puede resultar difícil si creciste en un hogar emocionalmente descuidado o nunca has recibido compasión.

   Desarrollar la compasión es un gran negocio porque, en muchos hogares, la compasión podría faltar en algunas áreas. El niño podría crecer sabiendo que la compasión no es algo que necesita ser parte de sus vidas.

Para desarrollar compasión, trata de ser paciente para que puedas tener esa bondad hacia ti mismo. Trata de entender lo que le dirás a otra persona en una circunstancia similar, o lo que las acciones de un amigo te han ayudado en el pasado.

2. Elimina tu vergüenza interior

Su hijo interior siempre está esperando que se vuelva inteligente, talentoso y útil, pero usted no tiene que tener voluntad para hackearlo. Seguirás tratando de ganar la aprobación del padre, lo que a su vez te hace autocriticar a ti mismo.

Debido a las constantes conversaciones sobre el fracaso en sus círculos, usted tendrá un niño interior que está herido y confundido. Seguirá criticando todo lo que digas o hagas.

Elimina la vergüenza tratando de ser vulnerable a las personas que te rodean. A medida que comiences a crear conexiones y a desarrollar vínculos con las personas cercanas a ti, te abrirás y las cosas mejorarán.

3. Aprende a confiar en ti mismo

Trate de aprender a confiar en sus decisiones, opiniones y otros aspectos que lo convierten en un ser humano. Comienza a tratarte bien porque las personas que están cerca de ti no te tratarán de la manera en que quieres que te traten. Ya que has estado en una relación abusiva con una madre, podrías terminar perdiendo el papel si cuidas adecuadamente.

Cuando aprendas a confiar en ti mismo, también podrás confiar en los demás. Usted será capaz de hablar con las personas de la manera correcta y desarrollar el tipo correcto de relación con ellos.

Deja de rechazarte a ti mismo y trata de reparar el daño que un padre causó.

4. Cuídate a ti mismo

El padre con NPD se ha asegurado de que solo te concentres en ellos e ignores lo que puedes hacerte a ti mismo. Esto significa que estarás condicionado a enfocarte en la parte externa y luego evitar mirar profundamente en ti mismo. Al final de todo, usted encontrará que usted descuida sus necesidades emocionales y físicas, lo que a su vez conduce al fracaso.

Comience el viaje hacia el autocuidado. Ten esa paz interior que te hará cambiar tu vida para mejor. Tenga una lista de cosas felices que desea hacer cada día para cambiar su perspectiva hacia la vida.

5. Educarse a sí mismo

Una vez que te des cuenta de que tu madre sufría de NPD, trata de aprender acerca de la afección para que sepas con qué estás tratando.

Imagen: conozca el tema

El conocimiento es poder, y cuando tengas buena información de foros de chat, blogs y libros, podrás manejar el proceso mucho mejor. Con el tipo correcto de apoyo, entenderás lo que has pasado y lo que debes hacer para sanar.

6. Conozca su papel pasado

Tienes que entender qué tipo de papel jugaste en la fantasía de tu madre. ¿Eras el niño de oro o eras el chivo expiatorio? Todo lo que necesitas entender es que has sido parte de una trama que fue orquestada por tu madre, y necesitas encontrar una salida lo antes posible.

Una vez que conozcas tu papel, necesitas trabajar con los otros hermanos para crear un frente unificado contra ella. Cuando todos los miembros de la familia entiendan lo que está pasando, y se les ocurrió la estrategia correcta, serán capaces de manejar la situación mucho mejor en comparación con ir solos.

Si no confías en tus otros hermanos o no estás unido, tendrás que encontrar una manera de cerrar a los otros miembros y protegerte en el proceso de recuperación.

7. Tener límites

Las madres narcisistas no reconocen los límites que les establezcas. Te ven a ti y al resto de la familia como una extensión de ellos para controlarlos y manipularlos. Ya seas el chivo expiatorio o el niño de oro, necesitas idear límites y afirmarlos.

Inste límites saludables y asegúrese de que sean respetados por la madre y otros miembros de la familia.

8. Deja de culparte a ti mismo

Si has sido el chivo expiatorio, siempre tiendes a culparte a ti mismo cuando algo sale mal. Deberías dejar de sentirte culpable por las cosas que están fuera de tu control. En su lugar, trate de encontrar una manera de dejar de culparse a sí mismo y hacer valer su autoridad.

Capítulo 10

Cómo las manipulaciones influyen en su mentalidad

La manipulación es una de las principales tácticas que una madre narcisista usará para controlar e influir en la mentalidad de su hija. Ya sea que su hija sea adulta o un niño que crezca, las madres aplican diversas tácticas encaminadas a hacer valer su control y autoridad sobre sus hijas.

Aquí, discutimos varias tácticas de manipulación dañinas, lo que la madre pretende lograr, y cómo se puede identificar y superar como una hija.

Tácticas madres narcisistas utilizan para manipular a sus hijas y dominarlas

Los niños que fueron criados por padres narcisistas han pasado por toda una vida de abuso. Una madre narcisista carece de empatía y explota a su hija para su agenda. En la mayoría de los casos, esta madre se niega a someterse a tratamiento para alejarse de su comportamiento destructivo.

Exponen a sus hijos a malos tratos psicológicos mientras intimidan, manipulan, coaccionan, controlan y aterrorizan.

Los hijos de padres narcisistas están tan traumatizados, y se ponen en riesgo de suicidio, depresión, ansiedad, baja autoestima, abuso de sustancias y trastornos de apego.

Si una hija de una madre narcisista se mantuviera en contacto con su madre, incluso como adulta, seguiría experimentando el mismo abuso y manipulación en su edad adulta. Sin embargo, como adulto, puedes separarte. Puedes buscar tratamiento, reducir el contacto con tu madre y buscar métodos de afrontamiento alternativos.

Una madre narcisista utiliza diferentes tácticas de manipulación para controlar e influir en la mentalidad de su hija. Aquí, discutimos las diferentes tácticas que una madre narcisista usará en su hija y consejos sobre mecanismos de afrontamiento y cuidado seguro para la hija.

Chantaje emocional

Una madre narcisista ha dominado el arte de exigir le a su hija en forma de petición. Si la hija dice que no o pide tiempo para pensar a través de él, la madre pone presión sobre ella y amenaza consecuencias feas. Si la hija se mantiene firme y se niega, castigará a su hija a través de un tratamiento silencioso, el enfrascamiento, la retención de cosas importantes, el sabotaje y, en algunos casos, la violencia.

Por ejemplo: Tu madre narcisista puede llamarte para decirte que viene a visitarla, pero como conoces sus formas abusivas y tu horario no permite la visita, rechazas su solicitud. En lugar de respetar tus deseos, tu madre empezará a hablar de cómo te cuidó, de cómo eres desagradecida, de cómo sacrificó mucho para verte donde estás, pero, ahora, no tienes tiempo para ella. En este punto, ella no le importa cuáles son sus razones, pero desconectará el teléfono y decidirá no hablar con usted durante semanas.

Cómo afrontarlo: Debes saber que estás dentro de tus derechos para decir que no y proteger tus límites. Tienes derecho a protegerte de las formas abusivas de tu madre narcisista y de los miembros de tu familia. No cedas a sus manipulaciones; permitirle enfadarse o quedarse en silencio, y cuando esté lista, ella tenderá la mano. No, en ningún momento, te permitas discutir tu decisión, y si deja mensajes manipuladores, ignóralas hasta que se dé cuenta por sí misma que necesita respetar tu espacio.

La culpa

Muchos padres narcisistas usan el miedo, la obligación y la culpa para manipular a sus hijos. Esto es también lo que una madre narcisista usará en su hija. Ella invoca la culpa en ti para que hagas lo que ella está pidiendo por su bien, sin tener en cuenta tus necesidades personales.

Por ejemplo: Tu madre narcisista te recuerda constantemente que estás envejeciendo pero sin un hijo de marido. Ella te recuerda constantemente que tienes la obligación de dar a sus nietos. Si te atreves a decirle que su matrimonio no es tu prioridad mientras seas feliz, es probable que te azote, condenándolo por querer que muera sin nietos. Te dice que si te preocupa sin ella, tendrías hijos. Ella te dice que toda su vida. Se sacrificó para verte tener una familia, pero te niegas a dar a sus nietos. Ella te dice que es una pena y una desgracia que no estés casado a tu edad y, peor aún, no tengas hijos.

Cómo afrontarlo: Con este tipo de charla, es probable que te sientas culpable. Sea consciente de estos sentimientos y deséchelos. Evalúate a ti mismo y pregúntate si tienes algo de lo que sentirte culpable y avergonzado. Recuerde, usted no ha infligido ningún dolor o daño a ellos. Eres libre de vivir tu vida como quieras, siempre y cuando no estés lastimando a otra persona. Tienes derecho a tus decisiones. Puede que no acometen a tu madre, pero son tus elecciones, y tú debes ser el dueño de ellas. Vive tu vida en tus términos.

Avergonzando

Una madre narcisista y tóxica usa la vergüenza para manipular a su hija. Ella degradaba y menospreciaba en privado y en público. Ella conoce tu debilidad y la usa para derribarte. Esta es una herramienta de manipulación muy eficaz. Usando los defectos de su hija para avergonzar a sus inseguridades aumenta, y para que ella lo haga, ella acepta hacer lo que la madre le pida para que no se le recuerden sus defectos.

Por ejemplo: Usted está teniendo una reunión familiar, y en medio de divertirse e interactuar con otros miembros, su madre se encarga de usted para discutir sus problemas de peso. Puede que tengas éxito, pero eso no es suficiente. Ella te avergonzar delante de todos en cómo no sabes cómo cuidarte, y acabarás muriendo por tu peso. Sabes que tienes sobrepeso, y has luchado con esto por mucho tiempo, pero a ella no le importa cómo te sientas. Dice que le estás avergonzando al parecer un globo y no siendo un buen modelo a seguir para tus hijos.

Cómo afrontarlo: Cuando tu madre empiece a avergonzarte de esta manera, reconoce el dolor emocional que te trae. Si sientes que te estás volviendo impotente bajo su ataque, haz todo lo posible para alejarte de esa situación y recuperar tu poder. Bajo ninguna circunstancia, deberías dejar que sus tácticas vergonzantes funcionen en ti. Hazle saber que ya no puede avergonzarte, y dile que si continúa, entonces no tienes razón para volver a vernos. Recuérdele que estás orgulloso de ti mismo, y no tienes nada de qué avergonzarte.

Comparación y triangulación

A una madre narcisista le gusta comparar a su hija con las hijas de otras personas para seguir disminuyéndolas. Ella quiere que su hija luche por su aprobación y atención constantemente haciéndola sentir que no es lo suficientemente buena. Ella quiere que su hija forme la mentalidad de que los demás son mejores que ella.

Por ejemplo: Tu madre te llama para decirte que la hija de tu vecino acaba de ser pareja en su bufete de abogados, y ella se va a casar. Luego añade un comentario, preguntando qué estás haciendo con tu vida y cuándo la vas a hacer sentir orgullosa.

Cómo hacer frente: No permita que sus pequeñas comparaciones te estresen. Recuerda que estás corriendo tu carrera a tu velocidad y haciendo lo que te hace feliz. Sepa que está tratando de socavarte. Cambiar el tema o interrumpir la conversación. Dile que no aprecias su comparación y que estás feliz por lo que tu vecino ha logrado. No te dejes discutir con ella porque te frustrará.

Iluminación de gas

Esta es una de las tácticas de manipulación más comunes que las madres usan contra sus hijas, como se mencionó anteriormente. Con esta táctica, una madre tóxica distorsiona la realidad y niega cualquier forma de abuso si la llamas. Con esto, ella te hará sentir que eres el narcisista para siquiera pensarlo.

Por ejemplo: Tu madre llama para dejarte un mensaje abusivo y más llamadas perdidas. Esto se debe a que no pudo hacer algo por ella. Ella decide seguir castigándote por ello, y cuando te enfrentas a ella con respecto a ello, ella lo rinde, diciendo que estás haciendo un gran negocio de la nada. Ella decía que sólo hizo una llamada, y su mensaje no fue abusivo. Te hace sentir como si eras la loca, y te imaginaste todo eso.

Cómo cope: Si tu madre usaba esta táctica a menudo cuando eras un niño, lo más probable es que sufras de dudas. No ceda a esta manipulación; en cambio, observe cuando las afirmaciones falsas de su madre narcisista no coincidan con la realidad. Cuando sospeches que una situación es abusiva, anota la cuenta y busca ayuda con un terapeuta para identificar el problema. Vuelve y evalúa otras incidencias de iluminación con tu madre, y ve las por lo que son y no por lo que ella te dice que son. No lo cubra para hacer frente.

Refuerzos de terceros

Cuando una madre narcisista se da cuenta de que su hija está ganando independencia y no puede ser fácilmente manipulada, lleva su manipulación más allá buscando refuerzo. Ella convencerá a una amiga de que tienes un problema y te enfrentarás en su presencia. Cuando el amigo apoya a tu madre, empiezas a dudar de ti mismo, y la culpa comienza a acumularse. Al final, terminas haciendo lo que ella quería a pesar de tus propias necesidades.

Por ejemplo: Cuando empiezas a trabajar, tu madre puede pedirte dinero. Si le dices que no tienes ninguno, ella podría decir que no tenía nada cuando estabas creciendo. Incluso le preguntaba a su amiga si recuerda cómo tuvo que hacer tres trabajos e irse sin dormir para que su hija pueda ser feliz. Con el refuerzo de su amiga, empiezas a preguntarte si eres injusto con ella.

Cómo hacer frente: Estar alerta sobre todas las tácticas que su madre va a utilizar. Si sabes que realmente no tenías más que darle, no permitas que te manipule de esta manera. Sólo puedes dar dinero si tienes extra y fuera de un corazón dispuesto, no de manipulaciones. Tenga en cuenta que era su obligación proveer para usted cuando era niño, y ella no puede usar eso para manipularlo.

Convertirse en víctima

Una madre narcisista siempre querrá interpretar a la víctima, a pesar de que te está manipulando. Puedes decirle a tu madre que sientes que no te entiende o empatiza con tus sentimientos. En lugar de escuchar, ella te dará la vuelta y te culpará diciendo que ha hecho todo lo posible para que te sientas apreciado, pero no puedes conseguir suficiente. Ella te dirá que ella hace todo lo posible para escucharte y aconsejarte, pero tú no escuchas.

Por ejemplo: Tratas de decirle que no aprecias cómo usa tus defectos para avergonzarte, tanto en privado como en público. En lugar de oír eso, ella lo cambia para decir que ha estado tratando de que veas cómo puedes mejorarte a ti mismo, pero te quejas en su lugar. Puede decir que todo lo que quiere es tu felicidad, y no importa lo que haga, pareces no ver que tiene buenas intenciones.

Cómo afrontarlo: Recuerda siempre que tus sentimientos son válidos. Vea la manipulación para lo que es. Avergonzar a una persona no está ayudando. Si quiere ayuda, puede preguntarte cómo la necesita y te guía a través de lo que está pasando, pero cuando te critica y te avergonza, rehúye ser manipulada. Ten en cuenta cuando empieces a pensar que la habías lastimado cuando fuiste tú quien fue herido. Ver la manipulación para lo que es, y negarse a ser empujado más.

Con estos signos, es más fácil para ti identificar y entender las diversas maneras en que tu madre narcisista te manipulará, y puedes resistirte a la manipulación. Llevar a un terapeuta también es una buena manera de hacer frente a los efectos de la manipulación. No guarde silencio sobre la manipulación. Cuando lo note, llámelo y evite intimidarse de cualquier manera. Recuerda siempre, eres la víctima, y si lo sientes, entonces hay algo ahí.

¿Por qué tu madre es narcisista?

Tu madre es narcisista, no porque haya nacido como una sola, sino porque estaba condicionada a ser una. Los hijos de padres narcisistas a menudo crecen para ser narcisistas si no se dan cuenta y rompen el ciclo. Tu madre pudo haber sido criada por padres narcisistas y sabía eso como una forma de vida.

El narcisismo, según los psicólogos, es el resultado de experiencias infantiles. Un adulto pasó por estados de desarrollo como un niño pequeño, y sus experiencias dan forma a quiénes son ahora, cómo se relacionan con sus hijos y cómo ven el mundo. Los niños pequeños que sufren negligencia o exceso de indulgencia de sus padres crecerán con esta misma percepción de la vida.

Cuando un niño es consentido en todo cuando es un niño pequeño, crecen sin saber y respetando los límites y terminan siendo narcisistas. Debido a su educación, crecen creyendo que el mundo gira en torno a ellos. Los mismos signos encontrados en la madre narcisista podrían ser los mismos signos que sus padres le mostraron.

Aquí, discutimos por qué tu madre tiene ciertos rasgos y cómo los desarrolló en comportamientos narcisistas.

- ¿Por qué se siente superior y tiene derecho tu madre?

El complejo de superioridad y el derecho es un rasgo importante en las madres narcisistas. Este rasgo se desarrolla desde la infancia. Hay algunos factores que pueden haber contribuido a que tu madre tenga estos rasgos. Si tu madre fue criada por padres que la estaban complaciendo y dándole todo lo que quería, lo más probable es que haya desarrollado la sensación de que tenía derecho a tenerlo todo, independientemente del costo. Sus padres probablemente la hicieron sentir que era más importante que nadie, así que desarrolló la misma actitud. Sin embargo, también es posible que su madre fue descuidada cuando era niña y para compensar eso, ella exige atención y quiere que todos se den cuenta de que es superior. Su objetivo no es ser ignorado, y ella tiene el poder de hacer eso a sus hijos porque lo mismo se le hizo a ella.

- ¿Por qué tu madre necesita validación y atención?

Si tu madre fuera criada por padres que constantemente la degradaban y le decían que no era lo suficientemente buena, crecería creyendo que es incapaz de hacer algo bien o lograr algo. En todo lo que hace, querrá ser validada de que lo hizo bien porque su confianza es frágil y sufre de baja autoestima por su educación.

Por otro lado, si se le descuidó y se le negó la atención mientras crecía, vive con el miedo constante de ser rechazada y abandonada. Ella manipulará a su hija para que reciba la atención que extrañó cuando crecía porque siente que se lo merece. Ella hará cosas, no por la bondad de su corazón, sino para ser alabado y para que la gente vea que ella es importante.

1. ¿Por qué tu madre es perfeccionista?

Al crecer, se le dijo que no era buena para nada, y que ser comparada con otras puede afectar negativamente a un niño. Crece creyendo en recibir amor; debe ser perfecta. Esta demanda que se le ha puesto a una edad temprana es perjudicial y resulta en que nunca encuentre satisfacción en nada. Ella se quejará constantemente, y como resultado, también esperará lo mismo de su hija, por lo que culpará en todo lo que hace.

- ¿Por qué tu madre es tan controladora?

La necesidad de controlar es un comportamiento narcisista común entre las madres narcisistas. Esto se deriva de su necesidad de perfección de acuerdo con sus estándares. Se siente lógico que tengan el control debido a su sentido del derecho. Cuando crecían, sus madres corrían sus vidas, así que ¿por qué no hacerles lo mismo a sus hijas? Les gusta tener el control porque les hace sentir importantes y necesarios. Para ellos, tener el control afirma su autoridad. En sus mentes, creen que una madre sabe mejor porque su madre les dijo lo mismo.

- ¿Por qué tu madre no puede aceptar la responsabilidad?

A un narcisista le gusta tener el control, pero nunca se hace responsable de sus acciones. Si algo sale mal, prorratearán la culpa y afirmarán que es tu culpa porque de acuerdo con ellos, nunca has seguido las instrucciones. Según ella, sus métodos son perfectos, y nada sale mal cuando ella está en control.

Si fue criada por una madre que siempre encontró la culpa en ella, ella, por extensión, encontrará la culpa en los demás, pero nunca en sí misma. Si se encuentran en el lado equivocado de la ley; ella no tiene la culpa, sino el oficial de policía. En la mayoría de los casos, encuentra poder en culpar a aquellos que son leales y cercanos a ella emocionalmente para mantener la fachada del perfeccionismo y el control. Es más fácil para ellos culpar a los que están cerca de ellos porque saben que no es probable que la dejes, pero ella no tiene nada que ver con otras personas.

- ¿Por qué tu madre no puede respetar los límites?

Un narcisista es egoísta y tiene un sentido inflado de sí mismo. Sabe dónde están los límites, pero los ignora. Para su hija, ella siente que eres una continuación de sí misma, así que todo sobre ti también le pertenece a ella.

Es posible que cuando creciera, su madre invadiera su privacidad e hiciera amistades con sus amigos. Una madre narcisista querrá socializar con tus amigos porque quiere todo lo que tienes. Es posible que nunca se le enseñaran límites mientras crecía, y en el mismo caso, no respeta los límites con nadie, y mucho menos con su hija. Si lo señalas, ella encontrará maneras de manipularte para aceptar su invasión.

- ¿Por qué tu madre no puede empatizar con tu situación?

Un narcisista es naturalmente ensimismado. Nadie empatizó con su crecimiento, así que no entiende por qué los sentimientos de otras personas deberían preocuparla. Una madre narcisista no se disculpa, siente remordimiento sin sentir ningún tipo de culpa.

A medida que crecía, supo cómo suprimir sus sentimientos y darse cuenta de que eran una carga de niña, y espera lo mismo en su hija. En contraste, ella entiende la ira, el rechazo y las amenazas porque también las experimentó. Un narcisista no entiende el sarcasmo. Ella lo percibe como de acuerdo con lo que está diciendo. Ella no entiende cómo relacionarse con los sentimientos de otra persona porque se le enseñó cómo suprimirlos, y una demostración de sentimientos fue una demostración de debilidad.

- ¿Por qué tu madre no entiende la lógica excepto sus emociones?

Usar la lógica para explicar a un narcisista cómo su comportamiento te afecta o te duele es una pérdida de tiempo. Puede decir que lo entiende, pero la verdad, no lo entiende. Ella sólo es consciente de sus propias emociones y sentimientos. Si una madre tenía padres narcisistas, sólo sabía cómo ser manipulada emocionalmente, pero no cómo discutir las cosas usando la lógica.

- ¿Por qué tu madre tiene una personalidad dividida? Este es un rasgo común entre los narcisistas. Pueden ser extremadamente buenos o malos en carácter y también en la forma en que ven las relaciones. Ellos don't aceptar la responsabilidad de algo malo, pero son rápidos para tomar crédito por todas las cosas buenas.

Una madre narcisista fue criada en circunstancias similares. Ella creía que el niño era el culpable de todo lo malo, pero si el niño lo hizo bien, fue por ella. Piensan en situaciones buenas o malas. Ella es incapaz de recordar cualquier cosa positiva en una persona, sólo los errores que una persona comete.

- ¿Por qué tiene tanto miedo tu madre?

La mayoría de los narcisistas han enterrado miedos. Crecieron siendo degradados, ridiculizados y rechazados. Su vida gira en torno al miedo a estas cosas. Una madre querrá controlar a su hija todo el tiempo para seguir siendo relevante. Ella tiene miedo de que la hija sea independiente porque significará que la hija puede dejarlos. Para ella, una hija independiente no es algo bueno porque significa abandono y rechazo.

Si una madre fuera rechazada y descuidada como un niño pequeño, siempre tendría miedo de quedarse. Ella quiere controlar todo y la vida de sus hijos para que no la dejen.

Por otro lado, un narcisista tiene miedo de la verdadera intimidad. Tienen miedo de que otros descubran sus debilidades e imperfecciones que ella sabe que tiene pero se esconde de los demás. Tienen miedo de ser juzgados y criticados porque significa que son imperfectos.

- ¿Por qué tu madre está ansiosa?

La ansiedad es una condición presente entre la mayoría de los narcisistas. Tu madre siempre teme que algo malo esté a punto de suceder. Es probable que acuse a su hija de una enfermedad mental o de ser egoísta si no sigue sus deseos. Creció les dijo que si no hacía algo, algo malo iba a pasar. Ella espera consecuencias negativas para cada acción y siempre está buscando maneras de desviarla.

- ¿Por qué tu madre está avergonzada de ti?

Una madre narcisista alberga vergüenza. Ella no se siente culpable porque cree que es perfecta y siempre tiene razón, pero te avergonzar en cualquier oportunidad dada. La verdad es que también está avergonzada. Ella siente que hay algo mal con ella y encubrirlo. Ella te averguenza de repartir la culpa por lo que siente en lo más profundo de ella.

- ¿Por qué mi madre no puede ser vulnerable?

Una madre narcisista es incapaz de entender los sentimientos. Le falta empatía y necesita protegerse de las heridas constantemente. Debido a su educación, es incapaz de ver el mundo desde la perspectiva de otra persona. Tu madre es incapaz de ser vulnerable porque está ciega emocionalmente y se siente sola, pero lo cubre. En lugar de mostrar vulnerabilidad, saltará de una relación a la siguiente. Ella desea desesperadamente que alguien vea y entienda su dolor, pero teme ser vista débil. Para esconderse, son incapaces de relacionarse con los sentimientos de los demás.

- ¿Por qué mi madre no puede comunicarse bien y hacer frente a los demás?

La comunicación requiere consideración, y la cooperación con los demás requiere una comprensión real de los sentimientos de otras personas. Si una persona no puede empatizar, es imposible comunicarse eficazmente, así como ser parte de un equipo o hacer frente a los demás.

Una madre narcisista puede alterar completamente la forma en que su hija piensa y percibe las cosas. A través de manipulaciones, una madre puede controlar a su hija para que nunca sea independiente. Conocer las diferentes tácticas que una madre usaría para manipular y controlarte te da el poder de superar y esforzarte por establecer una relación saludable con ella y con los demás.

Tal vez siempre te has preguntado por qué tu madre se comporta como lo hace. Entender dónde se originan los rasgos narcisistas y entender cómo la afectan puede ser el comienzo de la curación. Es importante entender el trastorno narcisista de la personalidad, no para condenarla, sino para ayudarla a superar sus caminos, lidiar con sus inseguridades y desarrollar mejores relaciones.

Capítulo 11

Terapia

En este último capítulo, vamos a entrar en todas las razones por las que deberías ir a terapia. No hay nada más que beneficios cuando se trata de terapia, especialmente como sobreviviente de una madre narcisista. ¡Empecemos!

Por qué la terapia es impresionante para ti

Deberías ver a un profesional de salud mental porque están en la mejor posición para ayudarte a lidiar con el dolor y el trauma de tu relación pasada con tu madre narcisista. Un terapeuta también puede ayudarte a idear los mecanismos de afrontamiento perfectos para ti, que serán de inmensa ayuda cuando sientas que el blues viene.

Un terapeuta le proporcionará un espacio seguro para que lo deje salir todo. Puedes hablar libremente sobre cómo te sientes sin sentir que estás siendo juzgado. Aún mejor, el terapeuta te ayudará a resolver la bolsa desordenada y mezclada de emociones que te tienen terriblemente fuera de lugar.

Lidiar con la depresión

La depresión no es una broma, y como hijo de una madre narcisista, por desgracia eres propenso a ella. La depresión no es tristeza. Es más. Es como una nube oscura sobre ti. Todo el mundo ve el sol, pero todo lo que ves es oscuridad. No puedes dormir bien, no comes bien, estás empantanado por la culpa y la vergüenza, y te preguntas si deberías estar respirando ahora mismo.

¿Te suena familiar? No te preocupes. Sólo ve a un terapeuta. El terapeuta puede proporcionarle la mejor modalidad de tratamiento para usted, ayudarle a sanar y crecer más allá de su pasado. También te ayudarán a encontrar mejores maneras de reaccionar a las cosas a medida que sacan las cosas, así como mejores maneras de pensar en todo lo que has pasado con tu madre.

Lidiar con la ansiedad

Si hay algo a lo que los hijos de padres narcisistas no son extraños, es la ansiedad. Cuando contratas los servicios de un psicoterapeuta certificado, pueden ayudarte a encontrar tu centro de nuevo, averiguando exactamente qué situaciones desencadenan tu ansiedad, y luego encontrando maneras de manejarlo. Ellos le ayudarán a entender por qué se siente como lo hace, y le ayudarán a pasar la ansiedad a una vida tranquila.

Tratar con pensamientos obsesivos

Tal vez encuentres que es una batalla en tu mente cuando tratas de ahogar las cosas negativas que tu madre narcisista te ha programado para creer. Podrías tener problemas para calmar su voz en tu cabeza. Además de esto, los pensamientos acerca de volver a ella, entre otras cosas simplemente pueden negarse a desaparecer. Puede ser tan persistente que incluso empiezas a soñar con ello.

Un psicoterapeuta es tu mejor opción para lidiar con estos pensamientos irracionalmente compulsivos que tienes. Ellos serán capaces de ayudarle a profundizar en las causas profundas de estos pensamientos, por lo que finalmente puede romper su retención sobre usted de una vez por todas. Además de eso, tu terapeuta puede ayudarte con mejores pensamientos de sentimiento que puedes usar en su lugar, así como técnicas para calmar tu mente y estar a gusto contigo mismo.

Ayudarle con sus relaciones

Debido al daño que te ha hecho tu madre narcisista, podrías encontrar que estás teniendo problemas con tus relaciones y amistades, ya sea debido a sus campañas de desprestigio, o por tu saboteándote a ti mismo buscando relaciones y amistades como la que tuviste con la buena madre. Un terapeuta te ayudará a aprender a encontrar y construir otros más saludables, y te enseñará cómo mantenerlos prósperos.

Ayudándote con tu carrera

Si te encuentras flaqueando en tu carrera por tu madre, o ni siquiera estás seguro de qué decisiones profesionales tomar porque dudas de ti mismo, no hay nadie mejor que un terapeuta que te ayude.

Usted merece ser apoyado

No creas que no mereces la atención y el apoyo de un terapeuta. Mereces tener una vida rica, desconfiada por tu pasado con tu madre. Mereces vivir tu vida al máximo. Mereces ser curado. Por favor, vea a un terapeuta. Consigue la ayuda que mereces, ahora.

Conclusión

Felicidades por llegar al final de este libro electrónico. Este libro ha sido escrito específicamente para ti, como una hija que trata con una madre narcisista, y como padre, tratando de entenderse a sí misma. Es posible que hayas estado luchando emocionalmente durante muchos años con tu relación con tu madre. Sentiste que algo ha estado mal, y necesitas encontrar una solución. Tu vida ha sido una serie de recuerdos y episodios dolorosos, y quieres hacerlo bien.

Después de leer este libro, es hora de tomar el control de su vida. Has vivido bajo el control y la manipulación de tu madre; probablemente se lo esté haciendo a su hija, y todas sus relaciones se ven afectadas. Es hora de poner fin al ciclo del narcisismo en tu familia. Con la información que ha recibido al leer este libro, ahora puede identificar cómo se relaciona con su madre o hija o incluso con su nieto. También puede ayudarte a entender cómo te relacionas con otras personas. Este conocimiento te ayudará a buscar ayuda para evitar que el dolor afecte tus vidas y forje relaciones más saludables, avanzando.

El libro también ha dado ideas para entender que si tu madre te manipulaba y controlaba, ella no siempre lo hacía intencionalmente, sino que sufría de un trastorno narcisista de la personalidad. Cuando conozcan la causa raíz del comportamiento, juntos, pueden buscar tratamiento como familia y perdonarse unos a otros.

Este libro también ayuda a las madres a comprobar sus comportamientos para controlar cómo se comportan. Es posible que hayas estado mostrando tendencias narcisistas hacia tus hijos pero nunca te hayas dado cuenta. A través del conocimiento de este libro, usted puede identificar y trabajar fácilmente en cualquier comportamiento narcisista antes de que aumente y dañe a su hijo.

Abrace las lecciones descritas aquí, esfuércese por sanar y anhele cumplir una relación saludable con su madre, hija, hijos y pareja.

Bueno, amigo mío, hemos recorrido un largo camino. Creo que hemos cubierto mucho a las madres narcisistas, y en este punto, ahora deberías saber sin duda que tenías razón al recoger este libro. Espero sinceramente que haya podido abrir tus ojos para que puedas ver a tu madre narcisista por lo que realmente es.

Ahora sabes lo que es, y sabes qué hacer para liberarte de sus garras, sanar y seguir adelante con tu vida. Sin embargo, saber es sólo la mitad de la batalla. ¿Estás listo para actuar? ¿Tienes miedo? Si tienes miedo, es comprensible. También es aún más la razón por la que necesita apretar el gatillo sin pensar.

Hablando por mí mismo, todas las relaciones y experiencias mágicas y maravillosas que he tenido en mi vida ocurrieron tan pronto como corté a mi familia narcisista. Leíste bien. Familia. Siete hijos, dos padres. Ese es otro libro. El punto es que sí sé por un hecho que no hay nada como la libertad y el alivio que sientes, una vez que has trabajado a través de todas las emociones asqueos.

Hay momentos en los que tal vez quieras volver con ella. Entiendo. Pero por una vez en tu vida, tienes que ponerte primero. No sólo por tu bien, sino por el bien de los niños que tendrás, o la pareja con la que pasarás tu vida, o por la buena gente que vendrá a conocerse en la vida. Sería increíble si te pones en la parte superior de esta lista - por una vez.

Puedes curarte. ¿Estás listo para hacerlo? Luego busque ayuda profesional y haga lo que tenga que hacer. Todos los sobrevivientes de la crianza narcisista te estarán arraigando. Tienes esto. Espero que algún día pronto, compartirás tu propia historia de libertad, y debido a tu historia, otras hijas e hijos que están sufriendo a causa de sus padres narcisistas tengan el valor de alejarte y recuperar sus vidas.

RELACIONES TÓXICAS

Comprender todos los tipos de toxicidad le ayudará a encontrar la libertad. Aprende a establecer pautas con los padres y las personas.

Aprenderás a vivir un estilo de vida más sano

HOPE UTARAM

Tabla de contenidos

Introducción 269

Capítulo 1 Comodo Sin Saber 282

Capítulo 3 Ajuste De Los Límites 297

Capítulo 4 Avanzando 306

Capítulo 5 Aceptación 312

Capítulo 6 Las Raíces Del Sufrimiento 319

Capítulo 7 Gratis Por Fin 326

Capítulo 8 El Proceso De Terminación Tóxica (TTP) 347

Capítulo 9 Ejercicios Para Probar 364

Capítulo 10 Imágenes Públicas Y Privadas De Los Narcisistas 376

Capítulo 11 La Hija De Una Madre Narcisista 383

Capítulo 12 Superando A Los Narcisistas En Su Propio Juego 390

Capítulo 13 Estadísticas Sobre El Trastorno Narcisista De La Personalidad 401

Conclusión 412

Introducción

Aprenderás a saber sobre las relaciones tóxicas. Cómo saber si tu relación es tóxica. Qué hacer con los padres tóxicos y la familia.

Aprender cuáles de tus amigos y conocidos son tóxicos y cómo lidiar con ellos. Si has probado todo lo que sabes hacer y aun así no pasa nada, entonces está bien alejarse.

Relaciones tóxicas

La mayoría de nosotros hemos encontrado a una persona tóxica en un momento de nuestra vida. Estas personas son las que nunca dejan de hacerte sentir horrible contigo mismo. Hacen o dicen algo que es serio sobre ti. Podrías estar de buen humor en el que has estado mucho tiempo, y esa persona dice un comentario sarcástico. Te da una mirada sucia. Podrían haberte acusado de hacerles algo a ellos o a alguien que nunca harías.

Tienen la habilidad de arruinar tu estado de ánimo, tu vida y tu día. Si tanto como desafiar de la forma en que piensan, te culparán y todo inmediatamente se convierte en tu culpa. Pronto te das cuenta de que una vez que hayas pasado tiempo con ellos, te sentirás pésimo. Estás emocionalmente agotado.

Te sientes mal. A veces puedes experimentar estar físicamente enfermo.

Así es como la gente se conoce como tóxica. Una simple definición de tóxico es venenosa. Eso hace que esta gente sea venenosa para ti. Ahora da un paso más allá. Una definición simple de veneno es cualquier sustancia que resulta en lesiones a un organismo o puede destruir la vida. Por lo tanto, según estas dos definiciones, las relaciones tóxicas podrían acabar con tu vida porque pueden ser extremadamente venenosas para ti.

Las relaciones tóxicas son peligrosas. Son deprimentes, irritantes, desagradables y molestos. Podrían despedirte. Podrían arruinar tu reputación. Pueden derribar tu espíritu. Ellos se desmoronarán en tu autoestima. Destruirán cualquier relación que intentes tener. Te arrojarás a una profunda depresión. Te enfermarán. Podrías empezar a tener pánico o ataques de ansiedad, y tu vida se volverá miserable.

Probablemente te estés preguntando cómo puedes reconocer a estos individuos tóxicos. Honestamente, son fáciles de detectar. Te harán sentir tan mal sólo por estar cerca de ellos. Podrías haber conocido a alguien e inmediatamente sabía que eran tóxicos. Podrías sentir su toxicidad. Las relaciones tóxicas pueden ser de cualquier tamaño, forma, color o edad. Algunas relaciones tóxicas pueden ser difíciles de ver al principio, pero con el tiempo, su verdadero yo se revela.

Todos tenemos esas relaciones tóxicas que se han desempolvado con su veneno. A veces, nos han empapado. Las personas difíciles generalmente se sienten atraídas por personas razonables. Algunos de nosotros hemos tenido al menos una persona que nos tiene flexión como alambre de púas tratando de complacerlos. Adivina qué, nunca llegamos allí.

El daño que pueden hacer se remonta a la forma en que azucarar todas las respuestas para hacerte pensar que eres el que está equivocado. Te harán cuestionar tu tendencia a malinterpretar, a la sobre sensibilidad y a reaccionar en exceso. Si usted está constantemente lastimado o cambiando su comportamiento cuando usted está alrededor de ellos, entonces usted no tiene la culpa, ellos lo son.

Aprender su comportamiento dañino es lo primero que debes hacer para que dejen de hacerte daño. No puedes cambiar lo que están haciendo, pero puedes cambiar la forma en que reaccionas ante él. Puedes mostrarles que ya no se saldrán con la suya.

Hay muchas cosas que estas relaciones tóxicas tratan de hacer para manipular situaciones y personas para ayudarlos. Conocer los diferentes tipos de personas puede ayudarte a no caer bajo su influencia.

Aquí está una lista de los diversos tipos de relaciones tóxicas y descripciones de sus características.

El psicópata: Esta persona no tiene absolutamente ninguna conciencia, compasión, simpatía o empatía. No sienten remordimiento ni culpa. Nunca aprenden de sus errores y se deleitan al ver sufrir a los demás. Son muy carismáticos y encantadores. Pueden lanzar un hechizo sobre ti antes de que te des cuenta. Te atraerás a ellos y a sus mentiras antes de darte cuenta de quiénes y qué son. Parecerán buenos, pero en toda realidad, son el mal puro. Cada una de estas personas tiene dos personalidades diferentes. Uno es agradable. El otro es malvado. Pueden hacer grandes cantidades de daño dondequiera que vayan, incluso posiblemente matando a otros. Estas personas son muy abusivas con sus hijos y esposas.

El mentiroso patológico: Esta persona mentirá sobre todo. Mentir es una vida normal para ellos. Si los atrapan en una mentira, le dirán a otra que se encubra. Son capaces de mirarte a los ojos y decirte que una cara audaz miente sin siquiera parpadear. Se irán engreído sabiendo que les creíste.

Ellos se mienten a usted antes de que se disculpen. No sirve de nada tratar de discutir con ellos. Ellos retorcerán sus historias. Cambiarán lo que pasó y lo volverán a contar para que empiecen a creer en sus tonterías.

No creas que te equivocas sólo porque te disculpes. Para seguir adelante, no tienes que disculparte. Sigue sin ellos. No tienes que rendirte ante ellos. Tampoco tienes que seguir discutiendo.

No tiene sentido. La mayoría de la gente preferiría tener razón que ser feliz. Hay mejores cosas que hacer que discutir.

El naufragio emocional: Todo es un gran drama con esta persona. Hemos detectado un problema desconocido. Su pensamiento es demasiado extremo para pensar en la vida correctamente. Lo desproporcionan todo desproporcionado. Por lo general, son un caso de cesta emocional. Su vida es sólo una crisis tras otra. Si no tienen una crisis en este momento, inventarán una. Hablan de ello constantemente y nunca estarán interesados en los tuyos, sólo en los suyos.

Esta gente será agradable un día, y al día siguiente te preguntarás qué hiciste para molestarlos. Por lo general, no hay nada que haya causado el cambio en su actitud. Sabes automáticamente que algo está apagado. Podrían estar malhumorados, fríos, tristes o espinosos les preguntas qué les pasa. Su respuesta no suele ser nada. Hemos detectado un problema desconocido. Esta posición podría ser mostrada por una ceja levantada, un fuerte suspiro, o dándole el hombro frío. Si esto sucede, podrías encontrarte haciendo todo lo posible para hacerlos felices. Incluso podrías encontrarte poniendo excusas para su comportamiento. Ahora, ¿puedes ver por qué esto funciona a su favor?

Tienes que dejar de complacerlos. Esta gente descubrió que la gente decente hará todo lo posible para mantener a esta gente feliz. Si estás haciendo todo lo que está en tu poder para hacer feliz a esta gente, entonces es hora de parar. Alejarse. Puedes volver si el estado de ánimo cambia. No eres responsable de los sentimientos de todos. Si has hecho algo involuntariamente, entonces pregúntales al respecto. Háblales de eso. Si necesitas disculparte, entonces por todos los medios lo haces. Nunca deberías tener que adivinar lo que tienes.

Ellos inventarán razones de por qué sus noticias no son buenas noticias. Si obtienes un ascenso, se reirán de la cantidad de dinero que harás. Si ahorras dinero para ir de vacaciones a la playa, harán un comentario ni de sobre lo caliente que será. No importa lo que hayas logrado en tu vida; encontrarán una manera de hacerlo sonar menos de lo que es. No dejes que te lleven a su nivel. Usted no necesita obtener su aprobación, o la aprobación de nadie, nunca.

El Guasón: Estas serán las personas más ruidosas de la habitación. Las bromas tontas y burlonas sobre los demás. Creen que son graciosos. Pero en toda realidad, son gente patética. A nadie le gusta su sentido del humor. Cuentan chistes fuera de color, a expensas de todos. Hacen esto para quitarles la atención y sus fracasos. Esto les da la confianza que les falta.

Sr. Negativo: Estas son las personas más desagradables para tener a su alrededor. Encontrarán la culpa de todo y de todos. No tienen alegría. Puede que te encuentres de buen humor, y harán lo que sea necesario para derribarte. Siempre se quejan de todo y de todos. Tienen tremendos sentimientos de inseguridad, celos y odio.

En lugar de poseer sus sentimientos, actuarán como si los hicieran. Esto se llama proyección. Están proyectando sus sentimientos sobre ti. Alguien que está enojado pero no admitirá que está enojado podría culparte por estar enojado con ellos. Podría ser una pregunta sutil preguntar por qué estás enojado con ellos.

Pronto te encontrarás estando en la defensa y dando vueltas en círculos. Sepa qué emociones son suyas y las suyas. Si descubres que te estás defendiendo de sus acusaciones, están proyectando su ira sobre ti. No tienes que defenderte, justificarte o explicarte. No tienes que lidiar con acusaciones. Sólo recuerda esto.

El Gorrón Esta persona siempre está pidiendo prestado cualquier cosa y todo lo que tienes, incluyendo dinero en efectivo. Tendrán pérdida de memoria cuando llegue el momento de devolver el préstamo. Nunca compensarán el favor.

Debbie Downer: Esta persona siempre está de mal humor. Debbie Downer hará todo lo posible para mantenerse de mal humor. Transmitirán a cualquiera que los escuche. Esto es todo de lo que hablarán. Cada cosa negativa que les ha pasado. Hablarán de lo que les está sucediendo y de lo que podría ocurrir en el futuro. Si tratas de animarlos o darles comentarios positivos, todo lo que tendrán que decirte es "Estoy de acuerdo, pero..."

Si usted está tratando de arreglar algo que es importante para usted, Debbie Downers traerá detalles de hace seis meses. Traen información irrelevante a la conversación que te confundirá y de nuevo hará que las cosas parezcan tu culpa. Usted se encontrará defendiendo una vez más en lugar de lidiar con lo que necesita ser abordado. Siempre termina siendo sobre lo que has hecho.

El Calumniador: Este es el más tóxico. Destruirán vidas y reputaciones con sus mentiras. Constantemente hablan de todos a sus espaldas, y esto te incluye a ti.

Todos nos equivocamos de vez en cuando, pero el calumniador te hará saber que lo has hecho. El juez y cavar en su autoestima para hacerte creer que eres menos sólo porque has cometido un error. Se te permite ser humano y meterte en líos de vez en cuando. Si no les has hecho nada personalmente, no tienen razón para juzgar.

El Chantajista: Esta persona trabaja duro para ganar su confianza y aprender todas sus debilidades y secretos, entonces ellos te explotarán si alguna vez los cruzas. Están celosos de ti, pero fingirán ser tu amigo. Durante todo este tiempo, están haciendo sus planes de cómo derribarte. Parecerán dignos de confianza, pero son justo lo contrario. Ellos mantendrán sus errores sobre su cabeza y amenazan con contar sus secretos a todos si usted no hace lo que quieren. Esta gente es muy peligrosa.

El argumentador: A estas personas les gusta causar peleas. Si hay un grupo discutiendo un tema determinado y todos están de acuerdo, esta persona será la defensora del diablo para iniciar un argumento. Luego se sientan, sonríen y disfrutan del espectáculo. Siempre harán una pregunta de odio que iniciará una pelea. Están esperando el momento para exponer una visión opuesta y revelar su agenda. Cuando te enojas y tratas de defenderte, dicen que eres demasiado sensible.

El acosador : Esta persona se empeña por amenazar e intimidar a los demás. Por lo general intimidan a una persona delante de una gran cantidad de individuos. Se pavonean sabiendo que son el centro de atención. La mirada que tienen cuando son intimidación es muy aterrador. Nunca se sabe hasta dónde van a llevar el acoso o si la persona que está siendo acosada va a salir lastimada.

El manipulador: Estas personas siempre tienen una agenda oculta, y se llama control. Pensarán con anticipación y planificarán cómo manipularán a alguien para obtener su resultado. También confundirán la situación en cuestión. Sus manipulaciones maliciosas son malvadas y astutas.

Nunca te oirás de esta gente. No puedes defenderte de este tipo de manipulación. Esta gente se basará en eso una vez que hiciste algo malo. No te engañes en este argumento. No hay forma de ganar. Y no es necesario.

Siempre encontrarán una manera de hacerte elegir entre ellos y lo que tienes que hacer. Siempre sentirás que tienes que hacer por ellos. Estas personas esperan hasta que tengas un compromiso previo y luego se abalanzan. El problema es que no importa lo que hagas por ellos es suficiente nunca es suficiente. Van a hacer que parezca que siempre es una cuestión de vida o muerte, pero lo más probable es que no lo sea.

Si empiezas a sentir que eres el único factor que contribuye a tu relación, tienes razón. Esta gente enviará una vibra diciéndote que les debes algo. También encuentran una manera de tomar una cosa de ti que te hará daño. Luego díra lo que apunte en blanco que es para su beneficio. Esto es muy común en las relaciones o lugares de trabajo donde no hay equilibrio de poder. Como decirles, dejaste toda la presentación para ellos porque necesitan la experiencia. O invitar a la gente a una cena y luego esperar que su mejor amigo para hacer toda la cocina porque son un chef. No tienes que hacer nada por nadie. Si no se siente como si estuviera sucediendo para siempre, no lo es.

El fugitivo: Estas personas después de tener una discusión con otros, deciden que no van a coger el teléfono para hablar de ello. Se niegan a responder correos electrónicos o mensajes de texto. Usted se encontrará repitiendo la discusión en su cabeza. Empezarás a adivinar tu relación. Te preguntas qué hiciste para molestarlos. Incluso empezarás a preguntarte si están muertos, vivos o ignorándolos. Todo esto puede sentir lo mismo. Las personas que realmente se preocupan no te dejan sentir como basura sin tratar de resolverlo. No significa que se solucione, pero al menos lo estarás intentando. Esto es una señal de su compromiso con la relación cuando te dejan adivinando durante mucho tiempo.

El burlador: Estas personas pueden sonar sinceras, pero su tono dice mucho, mucho más. Preguntar a alguien lo que hicieron hoy puede significar tantas cosas diferentes sólo por la forma en que se dijo. Podría decirse que pensaste que la persona no volvió a hacer nada hoy. Podría transmitir que pensabas que su día era mejor que el tuyo. Si les preguntas sobre el tono, se pondrán a la defensiva y harán que el comentario de que fuera sólo una simple pregunta. Cuando en realidad, no lo era.

Usted puede estar tratando de conseguir un problema resuelto o aclarar algo, y en un abrir y cerrar de ojos, la conversación ha dado un giro para peor. Se ha movido del asunto a la forma en que usted está hablando de ello. No importa que haya sido intencional o no. Pronto descubrirás que tienes que defender tus palabras, gestos, tono e incluso la forma en que tu estómago se mueve mientras respiras. Sé que eso no tiene sentido. No tiene que tener sentido, pero les pasa a ellos. Mientras tanto, su necesidad se ha ido a la gran pila de conversación inacabada que crece cada día.

Saber cómo una persona tóxica generalmente reaccionará a usted hace que su radar sea más nítido, y usted será capaz de detectarlos más fácilmente. Si sabes cómo detectar a una persona tóxica, podrías evitar que te succionen en su mundo. No tendrás que atarte en nudos para complacerlos.

Hay algunas personas que no importa lo que hagas, no puedes complacerlos. Usted encontrará que algunas personas simplemente no son una buena pareja para usted y la mayoría de las veces que no tiene nada que ver con usted. No tengas miedo de decir que no a la locura. Ten confianza en quién eres, tus peculiaridades, tus defectos y lo que te hace brillar. No necesitas la aprobación de nadie. Si alguien está trabajando horas extras para manipularte, entonces es porque te necesitan. No los necesitas.

Si estas personas son sus familias como sus hijos, cónyuge, hermana, hermano, padre o madre, entonces será serio para usted.

¿Recuerdas lo que Jesús tenía que decir acerca de estas personas? Les dijo a sus discípulos que escogerán un pueblo y predicaran el Evangelio. Si el pueblo optó por aceptar a los discípulos, todo estaba bien. Si el pueblo decidió rechazar a los discípulos y a las enseñanzas de Jesús, les dijo a los discípulos que continuaran y no se preocuparan por lo que el pueblo tenía que decir. Jesús les dijo que fueran a donde la gente los escuchara y tomara sus enseñanzas en serio. No necesitaban saltar a través de los aros para hacer que la gente escuchara.

Esto va por las relaciones tóxicas en tu vida. Eres quién eres. Tus verdaderos amigos no te tratarán mal. Puedes ser tú mismo cuando estés cerca de ellos. No necesitas fingir ser nadie más. Puedes hacer lo que quieras y decir lo que quieras sin miedo a ser manipulado, puesto o criticado. Puedes hacer esto porque no están envenenados para ti.

El punto principal es que no puedes asociarte con las personas que intentan destruirte. Están destruyendo tu felicidad, paz, alegría y bienestar sin siquiera usar un arma.

Lo mejor que se puede hacer por estas relaciones tóxicas es orar por ellas. Pida a Dios que quite toda la iniquidad de los corazones y les quite la corteza de los ojos. Oren para que nazcan de nuevo para que sus viejos caminos puedan ser reemplazados por un espíritu de bondad y amor. No puedes cambiarlos tú mismo. Están dirigidos por una oscuridad que pertenece al Diablo. Si eligen seguir a Cristo, los verán como amigos. Si no deciden seguir a Cristo, te verán un enemigo. El objetivo del Diablo es destruir, robar y matar. Eso es lo mismo que te están haciendo las relaciones tóxicas. Tú y tú solos pueden detenerlo.

Capítulo 1

Comodo sin saber

Los narcisistas anhelan admiración y alabanza. A menudo los verás revoloteando sobre reuniones sociales con una sonrisa enyesada en su cara, y con más que suficiente charla amistosa para dar vueltas. Son excepcionalmente talentosos en ganar los corazones de conocidos y amigos con su encanto y comportamiento amable, y a menudo toman el centro de atención en la mayoría de las fiestas y las reunión.

Con eso, se podría decir que es un poco difícil encontrar al narcisista, especialmente porque muchos de nosotros no pensaríamos mal de alguien que parece tan bien ajustado en los espacios públicos. De hecho, hay momentos en que esas personas encantadoras que encontramos son realmente amables y carismáticas, lo que no necesariamente indica narcisismo. Entonces, ¿cómo puedes averiguar quiénes son los vampiros?

Tenga en cuenta estos marcadores definitivos:

Son inicialmente agradables

Si conoces a una persona por primera vez y te preocupa que resulte ser un narcisista, es importante considerar su amabilidad. A primera vista, un narcisista puede ser increíblemente amable y divertido de estar con, ofreciendo una gran visión y una conversación maravillosamente espontánea.

Este es un rasgo común que todos manifiestan porque los narcisistas prosperan en la admiración y el elogio. Quieren ser notados por sus buenas cualidades, por lo que pondrán su mejor pie hacia adelante cada vez que se encuentran con gente nueva. No importa si pueden o no mantener una relación contigo, lo que quieren es asegurarse de que todos con los que entran en contacto sientan lo mismo que con ellos, y es que son realmente amigables y agradables.

Dar a cada nuevo amigo y conocido la misma cara crea una imagen consistente en todos sus contactos. Todos con los que han hablado o tratado tienen lo mismo que decir sobre ellos. Así que eso debe significar que es verdad, ¿verdad?

Si has conocido a alguien que es todo arco iris y mariposas, ¿eso confirma que son un narcisista? La verdad es que no. Hay algunas personas muy bien redondeadas y bien ajustadas que son naturalmente amables, amables e interesantes, sin ningún tipo de ataduras. Lo que esto simplemente significa es que si conoces a alguien que parece excepcionalmente agradable, solo mantén la guardia y ten cuidado con otras posibles señales.

Las conversaciones siempre vuelven a ellos

Los narcisistas pueden parecer grandes conversadores, especialmente si no estás necesariamente protegido contra ellos. Pero si tienes una mayor sensación de narcisismo en los demás, una cosa que podrías notar es que todas esas grandes conversaciones de alguna manera siempre logran volver a ellas.

Podrías empezar hablando de tu madre acosada por el cáncer, y de repente descubrir que estás hablando de la escapada de vacaciones del narcisista del año pasado. Podrías intentar conocer tus planes de vacaciones de verano, pero pronto te darás cuenta de que vuelves a hablar de su nuevo proyecto de remodelación de la cocina.

Sí, un narcisista puede mantener la conversación porque les gusta hablar. Pero lo que necesitas saber es que ellos están más interesados en hablar de sí mismos. Así que a medida que esa conversación continúa, es posible que te des cuenta de que has llegado a aprender casi toda su historia y todos los grandes logros y experiencias que han tenido, con poco espacio para Inter dejar con las historias que quieres compartir.

Compartirán sobre los demás

A medida que sigas hablando con estos narcisistas, notarás que saben mucho de otras personas, y no tendrán miedo de nombrar personas. Así que incluso si te conociste hace unos días y aún no estás demasiado cerca el uno del otro, los oirás dejar chismes sobre gente común en tu círculo.

Para alguien que no está necesariamente en la búsqueda de narcisistas, todos los secretos jugosos podrían ser razón suficiente para seguir regresando y convertirse en amigos aún más cercanos. Después de todo, esta es una persona agradable, aparentemente confiable. Por lo tanto, parecen una gran fuente para este tipo de información.

Pero, ten cuidado. A menudo, los narcisistas obtienen esta información hablando directamente con las personas de las que cotillean, de la misma manera que te hablan. Su amigable naturaleza externa les permite aprovechar la confianza y la comodidad de los demás, por lo que muchas personas a menudo se sienten seguras compartiendo sus secretos con estos pretendientes.

Ya sea que tu nuevo amigo sea o no un narcisista, es importante que guardes tus secretos, ya que nunca puedes saber quién está dispuesto a eliminar la información confidencial que compartes en confianza. Con los narcisistas, la atmósfera de confianza que crean puede hacer que sea excepcionalmente fácil establecer incluso los detalles más privados de su vida. Pueden usar esta información más tarde para degradar su imagen a amigos comunes, y así aumentar su propia apariencia 'pulido'.

Problemas con la envidia

Un tema recurrente común del que los narcisistas tienden a hablar es de la envidia. Se ha criado de una de dos maneras:

que hay personas que están celosas de ellos, o que están celosas de otras personas. Cuando expresan celos, sin embargo, puede que no sea tan exagerado. Esto se relaciona con su tendencia a hablar de la gente a sus espaldas.

Cuando un narcisista se siente 'amenazado' por los activos de otra persona, ya sea su carrera, su buena apariencia, su estado financiero o sus logros, es probable que trate de diluir la imagen de esa persona y hacer que 'se vean mal'. En efecto, sacan su competencia, y ganan la corona como la persona más 'exitosa' o 'admirable' en la vida de sus amigos y familiares.

Por ejemplo, Cristina que se siente amenazada por los logros de su hermana Isabel podría hablar negativamente de ella a sus espaldas. Podría decirles a sus primos o amigos comunes que Isabel está luchando a través de un matrimonio problemático, y que sus hijos son desafiantes y destructivamente desobedientes.

La mayoría de las veces, estas "medias verdades" simplemente están infladas y hechas para ser mucho peores de lo que realmente son. Por ejemplo, los problemas matrimoniales podrían ser nada más que las típicas bromas marido-mujer que Cristina accidentalmente sobrecarga durante una de sus visitas. Los "niños desafiantes" podrían haber sido una ocurrencia de una sola vez cuando los mayores de Isabel llegaron a casa un poco más tarde de lo acordado.

A pesar de ser parcialmente falsa, seguirá compartiendo esta información con los amigos y familiares comunes que tienen para dar la idea de que la vida de Isabel no es tan perfecta. Esto desvía los elogios que habría recibido, y hace que Cristina se vea mucho más equilibrada y agradable en comparación.

En muchos sentidos, los narcisistas también tienden a sentir que otros están particularmente celosos de ellos. Es por eso que comúnmente usarán la declaración "... porque están celosos de mí", al tratar de justificar las acciones de otras personas.

Por ejemplo, en el ejemplo anterior, Isabel podría despedir a Cristina por difundir rumores sobre su vida personal, a lo que Cristina podría responder: "Sólo estás actuando de esta manera porque estás celosa de mí. No tengo que lidiar con los mismos problemas que tú."

Incesante Necesidad de ser correcto

Todos sabemos cuándo dimitir y retirarnos, especialmente si nos equivocamos. Sin embargo, si te encuentras con un narcisista, es posible que insistan en tener razón incluso cuando se equivocan explícitamente. No importa si el tema del debate no es importante o trivial, estas personas se negarán a aceptar la derrota en todas sus formas.

Los narcisistas mostrarán la agresión al tratar de probar un punto y te meterán en un acuerdo con lo que dicen para evitar que te hagan parecer 'equivocado'. Incluso con todos los hechos establecidos frente a ellos, seguirán manteniendo su terreno. Si todo lo demás falla, podrían terminar la conversación con un resfriado: "Lo que tú digas. Lo que sé es que esta es la verdad".

Se deleita con Ser Elite

Los narcisistas se imaginan a sí mismos ser mejores que la mayoría, y eso les da el estatus de una élite. Se esforzarán por frotarse los codos con los altos, los poderosos, los ricos y los famosos para ser considerados una de esas personas. Es por eso que a menudo terminan en roles de liderazgo porque son asertivos, agresivos e increíblemente confiados en sí mismos.

En muchos sentidos, les hace bien porque a menudo tienen carreras satisfactorias y trabajos bien pagados. En el lado negativo, podrían haber pisado a algunas personas para llegar allí, sin sentir pena por el daño que infligieron.

Durante la conversación, los narcisistas podrían seguir llamando la atención sobre ciertos símbolos de estatus que exudan su estatus de élite. Nuevos coches, un nuevo hogar, niños en prestigiosas escuelas privadas, lazos estrechos con gente exitosa, y casi cualquier otra cosa que pueda hacerte pensar, "¡Guau, este tipo está acuñado!"

Una existencia libre de fallas

¿Alguna vez has tratado de culpar a un narcisista por un problema o un mal resultado? Considérese afortunado por salir con vida. Estas personas se niegan a aceptar la culpa de nada, porque, bueno, 'siempre tienen razón'.

Como resultado, notarás que la mayoría de las cosas malas que suceden en sus vidas siempre están fijadas en otras personas a su alrededor. Son rápidos para culpar incluso a la familia y amigos más cercanos por todas las cosas que van mal, pero se pondrá en forma y luchar contra cualquier persona que intente hacer lo mismo con ellos.

Incluso cuando sus formas narcisistas ponen sus relaciones en agua caliente, elegirán simplemente echar a esa persona fuera de sus vidas para evitar tener que reclamar la derrota. Así es como ruedan.

La gente es dispensable

No importa quién seas: amigo, familia, marido, hijos. Todo el mundo es prescindible de un narcisista. Estas personas no tienen problema en cortar lazos y tirar a la gente a la basura si eso significa que llegan a mantenerse firmes y mantener su imagen.

En algunas familias, un padre narcisista podría cortar completamente a un niño si se niega a seguir los deseos de sus padres. Los niños "desobedientes" que hacen que el padre 'se vea mal' son responsabilidades a su imagen y amenazan con destruir la concha exterior de perfección del narcisista.

Por lo tanto, para evitar que la familia y los amigos pongan la marca al narcisista como un padre ineficaz, probablemente cortará al niño y tal vez inventará una historia para lavarse las manos y culpar a su hijo alejado.

Esto es común en las familias con padres narcisistas porque ven a sus hijos como "extensiones" de sí mismos. Dicho esto, exigen que sus hijos actúen de cierta manera para mantener su imagen limpia, sana y admirable. Cualquiera que se salga de la línea lo amenaza y, por lo tanto, es indigno de formar parte de la familia de las "élites".

Una necesidad de control

Ya que están 'bien sobre todo', ¿no es sólo apropiado para ellos tomar las retenciones en casi todas las situaciones a su alrededor, si es o no su lugar para tomar las decisiones? En el ejemplo de Jocelyn y Angela, esta es una cualidad narcisista que se hace fácil de percibir.

Los narcisistas necesitan controlar todo lo que les rodea porque sienten que están mejor equipados para manejar todas y cada una de las situaciones. Llamarán a un fontanero sólo para tomar las herramientas y hacer el trabajo ellos mismos. Dictarán las direcciones desde el asiento trasero porque el conductor es un poco demasiado denso para su gusto. Se encargarán de cualquier tarea o tarea aunque no quieran probar que pueden hacerlo.

En las familias, un padre narcisista controlará todo lo que su hijo hace o es, desde la forma en que se visten, hasta su desempeño académico, hasta la forma en que deben interactuar con los demás a su alrededor. Los narcisistas pondrán severas limitaciones a la libertad disfrazados de protección, sólo porque se sienten inquietos cuando su hijo no está a la vista para que ellos lo controlen.

Las amistades con los narcisistas también pueden sentirse bastante extrañas. Para empezar, un narcisista podría controlar tus sentimientos acerca de ciertas personas, especialmente si esas personas son las que no les gustan. Controlarán cómo te sientes, y te encenderán para que te sientas dudoso de las cosas que inicialmente creías.

El efecto narcisista

Con el tiempo, empezarás a cuestionar a tu amigo como la realidad de su personalidad podría empezar a mostrarse a través de las grietas. Ya no son perfectos, y pueden parecer irrazonables, difíciles y, a veces, incluso tóxicos para estar cerca, que son. Pero debido a su concepto inicial de ellos, es posible que le resulte difícil llegar a un acuerdo con la realidad.

Es más, ya has visto lo que le pasa a la gente que podría ponerse de su lado malo. Debido a que la mayoría de tus amigos y familiares también son suyos, es posible que te sientas obligado a evitar la confrontación para proteger tu imagen de su embestida y agresión.

Por lo general, deberías mantenerte alejado de los narcisistas a toda costa porque es difícil salir de su web una vez que estés entrelazado. Por lo tanto, tener en cuenta estos marcadores cuando te enfrentas a personas nuevas puede ayudarte a determinar las tendencias narcisistas antes de que estés demasiado profundo.

¿Pero qué hay de la gente que no puedes elegir? ¿Qué hay de los que han estado en tu vida por un tiempo, pero acabas de darte cuenta de que son narcisistas? ¿Cómo lidiar con ellos y es posible mantenerlos en su vida sin arruinar sus relaciones y su reputación?

Capítulo 2

Causas de comportamiento tóxico/negativo

Hay muchas razones por las que puedes atraer relaciones tóxicas, pero déjame decirte la fea verdad primero, nadie está a salvo. Ya seas de buen carácter o eres tóxico tú mismo, las relaciones tóxicas están destinadas a estar a tu alrededor, dando vueltas como águilas mirando a una presa en el suelo. Es una pregunta diferente, sin embargo, si les permites entrar en tu vida y quedarse. En palabras breves y precisas, he explicado las diversas razones por las que se atraen las relaciones tóxicas en los párrafos a seguir.

Baja autoestima

Trate de anotar su autoestima. Si usted tiene alguna duda en absoluto, entonces usted encaja en el perfil de una persona que sin duda caerá presa de las relaciones tóxicas. Si duda de su autoestima y valor, entonces dará la bienvenida y dará deferencia a cualquiera que parezca reforzar sus sospechas y convertirlas en una convicción. Cualquiera de los compañeros de equipo en el equipo de Ridley podría ser así, dudando de su autoestima porque creen que hay alguien que vale mucho más de lo que vale, y se inclinan ante esta persona.

Víctima de matones

Otra razón por la que puedes caer presa de relaciones tóxicas, especialmente los tipos manipuladores y agresivos, es si has sido víctima de matones y nunca te has enfrentado a su opresión. Tu mentalidad es de sumisión inmediata a una fuerza que crees que es mayor que la tuya. La persona tóxica manipuladora se aprovecha de ti porque ve una debilidad en ti, el anhelo de aprobación, el reconocimiento de los demás. Te halaga para que hagas lo que le ha órdenes. La persona agresiva y tóxica te encuentra una presa dispuesta porque tienes la tendencia a no defenderte nunca, nunca desafiar el dominio de los demás sobre ti.

Cuidado excesivo

Si usted es el tipo de persona que se preocupa mucho por los demás y poco por sí mismo, usted está obligado a mantener la compañía de relaciones tóxicas. La razón es simple: al cuidar demasiado a los demás, te vuelves increíblemente dispuesto a complacer a los demás y a no molestarlos. Usted está listo para renunciar a su asiento a alguien que incluso pide groseramente para él. Usted está listo para incomodarse en beneficio de otros cuya aprobación usted busca. Usted es un terreno fértil en el que las semillas de toxicidad crecerán, y por lo tanto la planta de relaciones tóxicas. Cuando cosechan, tendrás suerte de tener tu vida intacta.

Buena Educación

Si tuvieras una buena educación, también podrías caer presa de relaciones tóxicas. Eso es extraño, ¿verdad? Te lo explicaré. Recuerde que las causas de la toxicidad se remontan a una educación deficiente de un tipo u otro. Así que, si tienes la suerte de no haber sido criado por padres que te mimaron excesivamente, o por padres que te regañaron todo el tiempo, o si tus padres te mostraron amor y atención adecuados mientras crecías, entonces tienes todo lo que se le negó a la persona tóxica . Irradias un equilibrio de carácter, una obra de excelencia, que la persona tóxica envidia y quiere destruir. ¿Cómo es posible, pide, que naturalmente no estés interesado en fumar crack o beber demasiado? Para la persona tóxica, esto es una abominación, y está decidido a librarte de ella. Sólo descansa después de verte complaciendo en lo que se entrega.

¿También eres tóxico?

Dicen que las aves de una pluma se juntan. Esto es muy cierto en el caso de toxicidad. Las relaciones tóxicas se sienten atraídas entre sí. Si usted es el tipo de persona que está dispuesto a hacer cualquier cosa para complacer a otro, para obtener su aprobación y mantener su atención en usted y usted solo, entonces hay toxicidad en usted, también. Harás lo que sea para obtener lo que quieras, esa aprobación, y manipular a los demás es solo uno de los trucos de tu bolso. Otro prominente es lanzar berrinches emocionales. Alguien como tú atraerá al narcisista o a la persona tóxica nerd que es egocéntrica. El deseo del narcisista de ser adorado, glorificado e incluso adorado por otros juega y encaja con su voluntad de complacer a los demás a toda costa.

Ahora, dime, ¿alguien está a salvo de los tentáculos de las relaciones tóxicas? Si esto es cierto, entonces usted necesita ser capaz de identificar las relaciones tóxicas en su vida. ¿Cómo se hace esto? ¿Preguntándoles si son tóxicos? ¿Pidiéndoles que rellenen un cuestionario? ¿Hay una manera simple y fácil de identificar las relaciones tóxicas, un método desprovisto de todas las complejidades que un psicólogo podría emplear?

Capítulo 3

Ajuste de los límites

Hay relaciones en las que nos metemos y que nos ofrecen numerosos beneficios. Nos ayudan a mejorar y asegurar que nos de que somos mejores de lo que éramos antes de la relación. Sin embargo, algunas relaciones tienen el efecto contrario. Nos hacen perder nuestra autoestima como individuos y nos convierten en personas peores de lo que éramos cuando entramos en la relación.

Este tipo de parejas tienden a lastimarte a propósito o sin saberlo hasta que empiezas a dudar de todo. Muchas personas tóxicas que podrían ser su cónyuge, compañero de trabajo o amigo continúan manipulándolo hasta que usted cree que es responsable de todos los problemas con los que están lidiando. Este tipo de individuos agotan y drenan toda tu energía.

Independientemente de dónde te encuentres, no quieres tener una relación tóxica con nadie. Por esta razón, usted necesita aprender a reconocer una relación tóxica, y le estaremos enseñando cómo en este capítulo. Pero primero, ¿por qué es importante aprender a detectar una relación tóxica?

¿Por qué es vital aprender a reconocer una relación tóxica?

En las relaciones, se espera que las partes involucradas sean de ayuda mutua cuando las cosas no son tan rosadas sin tener ninguna expectativa de un favor devuelto. Se supone que deben ayudarse unos a otros en momentos de necesidad. Cuando mucha gente escucha la palabra "relación", lo que les viene a la mente es una relación romántica que involucra a dos miembros del sexo opuesto. Aunque muy extendida, esto no es preciso. Esto se debe a que dos individuos pueden estar involucrados en una relación, y las relaciones tóxicas no tienen que ser entre personas involucradas románticamente.

Los humanos florecen cuando tienen compañía y se sienten mal cuando están solos. Cuando uno está en una relación tóxica, tal persona podría luchar con conflictos internos que podrían resultar en depresión, ansiedad o ira. Es vital que usted puede detectar signos de una relación tóxica, así como individuos tóxicos. De esta manera, puede evitar traumas emocionales no deseados. A continuación, profundizaremos en algunos signos de una relación tóxica.

Te has aislado

Si has empezado a alejarte de tus amigos y seres queridos debido a tu relación, entonces es una bandera roja. Si parece que tu pareja te está desalentando de pasar tiempo con personas que amas, de repente tu relación se ha vuelto tóxica.

Esta es una técnica primaria utilizada por los narcisistas que tienen el objetivo de dominarte por completo.

Por lo general, el aislamiento no es evidente. El compañero tóxico lo hace sutilmente a través de diferentes tácticas. Estos podrían ir desde hacerse cargo de los eventos o actividades en los que el otro socio participa, siempre llamando para "verificar" sobre ellos, o solicitar que su pareja detenga otras actividades personales porque su relación tiene prioridad.

Otra estrategia utilizada por el socio tóxico para aislar a la víctima es a través de abuso financiero. Aquí, el socio tóxico se encarga de cómo el otro socio gasta dinero en efectivo o se lo gana. Un socio que utiliza esta técnica puede solicitar que detenga su trabajo u obtenga uno nuevo porque no le está dando suficiente tiempo para centrarse en su relación. Al final, usted puede comenzar a depender del socio para la asistencia financiera, que es su objetivo.

Una relación saludable consiste en 2 individuos maduros. Como adultos, no necesita solicitar permiso a sus parejas cuando intenta hacer cosas básicas. El compromiso es esencial en las relaciones, y es vital pensar en su pareja al tomar decisiones masivas de la vida, como tener que someterse a una cirugía extensa o comprar una casa nueva. Sin embargo, si se siente como si tuvieras que pedir permiso antes de hacer cosas menores como pasar tiempo con amigos o ir a la tienda, o pareces estar incómodo al tomar decisiones fundamentales sin tu pareja, podría mostrar que hay algo mal y una señal clara de que estás en una relación tóxica.

Mediante el uso del aislamiento como medio para separarte de tu familia y de otras personas que te rodean, la pareja tóxica obtiene más control. El aislamiento también se puede utilizar para crear un vacío en la relación para que la pareja tóxica se involucre en otros comportamientos dañinos y destructivos. Eventualmente, las víctimas pueden sentir que no tienen a nadie en quien confiar acerca de sus experiencias. Esto deja a la víctima sin un sistema de apoyo durante tiempos peligrosos.

Si observas todo esto en tu relación, entonces es una clara señal de que estás tratando con una relación tóxica.

Relación asimétrica

Las relaciones asimétricas ocurren cuando una de las dos parejas en una relación romántica tiene un papel excesivamente dominante. En esencia, uno de los socios está más dedicado a la relación que el otro.

Los investigadores basaron este concepto en una teoría establecida por el sociólogo Willard Waller. La teoría era conocida como el "Principio de Menor Interés". Esta teoría connota que el individuo con una menor cantidad de interés en la relación tiene un mayor nivel de control. Esta es la razón por la que muchas personas se instan a actuar fresco en situaciones sociales. También es por eso que muchas personas se toman el tiempo excesivo en responder a los textos a pesar de que tienen un interés en la persona (Stanley et al., 2018).

En un estudio más reciente, los investigadores decidieron probar esta teoría en las relaciones románticas. Esto se hizo para determinar el tipo de socios que mantienen el mayor control en las relaciones. A continuación se presentan algunas cosas que observaron, lo que puede indicar que usted está en una relación asimétrica (Stanley et al., 2018):

- Su pareja cree que hay numerosos peces en el mar.
- Su pareja tiene problemas para apegarse y abrirse a los demás.
- Tienen numerosos ex.
- Si su pareja le ha engañado o lo ha hecho continuamente.

Si usted ha observado que su pareja hace cualquiera o todos los siguientes, entonces usted puede estar tratando con una relación asimétrica, lo que lo hace tóxico.

Otras formas en que tu relación podría ser asimétrica incluyen:

Eres obsesivamente dependiente

La codependencia se clasifica como una relación en la que dos individuos se asocian e invierten entre sí que ya no pueden funcionar por separado. En esta situación, la identidad, la felicidad y el estado de ánimo son determinados por uno de los socios. En este tipo de relaciones, una persona tiene más dominio sobre la otra. Además, este individuo tiene una sensación de satisfacción al controlar al otro compañero y cómo vive. En este caso, este es el socio tóxico.

Dependencia de alguien que amas y esperas pasar el resto de tu vida no es generalmente algo malo. Sin embargo, cuando te vuelves obsesivamente dependiente de tu pareja, que comienza a mostrar signos de control, esto puede ser un problema. Ser controlado por tu pareja y ser excesivamente dependiente de ellos no se va sin el uno al otro. Un socio tóxico o controlador generalmente te hace dependiente de ellos para que puedas ayudarlos a satisfacer sus requisitos. Pueden manipularte hasta que toda tu vida gire en torno a ellos, lo que les da más control sobre ti.

Tienes que recordar que ser excesivamente dependiente de otro individuo no se debe al amor, sino al miedo. Cuando una pareja tóxica te hace responsable de que se mantengan felices, su requisito constante para ser validado comienza a parecer una adicción. Tu pareja comienza a controlarte, y se transforma en dependencia emocional porque no quieres perder a tu pareja. Ser excesivamente dependiente de tu pareja puede llevarte a dejar de lado tu identidad para hacer feliz a tu pareja. Además, tu autoestima puede estar centrada en la relación sin tu conocimiento. Si su relación ha comenzado a sentirse de esta manera, entonces puede haberse convertido en una tóxica. Si no estás seguro de esto, a continuación se presentan algunos de los signos generales que pueden ayudarte a determinar si tu relación es una relación tóxica emocionalmente dependiente:

- Le resulta difícil tomar decisiones sin su pareja.
- Tienes problemas para señalar tus sentimientos.
- Tienes baja autoestima y no confías en tu juicio.
- Tienes miedo de ser abandonado y deseas una necesidad constante de aprobación
- Tienes problemas para expresarte en tu relación.

Individuos que son excesivamente dependientes de otros tienen una mayor probabilidad de transformar incluso relaciones saludables en tóxicas. Si usted se nota a sí mismo retratando cualquiera de los síntomas mencionados anteriormente, entonces esto es un signo importante de una relación tóxica.

Te chantajean

El chantaje emocional es un elaborado medio de manipulación donde las personas a las que estamos cerca de hacernos amenazas porque no cumplimos sus órdenes. Esta es una estrategia frecuente utilizada por los socios tóxicos. Muchos socios tóxicos que son aptos en el chantaje emocional entienden el valor que ponemos en las relaciones que tenemos con ellos. Conocen tus secretos más oscuros y conocen tus debilidades, que por lo general no son algo malo en una relación saludable. Sin embargo, en manos de un compañero tóxico, esto puede ser muy peligroso. Si observas que tu pareja te está lastimando y manipulando como un medio para castigarte, entonces es una clara señal de que estás en una relación tóxica.

Hay muchas estrategias utilizadas por la pareja tóxica para chantajearte emocionalmente. Todo esto se hace para hacer te sus ofertas. Incluyen:

Aprovechar tus miedos

El miedo es un sentimiento que nos mantiene a salvo del peligro. Sin embargo, un socio tóxico puede aprovechar esta sensación de miedo para hacerte cumplir con sus órdenes. A continuación se presentan los tipos de preocupaciones que estos socios tóxicos capitalizan para manipularlo:

- Miedo a ser abandonado
- Miedo a molestar a los demás
- Miedo a ser abandonado
- Miedo a la confrontación
- Miedo por tu seguridad

Aprovechar su sentido de la obligación

Una pareja tóxica puede hacerte sentir obligado para que puedan hacer lo que quieran. Para lograrlo, utilizan varias estrategias para hacerte sentir mal contigo mismo si no llevas a cabo tus obligaciones. Por ejemplo; si su pareja le pide que haga algo con lo que se sienta incómodo, y le recuerdan todas las veces que hicieron todo lo posible para usted o le dicen que habrían hecho lo mismo por usted. Independientemente de cómo lo hagan, sentirás un sentido del deber de cumplir con sus órdenes, incluso si no es tu deseo.

Culpa-Disparo usted

Muchos socios tóxicos usan tu culpa para castigarte. Si no cumples con tus obligaciones, pueden usar tu culpa hasta que te sientas mal contigo mismo y hagas lo que quieran.

Si alguna vez ha sido chantajeado por su pareja utilizando cualquiera de los siguientes métodos, entonces usted puede estar en una relación tóxica.

Capítulo 4

Avanzando

Ahora que ya hemos discutido qué es el comportamiento difícil, y los diferentes tipos de persona clásicamente diferentes, ahora vayamos a una circunstancia y un evento serio y muy habitual en que sucede en cualquier lugar de trabajo: Conflicto. Dicho en palabras simples, se puede definir como oposición directa entre ideas o intereses. Surge cuando una persona no está de acuerdo con el punto de vista o creencias de la otra persona.

En cualquier situación de conflicto siempre habría dos factores importantes a tener en cuenta. El punto objetivo en el que las partes no están de acuerdo y las emociones o percepciones personales que van a lo largo de la situación. Evidentemente, hay que tener en cuenta que al tratar los conflictos en la oficina debe dejar de lado el segundo factor y centrarse en los hechos objetivos en los que se supone que se basa la situación.

Según Blaine Donais, autora de Lugares de trabajo que funcionan publicado por Canada Law Book, la administración exitosa del conflicto en el entorno de trabajo obliga a una comprensión de la naturaleza y los manantiales de conflicto en el entorno de trabajo. Sucede cuando hay una visión de punto de vista contrario entre los miembros del entorno de trabajo. Esto debe ser reconocido a partir de argumentos. Son simplemente un resultado del conflicto. Son la explicación externa de la misma. La ejecución de los argumentos del molino vienen como casos judiciales formales, quejas, contenciones, peligros y contra peligros, etc. El conflicto puede existir sin argumentos, sin embargo no existe sin conflicto. En cualquier caso, este conflicto puede no ser fácilmente notado. Gran parte de ella existe en todos los entornos de trabajo sin transformarse en argumentos.

Para que entendamos profundamente los conflictos en el lugar de trabajo, primero debemos conocer sus fuentes. Aunque en este libro estaríamos tratando principalmente con conflictos de personas, estos podrían ayudarle a tener una mejor comprensión de la configuración de la organización que incluye estas fuentes de conflicto que incluye interpersonales, relacionados con el cambio, factores externos y organizativos.

1. Interpersonal

El conflicto interpersonal es la forma más aparente de conflicto en el lugar de trabajo. No es tan difícil para usted ser consciente de los resultados de rumores, chismes y a veces incluso la política de oficina. Además, los estilos de lenguaje y personalidad a menudo pueden chocar, lo que resulta en una gran cantidad de conflictos. También hay fuertes fuentes raciales y etnos culturales de conflicto, así como las de género.

Estos escenarios pueden conducir a cargos de acoso y juicio o al menos la sensación de que tales cosas realmente prevalecen. Las personas también a menudo traen sus problemas desde su hogar al lugar de trabajo, lo que resulta en un mayor conflicto. Otra razón subyacente para considerar los conflictos en el lugar de trabajo también se puede encontrar en los pensamientos cambiantes con respecto a los logros individuales. El sólido viaje diario para los logros relacionados con los negocios en unos pocos miembros podría causar conflictos con los miembros que no subrayan los logros relacionados con los negocios en sus vidas.

Para ayudarle a revelar algunas fuentes de conflicto, puede utilizar instrumentos de prueba de personalidad Perfiles de dinámica de personalidad, Thomas-Kilman, FIRO-B y el muy popular Myers-Briggs. Además, hay otros instrumentos que puede utilizar como la formación de grupos de enfoque, la realización de entrevistas programadas y encuestas confidenciales.

2. Cambio relacionado (Tendencias)

Hoy en día el lugar de trabajo ha aumentado notablemente los niveles de estrés y conflicto debido a muchos cambios, incluyendo la reducción crítica y el cambio de la gestión. Otros cambios también incluyen avances tecnológicos y diferentes metodologías de trabajo. Muchos profesionales también son conscientes de la reorganización constante que también conduce a conflictos. En relación con esta reorganización, las organizaciones sin fines de lucro a veces encuentran necesario trasladar sus otras responsabilidades laborales a otras organizaciones relacionadas. Aquellos que se especializan en analizar los comportamientos en el lugar de trabajo de las personas deben comprobar la historia de la organización que se remonta a diez años atrás para conocer el nivel de abandono que ya se ha producido. En general, cuanto mayor y reciente sea el cambio, más significativo será el conflicto esperado.

3. Factores externos

Estos factores podrían resumirse en la evolución de los mercados, los efectos de la aprobación del libre comercio entre los países, la competencia extranjera e interna y la recesión que también resulta en presiones económicas. El conflicto surge con clientes y proveedores que afectan a la administración de clientes y la transmisión de productos. Además, las organizaciones sin fines de lucro podrían enfrentar específicamente presiones políticas y demandas formar partidos creados en particular. El cambio gubernamental puede tener un gran impacto en cada organización puede ser pública o no. Las organizaciones que dependen de la financiación del gobierno podrían cambiar drásticamente sus niveles de financiación. Las filosofías públicas también podrían tener un efecto en el sistema de tratamiento de los empleados y también en la forma en que los que están en la alta dirección los ven.

Para buscar elementos externos de conflicto, haga una auditoría de las conexiones entre la asociación de sujeto y las diferentes asociaciones. Las organizaciones u oficinas gubernamentales que tienen asociaciones estables con personas ajenas descubrirán que esto es una fuente significativa de conflicto para los miembros del lugar de trabajo.

4. Organización

Hay varias fuentes de conflicto en este caso. Aquellos que se identifican con la jerarquía y la falta de capacidad para resolver intereses contradictorios son muy frecuentes en muchos entornos de trabajo. Debido a las diferencias de poder, las tensiones laborales y de los empleados se acentúan. Las diferencias en los estilos de gestión y liderazgo entre departamentos también pueden ser una fuente de conflicto. También podría incluir atingencia, saldo salarial y conflicto de estilo de trabajo. Este tipo de disonancia puede surgir por la difusión de responsabilidades, la asignación de recursos, los tipos de trabajo y los beneficios, los niveles distintivos de resistencia para la asunción de riesgos y el cambio de perspectivas de responsabilidad. Además, pueden surgir conflictos en los que se ven o contrastes genuinos en el tratamiento entre divisiones o reuniones de representantes.

Se recomienda realizar un estudio cuidadoso del entorno de trabajo para dichas fuentes de conflicto. De nuevo, las revisiones, las reuniones y los grupos focales pueden ayudar a descubrir estas fuentes. Además, se pueden prever fuentes organizativas basadas en las mejores prácticas de asociaciones comparables. Todas las asociaciones experimentan este conflicto. Mucho se puede encontrar en las lecciones de las asociaciones comparativas que han hecho una investigación de estas fuentes de conflicto.

Capítulo 5

----- ❧❧❦❧ -----

Aceptación

Todos encontramos que manipular la mente de otras personas es poco ético. Esto se debe a que lo consideramos como jugar con los sentimientos de la gente, así como pensamientos y emociones para que nos beneficie solos. Eso se considera un movimiento muy egoísta. Los manipuladores saben cómo jugar bien sus cartas. Se asegurarán de que utilicen todas las técnicas disponibles para manipular a las personas objetivo. Si la manipulación no es ética o no depende principalmente de un individuo. Esto se debe a que somos nosotros los que tenemos la decisión final de si debemos permitirles manipularnos o no.

Por lo tanto, se requiere que uno se evalúe a sí mismos a menudo para que se aseguren de que tienen las habilidades necesarias para que puedan evitar a los manipuladores. En este capítulo, voy a discutir algunas de las muchas técnicas de manipulación que uno puede utilizar para manipular, persuadir e influir en las personas.

Técnica de Miedo y Alivio

El miedo y el alivio es una técnica que se dice que es muy eficiente a la hora de jugar con las emociones de otras personas. Un manipulador sólo se requiere para infundir algo de miedo a un individuo, lo que inmediatamente lo hace vulnerable. En el momento en que son vulnerables, el manipulador hace lo que quiere a su favor. El manipulador manipula al individuo en este punto ya que saben que la víctima hará cualquier cosa para salir de la situación de miedo.

El único desafío que el manipulador podría encontrar al usar esta técnica es identificar las cosas que les hacen temer. Por lo tanto, tendrán que mantener las situaciones temerosas a los de vez en cuando hasta que lo identifiquen. Los manipuladores tienen éxito en esta situación ya que la mayoría de la gente odia situaciones que les hacen temer. Ellos harían cualquier cosa para asegurarse de que salgan de la situación.

Un ejemplo de cómo se utiliza esta técnica es cuando los medios quieren mantener a sus espectadores siguiendo el canal. Ellos pondrán un titular jugoso, que mantendrá a los espectadores pegados en la pantalla esperando por él. El reportero seguirá informando que necesita seguir viendo el programa para que reciban las jugosas noticias. Todo el mundo seguirá mirando con la esperanza de que el programa siga llegando.

Con técnicas de miedo y alivio, se espera que el manipulador inculque miedo hasta que vea que el manipulador está a punto de rendirse. Es en este punto que serán capaces de aliviarlos de la presión que están atravesando que los hace menos estresantes. La terrible situación por la que han pasado les hace obedecer las órdenes del manipulador en cualquier momento que les dan, ya que no querrían volver a la situación en la que se encontraban antes.

Técnica de Enfoque Culpable

A través de la técnica de enfoque culpable, el manipulador hace culpable a su presa para que puedan manipularlas. Se asegurarán de que los culpen por cosas que no hicieron. Uno querrá compensar al manipulador sin el conocimiento de que estarán a punto de ser manipulados. Sin embargo, un manipulador tiene que asegurarse de que su objetivo es alguien que es propenso a sentirse culpable.

Una vez que hagas que la persona sea culpable, podrás balancearla en cualquier dirección, ya que están dispuestas a hacer cualquier cosa para asegurarte de que olvidas las cosas que te hicieron. Funciona tan perfectamente ya que según la víctima, compensarán los momentos que no fueron amables con usted, pero para el manipulador, será el momento de usarlos para su ganancia egoísta. La técnica de enfoque de la culpa, por lo tanto, funciona tan bien cuando uno quiere influir en otras personas ya que la víctima se siente la obligación de compensarlo a usted por los problemas que le causaron. Poco saben que el manipulador estaba esperando un momento para atacar?

Jugando a la víctima

Este tipo de técnica es de alguna manera similar a la técnica de enfoque culpable. Sin embargo, jugar a la víctima puede trabajar en su contra si no tiene cuidado al implementarlo. Se le pedirá que no lo utilice en exceso. El truco es normalmente asegurarse de que usted hace que la persona objetivo se sienta mal acerca de una situación dada. Usted tendrá que asegurarse de que la persona realmente cometió el error, pero para usted, jugar a la víctima será una exageración. La víctima se sentirá mal por ello y querrá compensarlo haciendo algo diferente para usted. Por lo tanto, serán amables con ustedes, lo que ayudará al manipulador a usarlos para lograr sus metas.

Técnica de bombardeo de amor

A todos nos gusta cuando nos sentimos amados por la gente que nos rodea. Todos lo apreciaremos cuando las personas que nos rodean nos hagan sentir apreciados y amados. Es por eso que los manipuladores usan el amor y la atención para manipular a las personas.

Esta técnica se utiliza principalmente con el propósito de manipular a las personas emocionalmente. Un manipulador en su mayoría le dará mucha atención a su individuo objetivo. Les mostrarán mucho afecto, lo que los haría. No sospechar nada del manipulador. Al hacer esto, les estarán poniendo una trampa. Ellos estarán sentando el suelo, que utilizarán para sus propósitos de manipulación. Cuando llega el momento adecuado, son capaces de ejecutar fácilmente su plan. Esto significa que para cuando se dan cuenta de que los estás manipulando; ya habrán sido influenciados a un lugar sin retorno.

Técnica de Soborno

Se dice que esta técnica funciona como un encanto. Esto se debe a que recompensarás a alguien de la nada y automáticamente querrán devolver el favor de una manera diferente. Es un trabajo fácil ya que sólo se requiere para averiguar lo que su víctima necesita y se obtiene exactamente eso. Sólo se espera que se vea lo más genuino posible. Esto hará que la persona realmente feliz de tal manera que si alguna vez mencionas que necesitas algo, no dudarán en conseguirlo para ti. Al hacer esto, usted será capaz de hacer demandas de ellos tantas veces como sea posible sin que se den cuenta de que los está manipulando. A través de esta técnica, habrás influido en las personas a tu sistema, que pueden resultar difíciles de salir.

Convertirse en un buen oyente

Un manipulador sabe que la gente necesita buenos oyentes en sus vidas. Un buen oyente se gana la confianza de la gente tan fácilmente. Esto se debe a que saldrán como muy cariñosos y preocupados. Esto hace que la víctima confíe completamente en ellos. Un manipulador no puede manipular a la gente antes de ganarse su confianza. Una vez que tengas su confianza, será muy fácil manipularlos. Sólo se le pedirá que discuta con ellos algunas cosas que usted puede estar pasando y sin siquiera cuestionar, se corresponderán por ello ya que usted estuviste allí para ellos antes. A través de la confianza, el manipulador será capaz de manipularlos durante mucho tiempo sin que la víctima se dé cuenta.

En la medida en que un manipulador utiliza estas habilidades para manipular, persuadir e influir en las personas, todos ellos necesitan ser buenos en algunas habilidades. Algunas de las habilidades se han discutido a continuación.

- Necesitan tener excelentes habilidades de comunicación verbal. Nadie escuchará a alguien que no pueda comunicarse claramente. Tendrías que ser capaz de expresarte bien si quieres que la gente te escuche. La mayoría de los manipuladores han dominado esta habilidad muy bien que les ayuda a aprovecharse de las personas sin que se den cuenta. Cuando uno es bueno en la comunicación, son capaces de presa fácilmente de las víctimas con el lenguaje que entienden. Las víctimas, por lo tanto, entenderán muy bien al manipulador y seguirán todas las instrucciones dadas sin saber que están en la trampa de ser manipulados.

- Para que un manipulador sea capaz de manipular y persuadir a la gente, deben verse bien antes que ellos. Tu forma de vestirte y la forma en que te presentas dice mucho de ti. La gente sólo te tomará en serio cuando te veas bien. Usted será capaz de ganarse su confianza fácilmente. La gente normalmente está impresionada por las personas que se visten bien, que están bien cuidados y también que tienen modales. Les gustarán fácilmente y los escucharán y en el proceso confían en ellos. Una vez que la confianza entra en acción, los manipuladores son capaces de persuadirlos fácilmente, así como influir en ellos en la dirección que quieren.

- Cuando usted está conversando acerca de la psicología, usted será capaz de leer la mente de la gente. Usted será capaz de saber cómo se sienten, cómo reaccionarán a ciertas cosas y también su estado de ánimo. Saber todo esto será de gran ayuda para asegurar que sé que usted utiliza sus debilidades a su favor. Usted será capaz de manipularlos sin su conocimiento.

Capítulo 6

Las raíces del sufrimiento

El capítulo estaba lo suficientemente interesado como para llevarnos a través de las facetas de la manipulación. Este capítulo, sin embargo, centra su radar en el arte de la persuasión. Antes de caer más en las principales facetas de la persuasión, primero tendremos que comprender el significado de la persuasión. La persuasión se refiere a la influencia psicológica que afecta la elección que un individuo debe tomar. Con la persuasión, un individuo a menudo se inclina a hacer que comprar su escuela de pensamiento en un intento de cambiar su proceso de pensamiento. Para que uno logre efectivamente la persuasión, hay una serie de cosas que deben tenerse en cuenta. Cuando somos capaces de ir más allá del marco humano natural y obtener una comprensión de lo que mueve a los demás, entonces usted está en una posición para lograr la persuasión efectiva. Esto se debe a que usted es consciente de los puntos de presión y la mejor manera de manipularlos.

Al explotar el arte de la persuasión, hay varios punteros que pueden ser útiles. Estos son:

Mímico

Como seres humanos de la razón, tendemos a variar de un individuo a otro. La diversidad de esto es lo que nos hace aparecer en la discrepancia de los demás. Debido a este hecho en particular, usted encontrará que como individuos, nos atrae más ser cálidos y acogedores para aquellas personas que exhiben las mismas características que nosotros. Podría ser un rasgo físico o simplemente la forma en que un individuo se lleva a cabo. Este tipo de técnica se dice que produce sentimientos positivos que van una milla cuando se trata de persuasión. Cuando una persona tiene sentimientos de gusto hacia alguien, él o ella está en posición de ser influenciado por su influencia.

En un intento de profundizar en este tipo particular de técnica, vamos a emplear el uso de este escenario. En la industria hotelera, especialmente en las más avanzadas y de alta gama, encontrará que la asignación de un camarero depende del cliente. Los hoteles de alta gama en la industria tienen altos comentarios de los clientes y por lo tanto tienden a tratar a sus clientes de una manera que lo sugiere. A un cliente, por ejemplo, se le asignaría un tipo particular de camarero que coincida con su descripción. Por ejemplo, los camareros franceses son famosos por su exquisito servicio. Poner al cliente en primer lugar está en la parte superior de la lista cuando se trata de este campo en particular. Muchos profesionales han tenido éxito en esta área debido a la forma en que trataron a los clientes. Esto se debe a que los clientes son la principal fuente de negocio. Poner al cliente en consideración es una muesca más alto a incluso decir las palabras exactas que el cliente ha dicho. Con esto, son capaces de reunir que usted ha decodificado acertadamente lo que significaban.

Con el fin de lograr con precisión esta técnica en particular, un individuo debe hacer una serie de cosas. En primer lugar, puede considerar hacer una investigación en profundidad sobre el campo particular de la pregunta para asegurarse de que se cumple lo que se les exige. Antes de que seas capaz de alcanzar la persuasión mediante el uso de esta técnica, uno debe estar bien versado con el individuo que él o ella debe persuadir. Este tipo de experiencia debe ser lo suficientemente entusiasta como para asegurarse de que suscite puntos importantes que pueden ser útiles durante el proceso de persuasión.

Prueba social

Cuando se trata de persuasión, la prueba social ha demostrado repetidamente su dominio. Antes de profundizar en la técnica, primero necesitamos reunir el significado de la prueba social. La prueba social se refiere al proceso por el cual los sentimientos y el proceso de pensamiento de un individuo se ven afectados por la forma en que otras personas han reaccionado al mismo problema. Cuando se trata de influencia social. Un individuo que es el persuadidor, extrae su base de los actos que otros han emprendido una y otra vez. Podría ser la norma. Con los seres humanos, el peligro que ocurre es la sensación de querer ser asociado con un grupo de personas. Los seres humanos quieren acumular un sentido de pertenencia a un grupo de personas o a un acto en particular y esto es lo que los pone en un mayor riesgo de ser influenciados fácilmente.

Emplear la prueba social al persuadir a un individuo significará que usted tiene una base de una norma que ha sido utilizada repetidamente por las personas que consideramos que están en la misma clase. Esta base debe ser algo en lo que la mayoría de la gente participe y no unos pocos números. Tomemos, por ejemplo, que hay novatos en la finca que están buscando proveedores de servicios. Este novato primero estaría inclinado a saber lo que otras personas en la finca están utilizando. Aunque no se asentarán en la misma opción que el resto de la finca, esto será algo parecido a la opción en la que pueden optar por establecerse. Más bien pueden terminar abrazando lo que otros han utilizado. Con esta técnica, el truco es el cual usted debe crear una distinción en la forma en que un individuo se ve a sí mismo como según los demás. Sólo logrará la persuasión convenciendo a este individuo de que la opción deseada es una que ha sido aceptada por un gran grupo de individuos.

Reciprocidad

Cuando se trata de este tipo de técnica, uno necesita entender que una buena hecho se hizo a otro individuo no importa cuán remoto, tiende a ir un largo camino. De la redacción de la misma, la reciprocidad se refiere al proceso por el cual un individuo es capaz de responder a una buena acción realizando una buena acción a cambio. Con este tipo de técnica, encontraremos que la mayoría de la gente no se da cuenta en su inicio no hasta que usted está obligado a devolver el favor. En el mundo de hoy, es casi tan raro como el sol que sale del oeste como encontrar a alguien que extienda sentimientos de calidez y cuidado hacia usted. Salvar a las personas que estamos estrechamente relacionados, tendemos a sentirnos de manera diferente cuando una persona que ni siquiera está en su círculo de amistad extiende sentimientos de corazón cálido.

El sentimiento de obligación surge como resultado de ser extendido una buena hecho por un individuo. Este es el resultado de ser extendido con sentimientos de calidez. En este punto, usted está en posición de persuadir al individuo de la manera que desee. Esto se debe a que él o ella se vería obligado a seguir en la dirección del viento. Cabe señalar que este tipo particular de técnica debe ser prudente en el tiempo. Esto se debe a que la implicación de la reciprocidad no dura para siempre. Hay límites a este cronograma y uno debe ser lo suficientemente cauteloso para asegurarse de que estos límites no se explotan. Con el paso de más tiempo, debilita la ola de reciprocidad.

Para lograr este tipo particular de técnica, un individuo debe jugar en el tono de las ofertas y obligaciones. Si su oferta vale la pena, entonces plantea un efecto de obligación por otro lado. Creando así una situación de ganar.

Consistencia y compromiso

Este tipo de técnica está conectada a una percepción ya formada. Un individuo está en condiciones de establecerse en una opción particular. La elección que este individuo elige sería fijada en él o ella por lo lejos que vayan. De la redacción de la misma, la coherencia y el compromiso se refieren al hecho de que un individuo está en condiciones de tomar una decisión y apegarse a ella con pura determinación y perseverancia. Cuando se trata de persuasión, no todas las técnicas pueden funcionar y usted puede encontrar que usted golpea fondo de roca una o dos veces en su empresa. Cuando esto sucede, no es aconsejable rendirse. La consistencia es lo que construye nuestro carácter en casi todas las facetas de la vida. Este tipo de técnica es vasta de una manera que atraviesa diversos campos no limitados al campo de la educación y los negocios. El primer acercamiento a un individuo con el propósito de convencerlos puede o no terminar de una manera que usted desee. El primer enfoque es a menudo uno que se caracteriza por el rechazo y en algunos casos la tortura mental.

La mejor manera de responder a este tipo de instancia es no rendirse. El segundo encuentro de personas que rechazaron por primera vez tu idea se encargará de que tengas una audiencia que entienda de lo que estás hablando.

La charla de consistencia y compromiso es una que no baja por la garganta fácilmente. Esto se debe a que estas son las facetas más sutiles a abrazar porque tienden a tener un peaje en un individuo. Puedes imaginarte que te rechacen varias ocasiones. Para lograr el compromiso, un individuo debe operar de una manera implacable.

Capítulo 7

Gratis por fin

Qué le sucede a tu cerebro y cómo cambiar

No se puede decir que toda una población es terrible sólo porque unas pocas personas en ella han hecho cosas terribles. Hay mucho odio hacia las personas con Trastorno de Personalidad Límite, por ejemplo, y no estoy aquí para promoverlo.

La razón por la que estoy incorporando tanto sobre los trastornos de la personalidad es que cuando una persona no se diagnostica, o nadie los enfrenta a sus problemas, conduce a graves consecuencias. Estas palabras solo están destinadas a inspirarte a tomar acción cuando crees que alguien cercano a ti está luchando. Sin embargo, no estás en posición de lanzar trastornos, así que tenlo en cuenta. Esta es sólo una herramienta de referencia para ver si usted detecta alguna de las "banderas rojas psicológicas" que le llevaría a sugerir que la persona busca ayuda.

También hay una gran diferencia entre "compartir rasgos" con estos trastornos y tener uno. Hay una razón por la que el DSM (el Manual Diagnóstico y Estadístico) es tan blanco y negro y pone serias limitaciones en el diagnóstico. Los profesionales en el campo médico también tienen una política estricta contra el trato con parientes o cualquier persona cercana a ellos. Necesitas tener una opinión totalmente imparcial y al menos cuatro años de escuela medial detrás de ti.

Ahora que se ha presentado el pretexto necesario, creo que es un buen momento para empezar a hablar más en profundidad sobre cómo, exactamente, se diagnostican los trastornos de la personalidad. Sin embargo, esto va para casi cualquier tipo de enfermedad mental. Incluso los que son más "comunes", como la depresión, normalmente tienen "alta agitación" o "irritabilidad" enumeradas como un criterio de diagnóstico.

Por lo tanto, para el ojo no entrenado, estos trastornos pueden parecer bastante similares.

Voy a correr por cada uno, así como cuáles son los criterios para diagnosticarlo. Antes hablé de algunas de las "señales", así como de algunas cosas que ya sabemos sobre los trastornos. Esta sección va a ser mucho más científica, pero haré todo lo posible para desglosarla para que sea fácilmente digerible para usted.

- Trastorno límite de la personalidad: Este es un trastorno que afecta principalmente la autoimagen que tienes. Aquellos con Frontera tienden a tener patrones largos de relaciones inestables, alta dificultad para manejar sus emociones, y más. Esto es particularmente difícil de tratar un trastorno, pero las tasas de recuperación son asombrosamente altas en muchos casos cuando se utiliza tCC, o terapia cognitivo-conductual.

- Los criterios de diagnóstico para el Trastorno de personalidad límite son justos hasta el punto. A diferencia de algunos trastornos, no hay un número específico de meses en los que los síntomas deben ocurrir. En su lugar, se diagnostica en función de los efectos observados en la vida de la persona a medida que crecen en la edad adulta.

- Los criterios son los siguientes:

- Utilizar todos los medios necesarios para evitar el abandono, ya sea real o percibido

- Patrones claros de relaciones inestables y a menudo intensas

- Estas relaciones estarán marcadas por alternancias entre idealización y devaluación

- Tener una mala autoimagen y ninguna idea real de "quiénes" son

- Mostrando signos de alta impulsividad en relación con el comportamiento autodestructivo

- Amenazas frecuentes de suicidio y comportamiento autolesivo

- Cambios de humor extremos de un momento a otro

- Sentirse crónicamente "vacío" en el interior

- Mal control de los temperamentos

- Des asociación relacionada con el estrés hasta el punto de la paranoia

- Hay varios comportamientos "autodestructivos" diferentes que se pueden enumerar. La promiscuidad, el alto gasto y el consumo excesivo de alcohol son tres maneras en que este comportamiento puede ser comprometido.

- Trastorno de Personalidad Narcisista: Este es un trastorno que se caracteriza principalmente por la excesiva necesidad de admiración y atención. A menudo, habrá pocas razones para que esta persona "se merece" la alabanza que busca. También es notable que tendrán un gran sentido de sí mismos con una fuerte falta de empatía.

- Una vez más, esto no es un trastorno que puede ser diagnosticado por cualquier persona que no sea un profesional que se especializa en el trastorno. También hay mucho trabajo que las personas con este trastorno necesitan poner antes de mejorar. A menudo no se presentan a la terapia debido a su narcisismo. En su lugar, terminan buscando algo no relacionado y terminan siendo referidos a un especialista. Es normal que rechacen los diagnósticos y se nieguen a participar en el proceso de recuperación, también.

- Los criterios son los siguientes:
- Tener una autoimagen que es grandiosa
- Exagerar enormemente los logros u otros talentos
- Requiere tratamiento especial sin razón
- Preocupación por las fantasías que rodean el reconocimiento por su brillantez, éxito ilimitado y otros ideales similares
- Excesivamente alta sensación de tener derecho
- Explota y manipula a todos los que los rodean como un medio para sus fines
- Niveles muy bajos de empatía
- Frágil autoestima y falta de confianza
- Aquellos que sufren de trastorno de personalidad narcisista pueden, absolutamente, recuperarse. La pregunta no es si pueden, es si quieren o no. Lo más

probable es que encuentre que no están dispuestos a asumir la responsabilidad.

- Es importante tener en cuenta, sin embargo, que esto más debido a tener que aceptar el daño que han enfrentado. Aceptar eso significa procesarlo y darse cuenta de que han dejado un rastro de restos detrás de ellos. El momento más peligroso para una persona que recibe tratamiento para el NPD es esta fase. Aceptar lo que has hecho, y desarrollar activamente la empatía para entender por qué estaba mal, es suficiente para hacer que cualquiera se suicida.

- Trastorno de personalidad antisocial: Tal vez el más hablado, Trastorno de personalidad social a menudo también se malinterpreta. La mayoría de las personas usan las palabras "Sociópata" y "Psicópata" en lugar del nombre real del trastorno. Si no tomas nada más de esta sección, quita la idea de que ninguna de esas palabras es un trastorno. De hecho, sólo se utilizan para describir el comportamiento que se ajusta a diferentes criterios de diagnóstico de trastornos.

- Aquellos que tienen ASPD carecen de empatía por completo. Como resultado, tendrán un largo historial de comportamiento agresivo o violento.

También tendrán, como regla general, numerosos encuentros con la aplicación de la ley y la historia criminal. Su incapacidad para sentir empatía se traduce en un caos interpersonal total y absoluto.

- Entender que hay varios subtipos diferentes para este trastorno. Todos ellos son totalmente peligrosos. Parte de los criterios para ello dice tanto, como resulta. Creo que esto tendrá más sentido si salto en esa parte de ella, sin embargo.

- Los criterios son los siguientes:

- Negarse a obedecer las leyes, tanto sociales como legales, y participar en conductas ilícitas como resultado

- Patrones repetidos de mentir, usar nombres falsificados, participar en el comportamiento de los estafadores y explotar a otros con fines de lucro o placer

- Incapacidad para planificar el futuro

- Altos niveles de agresión y mal control de los temperamentos

- Ignora por completo la seguridad de los demás o de sí mismo

- Comportamiento irresponsable que conduce a la incapacidad de cumplir con las obligaciones financieras o la incapacidad de mantener un trabajo en absoluto

- Incapacidad para sentir remordimiento como resultado de sus acciones

- Tenga en cuenta que debe tener al menos 18 años antes de que este trastorno pueda ser diagnosticado. Parte de los trastornos de la personalidad es que antes de que nuestro cerebro termine de desarrollarse, nuestra personalidad es bastante fluida. La intervención temprana al inicio de los síntomas va un largo camino para poner a la persona en un camino correcto antes de que se hayan ido demasiado lejos.

Recuerde, estos son trastornos extremos que causan un comportamiento extremo. Si bien es posible que sientas que una persona tóxica en tu vida exhibe estos comportamientos, puede ser que sean "narcisistas" en la personalidad, pero no tengan una personalidad desordenada.

Por otro lado, también puede estar experimentando una relación tóxica con alguien que ha sido diagnosticado formalmente. Si usted sabe que la persona tiene el trastorno, y no sólo se ha auto diagnosticado a sí mismo, esta información es vital. En esa nota, esto es algo más que usted debe buscar como una bandera roja para la toxicidad. Alguien glamorando trastornos de la personalidad y afirmando tener uno, aunque nunca ha sido diagnosticado formalmente, se ha vuelto cada vez más popular. Sin embargo, esto no es necesariamente un signo de un trastorno de la personalidad.

En la mayoría de los casos, se trata de personas altamente tóxicas. No tienen una comprensión de la extremidad con la que actúan aquellos que realmente tienen trastornos de la personalidad. Muchos de estos tipos de personas lo están haciendo para llamar la atención y no comprenden la gravedad de la situación. Este tipo de persona es, absolutamente, una bandera roja para sí misma. Recomiendo la dirección libre de cualquiera que haga la luz de la enfermedad mental en general, pero especialmente de aquellos que la glamourizan.

Ahora, creo que es importante que repase la ciencia detrás de los tipos de personalidad, también. Antes los repasé de una manera breve y hablé sobre cómo se relacionaban con el tema en cuestión. Ahora voy a profundizar un poco más en ellos, y por qué son tan grandes en la clasificación de la gente. Nuestros cerebros funcionan de maneras misteriosas, pero con suerte, el suyo se sentirá menos misterioso después de esto!

INFJ

- ¿Qué es el Indicador Tipo Myers Briggs (MBTI)?: Esta es una fantástica herramienta creada por dos mujeres después de estudiar a fondo el trabajo de

Carl Jung. Su teoría de los tipos de personalidad es lo que los inspiró a desarrollar este sistema de identificación. Aunque tampoco eran "científicos", eran expertos absolutos en los sistemas interpersonales y la ciencia de las personas.

- Este es ahora uno de los métodos más utilizados de evaluación psicológica. Muchas empresas lo han incorporado a sus oficinas con el fin de entender mejor a los empleados. Muchos lo tienen en la más alta de las estimas, y ha demostrado una y otra vez ser altamente eficaz.

- La caracterización de los INFJ: ¿Sabías que este es el más raro de todos los tipos de personalidad en el MBTI? Los INFJ son un grupo peculiar y altamente dedicado al mundo que los rodea. Tienden a ser impulsados a promulgar el cambio y ayudar al mundo a convertirse en un lugar mejor. Los INFJ generalmente están predispuestos a quemarse debido a su necesidad de estar siempre avanzando en sus ideales.

- También encontrará que los INFJ están increíblemente orientados a las personas. Quieren pasar tiempo asegurándose de que el mundo que los rodea se está convirtiendo activamente en un lugar mejor. Mientras que menos del 1% de la población comparte este tipo de personalidad, tienden a ser las personas que dejan las mayores marcas en el mundo que los rodea.

- Por qué este tipo está predispuesto: Como se puede imaginar, los que caen en la categoría INFJ son idealistas. A menudo quieren simpatizar con los demás tanto como sea posible y se pueden aprovechar como resultado. Dado que también están predispuestos a quemarse, las relaciones tóxicas pueden tener un costo adicional en ellos. No quieren "renunciar" a la persona con la que están teniendo problemas. En su lugar, quieren ayudarlos.

- Esto crea un ciclo tóxico en el que el INFJ se retira constantemente a la relación tóxica. No pueden "alejarse" de la persona porque saben que de alguna manera pueden ayudarlos. "Renunciar" no es una frase en el vocabulario de muchos INFJ, especialmente aquellos que se dedican a la persona tóxica en su vida.

Empática

- Lo que hace a la gente empática: Esta es una pregunta en gran medida discutible, con muchos completamente indecisos sobre la respuesta. Científicos y laicos por igual se han estado preguntando durante años qué es exactamente la empatía. De hecho, tampoco entendemos cómo se desarrolla. La neuropsicología es un campo completamente nuevo, y debido a eso todavía estamos en la infancia de los descubrimientos que se avecinan. Sin embargo, hay algunas creencias comúnmente mantenidas sobre el asunto. La mayor parte de nuestra evidencia muestra que la empatía se aprende en gran medida.

- Esta es la razón por la que el trauma temprano y el abuso pueden causar que una persona desarrolle una baja empatía. Los que te rodean te enseñen a mostrar un respeto emocional por los demás. Es parte del aprendizaje de "compartir" y cómo llevarse bien con los demás. Cuando una persona no está expuesta a estas ideas desde el principio, puede crear una aparente incapacidad para sentir empatía.

- La mayor parte del juego normal en el que ves que los niños también se involucran cultivará la empatía. El juego es importante no sólo para los niños, sino también para los adultos. Nos ayuda a construir comprensión, trabajar con otros y mucho más. Construir tu inteligencia emocional y empatía no tiene que ser difícil. ¡Eso nos lleva a nuestro próximo tema!

- Inteligencia Emocional: Hay varias maneras en las que puedes construir tu inteligencia emocional. La mayoría de ellos no son muy difíciles, también. Es importante trabajar constantemente para entender a quienes nos rodean. Esto no es sólo bueno para empatizar, es bueno para protegernos a nosotros mismos. Ser capaz de detectar banderas rojas temprano porque tienes una gran comprensión de la gente es algo que necesitas perfeccionar. Esto te ayudará en todos los aspectos de tu vida.

- La inteligencia emocional se refiere a tu capacidad para entender las emociones de los demás. Es como la idea de la inteligencia "estándar". Mientras que la inteligencia estándar se basa en la capacidad de reconocer patrones y resolver problemas, la inteligencia emocional se basa en su capacidad para leer a las personas y entender situaciones interpersonales.

- Voy a repasar varios métodos diferentes para construir inteligencia emocional más adelante en el libro.

Altamente sensible

- Lo que constituye "altamente sensible": Este es un truco, ya que todos nosotros, en un momento u otro, podríamos ser clasificados como "altamente sensibles". Supongo que la mejor manera de verlo es entender la frecuencia de estos escenarios. Con eso, me refiero a la frecuencia con la que sientes que a los demás no les gustas, o lo fácil que lloras. Las personas tímidas y mansas tienden a ser muy sensibles y altamente dependientes de los demás para la tranquilidad.

- Aquellos que son muy sensibles no actúan con agresión o azotan como resultado de que otros inspiran estos sentimientos dentro de ellos. En cambio, tienden a ser víctimas de depresión o mentalidades similares. Las personas muy sensibles son aquellas que lloran con frecuencia sin mucha inspiración. Si lloras cada vez que ves un video de un animal lindo, por ejemplo, definitivamente eres muy sensible.

- El problema con esto es que aquellos que son socios altamente sensibles necesitan que los validen y los levanten. No hay nada de malo en tener una empatía increíblemente alta, y eso es, en general, lo que tienen las personas muy sensibles.

- Algunas personas están predispuestas: Hay dos caras en cada moneda. Muchas personas que no recibieron suficiente atención o amor cuando los niños terminan siendo muy sensibles. El descuido y el abuso pueden causar esto, ya que a menudo hará que las personas sean demasiado empáticas en lugar de carecer de empatía. Eso es parte de por qué la neurociencia es tan complicada- realmente no entendemos por qué algunas personas van a un extremo, mientras que otros van por el camino exacto en otro camino.

- Tener padres estrictos o dominantes también puede causar mayor sensibilidad. Y, por supuesto, algunas personas acaban de nacer como son.

- Superar la alta sensibilidad: Ser más consciente de ti mismo es la mejor manera de comenzar a superar una personalidad altamente sensible. También debe comenzar a participar en actividades y ejercicios de fomento de la confianza. Hay varias maneras de hacer esto, y la mayoría de ellas son increíblemente fáciles. Voy a repasar esto mucho más en profundidad más adelante en el libro. Por ahora, sólo entiende que puedes, de hecho, volver a conectar tu cerebro. No tienes que estar sujeto a las direcciones en las que tu cerebro te empuja.

- Para superar ser muy sensible, necesitas esforzarte para participar en actividades desafiantes. Hay muchas cosas que te ayudan, como la atención plena o la defensa personal. La alta sensibilidad es algo con lo que mucha gente lucha.

Codependientes

- Cómo se forma la codependencia: Hay muchas maneras en que se puede formar una relación codependiente. Uno de los más grandes es que uno de los socios comienza a buscar la validación del otro de una manera que es totalmente inapropiada. La codependencia generalmente ocurre si los dos socios están en "campos de juego diferentes", por así decirlo. Lo que quiero decir con esto es que si uno está significativamente más adelantado en la vida que el otro, existe un alto riesgo de que ese compañero se vuelva codependiente del otro.

- El problema con la codependencia es que no se trata sólo de la única pareja que se ha vuelto codependiente. El "co" es clave aquí. Ambos socios se entrelazan de tal manera que liberarse de la toxicidad puede ser increíblemente difícil.

- Mientras que puede comenzar con uno de los socios apoyándose en el otro, el hecho del asunto es que en un momento u otro, ambas personas se vuelven tóxicas. Por ejemplo, el socio que está apoyando al otro puede sentir que necesita dar ese apoyo porque les hace sentir válidas. También podrían hacerlo por un sentido innato de necesitar "arreglar" a los demás. Y aun así, también pueden alejar a todo el mundo a su alrededor, por lo que una relación codependiente es la única que puede tener éxito para la persona.

- Cambios en el cerebro: Al igual que con cualquier relación, esto tiene algunas consecuencias graves para su cerebro. Esto va para todas las relaciones tóxicas, sin embargo, y vamos a entrar en eso un poco más adelante en este capítulo. De hecho, será el resto del capítulo para que podamos caer realmente en él. Sólo quiero prefacio de la ciencia más complicada con breves vistas generales.

- Esencialmente, puedes volverte, literalmente, adicto a la otra persona.

- Superación de Su Codependencia: Quiero impresionarle en la medida de lo posible que no necesita permanecer en una relación codependiente. Sin embargo, usted también no necesita rechazar las relaciones que tiene. Existe la oportunidad de darles la vuelta y elegir una manera más saludable de mezclarse con la persona. Se necesita mucho esfuerzo, y el establecimiento de límites, pero no es imposible. El cerebro está cambiando constantemente y haciendo nuevas conexiones. ¡Se trata de aprovechar esas conexiones!

Espero que haya sido un examen mucho más exhaustivo de la ciencia detrás de toda esta información. Mi esperanza es que tengan una base sólida para trabajar. Le animo a tomar la prueba del indicador de tipo Myers-Briggs si aún no lo ha hecho. Es una gran manera de averiguar qué tipo de persona eres y darte un poco más de información sobre cómo funciona tu mente. Hay muchas personas que fomentan el uso del MBTI en entornos laborales, también, con el fin de calmar los enfrentamientos interpersonales.

El MBTI también puede ayudarte a entender cómo predispuesto puedes ser relaciones demasiado tóxicas. Tal vez lo más importante, lo que le dirá, además, si usted mismo es tóxico o no.

Hay mucha culpa que se lanza a las víctimas atrapadas en relaciones tóxicas. Esto es muy desafortunado porque, como nos muestra la ciencia, hay mucho más que la "opción" de quedarse. Si actualmente estás atrapado en este tipo de situación, sabe que mi simpatía está contigo. Hay esperanza, y no eres una persona débil. De hecho, estás dando un paso muy grande y valiente leyendo este libro.

Una de las mayores razones por las que la gente cree que las personas que permanecen en una relación tóxica son débiles es que no entienden el núcleo del asunto. Al igual que con la adicción a las drogas, por ejemplo, es difícil de entender desde el exterior mirando hacia adentro. Tener una adicción no es un asunto de risa. Puede ser casi tan peligroso si esa adicción es una persona en lugar de una droga.

El cerebro hace conexiones constantemente y siempre se está reorganizando para procesar y mantener nueva información. Esta estructura cerebral también refleja en gran medida aquellos con los que nos rodeamos. Esta es la razón por la que es tan importante rodearse de personas positivas y con visión de futuro. Debe asegurarse de que se está preparando para el éxito. Esto es siempre lo primero. Tratar con relaciones tóxicas comienza con tratar contigo mismo. Hablaré de un montón de ejercicios y tal para ayudar con eso más adelante en el libro.

Por ahora, vamos a entrar en lo que hace que su cerebro tictac y por qué es tan difícil separarse de la gente. Una vez más, esto es especialmente cierto para aquellos que están atrapados en relaciones abusivas. Si usted es una de esas personas, definitivamente recomiendo que salga de la relación inmediatamente. El abuso deja un gran marcador en tu cerebro y puede prepararte para el fracaso en el futuro. Nadie merece estar en una relación que sea abusiva. Busca ayuda, porque está ahí fuera.

La gente se aloja por una variedad de razones. Por ejemplo:

- Ser menor de 18 años (18 años o menos)

- Matrimonio

- Niños

- Relación familiar

- Compartir un grupo de amigos

Hay muchas más razones, ¡tantas como hay personas! Cada situación es única y tiene su propio conjunto de desafíos. El tuyo, sin duda, será muy diferente a cualquier otra persona. Usted necesita entender entrar en esto que esto será información generalizada. Sin embargo, esto es a propósito para que pueda sentirse a sí mismo como individuo.

En psicología, hay un concepto conocido como "vinculación de trauma", y es una de las razones por las que la gente no puede ver a su abusador por lo que son. Las personas manipuladoras tienen una manera de usar el abuso emocional para obtener la misma reacción de sus víctimas. Después de todo, el trauma no se relaciona sólo con la violencia física. De hecho, el trauma emocional ayuda mucho a afectar el cerebro. Usted puede desarrollar fácilmente el TRASTORNO de estrés postraumático relacionado con el trauma emocional.

Debe tener en cuenta que el trastorno de estrés postraumático por abuso emocional a largo plazo es diferente de algo que ocurre debido a un evento repentino y traumático. De hecho, los psicólogos han comenzado a diferenciar a los dos. El C-

PTSD, que es un trastorno complejo del estrés post trauma, es un diagnóstico en sí mismo.

Esto sucede en unos pocos pasos diferentes. En primer lugar, el abusador tendrá una fase de "luna de miel" en la que tratan a la persona increíblemente bien. Una vez que esta fase de luna de miel ha terminado, comienzan a participar en comportamientos abusivos, que pueden ir desde el abuso emocional hasta la agresión física.

El miedo es a lo que todo se reduce.

Estoy emocionado de compartir este conocimiento con usted, sin embargo, así que permítanme entrar en ello.

Capítulo 8

--------- ❧❦❧ ---------

El proceso de terminación tóxica (TTP)

Todos pensamos que hemos elegido sabiamente cuando se trata de aquellas personas que son nuestros amigos y que hacen nuestras vidas más fáciles y más divertidas de experimentar. Sin embargo, a veces, a pesar de nuestras defensas, una persona tóxica maneja su manifestación maligna.

Si mantienes tu ingenio sobre ti, pronto los detectarás. Durante un período de tiempo su continuo mordisco y desgaste se vuelve desgaste. O hacen o dicen algo tan odioso y reprobable que crea un punto de inflexión, y sabes que no merecen ningún lugar en tu vida.

Entonces, ¿cómo lidiar con ellos? Una vez que haya agotado cualquier intento de negociar con ellos, la sencillez del enfoque dado es impresionantemente elegante en su simplicidad. Puede requerir las cualidades de determinación, resolución y perseverancia en la forma de jugarlo – cualidades que son muy útiles para desarrollar en cualquier caso y son replicables para otras situaciones.

Considéralo como un acto de formación de personajes.

Diles que no tendrás nada más que ver con ellos. Entonces ignóralas. No vuelvas a comprometerte con ellos por mucho que te lo supliquen. Asegúrese de que entiendan esto y aseguren su compromiso no calificado si puede.

También puede ser útil tener algunas cosas con las que contrarrestarlos en caso de que no reciban el mensaje y actúen en función de él. Esto sólo debe considerarse como un último recurso y se hace mejor a través de un representante legal, dependiendo de si las acciones de la otra parte se intensifican en los turbios e ilegales mundos de acoso o acecho.

Recuerda, las personas que no aportan valor a tu vida no tienen derecho a estar en ella. Todos estos individuos son iniciales a su salud física, mental y emocional. No son dignos de ser tu 'amigo'.

"La vida se encoge o se expande en proporción al valor de uno."

— Anas Nin

El siguiente proceso de terminación tóxica o TTP puede trabajar cara a cara o a través de correo electrónico o redes sociales. Una carta elegantemente escrita se puede utilizar si desea practicar sus habilidades en el arte de la caligrafía. Es posible que desee imprimir el TTP como un recuerdo de ayuda para lo que necesita hacer.

Sea asertivo, directo y educado y esté listo para contrarrestar cualquier argumento. Si todo va según lo planeado, esta será su última interacción con esta persona, por lo que es importante hacerlo bien. Lo que vas a hacer debería resonar dentro de su mente y psique.

Y sácalos de los tuyos.

Ensaya la escena en tu mente y concéntrate en el resultado que deseas. Considera cómo podrían reaccionar, basándote en tu conocimiento de su comportamiento y psicología.

¿Intentarán hacer de todo tu culpa y jugar cualquier culpa residual? ¿Intentarán ahogarte en un lago lleno de su propia incontinencia emocional? ¿Resistirán enérgicamente sus súplicas lógicas y suplicarán por "una última oportunidad"? Dese horadantes de tu imaginación, anota cada escenario potencial y encuentra una serie de respuestas. Usa la visualización para practicar tus reacciones y aclarar tus objetivos.

Si tiene alguna sospecha de que la persona podría recurrir a la violencia física, tenga mucho cuidado. Es posible que desee evitar cualquier contacto físico con ellos. Levante sus preocupaciones con un miembro de la familia, un representante legal, un funcionario encargado de hacer cumplir la ley o un amigo que solía estar en el ejército.

Mantente siempre a salvo.

Una vez que la persona está fuera de tu vida, sigue adelante y no le prestes atención mental. Es posible que esto le resulte difícil inicialmente, así que tenga una serie de cosas que hacer que habilitarán y facilitarán este proceso.

Su compromiso con esta persona puede haber formado algunas conexiones neuronales dentro de su cerebro - recordar la expresión 'neuronas que se disparan juntos alambre juntos'. Afortunadamente la neuro plasticidad (la capacidad del cerebro para crear nuevos patrones de pensamiento) y la neurogénesis (el cerebro, en particular el hipocampo, la creación de nuevas células cerebrales) son sus amigos aquí.

Usted está buscando crear nuevos, potentes, asociativos y transformadores patrones neuronales, que, como un subproducto afortunado y Casual, también sirven para poner fin a cualquier asociación negativa con una persona tóxica.

Tome esto como una oportunidad para hacer diferentes cosas y dar a su cerebro un entrenamiento real. Encuentra nuevos amigos, cosas desafiantes y estimulantes para hacer, practica la meditación consciente. Lee 'El poder de ahora' de Eckhart Tolle, un libro que te arraigará en el presente eterno, libre de los gravámenes de la mano muerta del pasado y de la especulación inútil sobre el futuro no nacido.

Usted está buscando para deshacerse de cualquier rastro de esta persona que permanece alrededor de su mente para asegurarse de que cualquier efecto en usted es erradicado.

Identificación

Has pasado por el Cuadrante de Clasificación de Amigos (FRQ) y has trabajado a quién quieres conservar en tu vida y, por proceso de eliminación, que quieres extraer permanentemente.

Tendrás una lista de éxitos de al menos un Tóxico con quien lidiar. Si tiene varios tóxicos, vuelva a realizar el ejercicio para asegurarse de que el primer análisis es correcto. Si tiene más de uno con quien lidiar, tiene dos opciones.

El primero es realizar TTP en todos ellos, más o menos simultáneamente; el segundo es apuntarlos uno a la vez. Ambos enfoques tienen claramente sus pros y sus contras. Si puedes eliminarlos todos al mismo tiempo has logrado algo bastante dramático y deberías sentirte muy orgulloso. Sin embargo, si hay algún vínculo entre los Tóxicos, pueden tratar de acallarse.

Recogerlos uno por uno y mantenerlos aislados es un proceso a largo plazo que puede requerir más tiempo, esfuerzo y energía. El resultado final, sin embargo, es lo que está buscando y esto puede ser un escenario 'sin dolor, sin ganancia' que no se puede evitar.

La vida a veces te lanza desafíos para endurecerte y agudizar tu visión y experiencia. Algunas personas los dan la bienvenida, lo que no es una excusa para invitar a más Tóxicos a su vida.

Análisis SWOT

Esta es una herramienta clásica de análisis situacional utilizada por muchas organizaciones empresariales para identificar sus fortalezas, debilidades, oportunidades y amenazas. Esto puede incluir la posición de mercado, la financiación, la calidad del personal, la eficacia de la gestión, los sistemas utilizados, el análisis competitivo, etc.

Puede utilizar esto como una herramienta para planificar TTP. El análisis DABE debe cubrir tanto a usted como al Tóxico, por lo que el conocimiento de su historia puede ser útil. Trate también de tener en cuenta cualquier problema ambiental o contextual , donde va a realizar TTP (físico o remoto), otras partes involucradas y así sucesivamente.

Fortalezas:

Tú – motivación e intención (sabes que la persona es tóxica y los quieres fuera de tu vida). Técnica – conoces el proceso y cómo y dónde lo aplicarás. Tienes una personalidad fuerte, en la que has trabajado, y has planeado cada variación concebible en los eventos.

Tóxico – usted no sabe muy bien cómo se comportarán y pueden ser bastante tenaces. Incluso ahora, no está claro qué comportamientos utilizarán. La evidencia y el análisis te llevan a creer que pasarán a desenvainar a otra parte, pero sólo estás un ochenta y cinco por ciento seguro.

Debilidades:

Tú – leves sentimientos de culpa de que algo de esto puede ser tu hacer, y que el Tóxico se está comportando de la manera en que lo hacen porque no te comunicaste antes que no querías tener nada que ver con ellos. Por lo tanto, podrían argumentar que estabas enviando mensajes engañosos y tratar de encontrar un ángulo de culpabilidad en ti, que, debido a tu educación, sabes que podría ser eficaz.

Tóxicos – son muy emocionales. Como persona analítica, esta es una tendencia que detestas y sueles manejar siendo fría e indiferente, que les resulta muy difícil de tratar. Cuanto más enfáticos se ponen, más fría es tu respuesta. Ya tienen este patrón formado, por lo que si es necesario, te sientes cómodo con explotarlo.

Oportunidades:

Usted – usted sabe lo que desea y puede establecer la secuencia de la reunión o correo electrónico tan pronto como sea posible. Usted sabe que a los tóxicos no le gustan el cambio y las sorpresas, por lo que puede mal pie de ellos actuando rápidamente y golpeando con su misiva TTP cuidadosamente perfeccionada cuando menos lo esperan.

Tóxico – no está claro cuáles son sus opciones en esta etapa, usted ha factorizado todo lo que se puede pensar en el ensayo de vestuario mental que ha realizado, y son lo suficientemente inteligentes para contrarrestar cualquier cosa que, a parte de ellos tirando de un arma sobre usted, viene leftfield.

Amenazas:

Usted – nadie puede predecir el cien por cien de lo que sucederá en cualquier situación de dar. Has planeado lo mejor que puedes y lo has pensado y no puedes ver ninguna desventaja. Una vez más, su mentalidad flexible debería servirle bien. Se reunirán en un lugar público, así que lo peor que puede esperar es una serie de berrinches llorosos y exhibiciones infantiles y ruidosas de inquietud.

Tóxico – usted ha sido el centro de la obsesión del Tóxico por mucho más tiempo de lo que desea recordar. Ahora te estás ausentas permanentemente de la vida del Tóxico y esto les dará un golpe duro, tal vez más duro de lo que tú o ellos saben. Lo que el Tóxico hará a continuación no está claro, probablemente tanto para ellos como para usted. Has decidido que son malos para ti estar cerca y, en última instancia, tu felicidad y tranquilidad son lo único que te importa, así que no tienes más remedio que continuar con la estrategia con la que te has comprometido.

Negociación (Opcional)

Esta es la muy razonable etapa de "una última oportunidad" del TTP. Le estás diciendo al Tóxico que es tu camino o la autopista.

Tenga en cuenta que esta etapa es opcional. Si sabes que definitivamente quieres que el Tóxico salga de tu vida, deberías ir directamente a Ritos Finales y Entierro. Si crees que hay alguna posibilidad remota de que el Tóxico cambie su comportamiento de una manera que sea aceptable para ti, la negociación es tu única opción realista. Asegúrese de que está eligiendo esto de una manera analítica clara, y no está permitiendo que la emoción o el sentimiento nublen su juicio.

Si la negociación falla y el Tóxico, que está de acuerdo verbalmente con todo lo que dices, vuelve a su antiguo comportamiento tan pronto como tienen la oportunidad, has perdido mucho tiempo y energía y le das al Tóxico más poder. Esto podría hacer que las etapas de rechazo del TTP sean más difíciles de lo que necesitan. Así que ten cuidado mucho si sigues esta ruta.

Al negociar, hágales saber que hay un problema y que ellos son el problema. No querrás entrar en discusiones tortuosas de largo viento sobre quién tiene la culpa. Todo en lo que te estás enfocando es que son malos para ti, su comportamiento es inaceptable y que, a menos que el comportamiento cambie, no los quieres en tu vida. Usted puede esperar un grado de argumento y Bravatas; especialmente si el Tóxico es de lamentación de que nada es nunca su culpa.

Que quede claro, conciso e inhábilmente para asegurarse de que entiendan que esta es su última oportunidad. Además, que está estableciendo un período de tiempo en el que está esperando que realicen los cambios necesarios.

Acepte que es posible que necesite modificar parte de su comportamiento: la negociación es una cuestión de dar y tomar y comercializar concesiones. Sin embargo, hágales conscientes de que hay límites que no deben cruzar y que si lo hacen, eso es todo. Están fuera de tu vida para siempre. Haz que entiendan las consecuencias de la transgresión y se comprometan a cambiar. Una declaración escrita o un correo electrónico a este efecto es una manera efectiva de sellar el trato.

El Tóxico, que brota de acuerdo, puede querer un abrazo o alguna tranquilidad física en esta etapa.

¿Deberías hacerlo? Depende de su lectura del Tóxico. Podrían pensar que se han salió con la suya con algo y que tú no hablas en serio. Así que en equilibrio, no – mantener todo profesional, cordial y de negocios como. También asegúrese de que sepan que usted está monitoreando su progreso, y que cualquier transgresión de su parte resultará fatal.

Primera etapa – Ritos finales

Paso 1.

Es hora de sacar a este individuo de tu vida para siempre. Han tenido múltiples oportunidades, pero no cambiarán. Simplemente no pueden hacer el esfuerzo de cambiar y nunca se redimirán, así que déjalos ir. Ha completado su análisis y tomado la decisión. Es hora de iniciar la secuencia de terminación.

Paso 2.

El mensaje se puede entregar en persona, por carta o correo electrónico. Averiguar lo que más se siente haciendo y lo que, dado su conocimiento de la persona, será más eficaz. Recuerda, esto no es negociable, así que elabora tu mensaje a fondo para que incluso el Tóxico más denso lo entienda y actúe en consecuencia.

Paso 3.

Diles cómo te hace sentir la forma en que te tratan y que no aceptarás esto de nadie. (Ensaye esto unas cuantas veces – ser fuerte y asertivo.) Muéstrales quién es el jefe y establece las reglas. Aconséjeles lo tóxicos que son y cómo se niega a seguir tolerándolos. Su comunicación debe ser directa, educada y equilibrada. Hagan lo que hagan, no desciendes a ser innoble o demasiado emocional, y por lo tanto conservas el terreno moralmente alto.

Paso 4.

Hazles conscientes de que ya no deseas comunicarte ni pasar tiempo con ellos. Asegúrese de que este mensaje es corto, nítido y al grano. Haz que estén de acuerdo con esto: quieres un compromiso de ellos de que nunca volverán a contactarte de ninguna manera, forma o forma.

La mayoría de la gente tiene un sentido del honor, si es así, saca a relucir esta buena calidad recordándoles. Incluso podrían sentirse mejor durante la duración de la conversación. Pero claramente no dejes que usen esto como argumento para mantenerse en contacto.

Paso 5.

Cortar su suministro de oxígeno por ser sucinto. No les des ninguna información que puedan usar para colgar un contra argumento o interpretar de una manera que sugiera que hay alguna esperanza para ellos. Sólo di que no si piden algo. No tomes nada de lo que ofrezcan para evitar posibles viajes de culpabilidad. Asegúrese de controlar la interacción y el diálogo en todas las etapas.

¿Cómo deberías argumentar? Tiene que ser eficaz y conciso. Podrías verte a ti mismo como un abogado ultimando su caso y presentándolo tanto al juez como al jurado. Si es necesario, necesitas estar muy concentrado, decidido e incluso brutal, lo que sea necesario para reforzar el mensaje y deshacerse de ellos. No quieres convertirlos en un enemigo, aunque a veces esto es inevitable.

Y, aunque tentador, es posible que no desee ir tan lejos como la siguiente cita de un drama de televisión impresionante (aunque si usted está tratando con un tóxico particularmente agresivo y abusivo a largo plazo, es posible que encuentre partes de él inspirador):

Etapa Dos – Entierro

Paso 1.

Ahora cumple tu promesa y sácalos de tu vida por completo: no contestes correos electrónicos ni llamadas, no hagas nada para animarlos. En blanco. Deshazte de ellos.

Si la persona tiene alguna decencia, honor o integridad, respetará sus deseos y lo dejará en paz.

Paso 2.

Ten en cuenta que algunas personas intentarán todos los trucos del libro para argumentar en tu contra e insinuar su camino de regreso a tu vida (es por eso que necesitas obtener su consentimiento y compromiso, descrito en el párrafo 4 anterior). Así que vestir-ensayar su estrategia y resolver sus posibles respuestas. No caigas en viajes de culpa, aspiradores o cualquier otra cosa que puedan intentar en el futuro.

Paso 3.

No sientas culpa ni remordimiento. Estás haciendo lo mejor para hacerte feliz. Los individuos tóxicos están llenos de veneno para tu mente y alma, así que deshacerte de esta fuerza negativa innecesaria te permite vivir tu mejor vida.

Para ti, esta persona ya no existe y está efectivamente muerta para ti. La resurrección no es una opción.

Paso 4.

Si es necesario, cambie sus direcciones de correo electrónico, sitios que a menudo con frecuencia y así sucesivamente. Si eres un aficionado a las redes sociales, asegúrate de que tu seguridad esté al máximo. O simplemente hacer algo más interesante en el mundo no virtual.

Paso 5.

Desea asegurarse de que este individuo no pueda comunicarse con usted de ninguna manera. Si necesita una dirección de correo electrónico existente, simplemente configure una regla para mover cualquier comunicación de ellos a una carpeta designada para que ni siquiera la lea. Usted puede optar por mantener un registro de sus comunicaciones, pero ¿realmente necesita leerlas?

Paso 6.

Tenga mucho cuidado con cualquier solicitud en línea para ser su amigo de alguien que no conoce. Ve a todos. Un grado de vigilancia hará maravillas para su propio interés y reducirá la posibilidad de que el tóxico se cuele de nuevo en su vida.

Paso 7.

Obviamente no sigues al individuo tóxico en ninguna red social, blog o sitio similar. Su objetivo es un descanso limpio y claro para que no haga nada que comprometa esto. Fuera de la vista está fuera de la mente, ¿verdad?

Paso 8.

Usted puede considerar la retención de copias de cualquier correspondencia existente en caso de que lo necesite para su asesor legal, autoridades, etc., dependiendo del marco legal dentro de su jurisdicción.

Si no desea que este material contamine su casa o PC/ Mac / tableta / teléfono, guárdelo en otro lugar, en una memoria, con su representante legal o en un servidor en la nube seguro. Tratarlo con precaución y ponerlo en cuarentena , como una pieza de malware.

Paso 9.

Si la persona resulta intratable e intenta ponerse en contacto, considere la posibilidad de redirigir cualquier comunicación adicional a su representante legal para determinar si hay motivos para que se tomen un procedimiento.

Paso 10.

Quieres que el individuo tóxico salga de tu vida permanentemente - esto significa física y psicológicamente. Esto implica no pensar en ellos, no alimentarlos o darles ningún espacio en la cabeza. Podrías hacer un breve rito de exorcismo si esto funciona para ti, pasar más tiempo con tus amigos reales, cantar una canción (ding dong, el Tóxico se ha ido), contar una broma, tomar una copa, o ir a comer decentemente en un buen restaurante.

Paso 11.

En última instancia, vive la mejor vida que puedas.

Disfrutar, ser creativo, divertirse, hacer nuevos amigos, aprender a volar y obtener su licencia de piloto, dominar un instrumento musical para realmente involucrar a todas las partes de su cerebro (teclados son buenos), obtener un trabajo diferente, viajar extensamente.

Vea la salida del Tóxico como una llamada de atención para cambiar su vida.

Haz cosas que te involucren plenamente en el momento para que no sientas ninguna compulsión para rumiar sobre el pasado. No estarás lloriqueando cuando estés dando vueltas por St. Moritz a 90 mph o saltando en la azotea a la azotea en París mientras perfeccionas tus habilidades de parkour.

Elige lo que sea para ti. Seguir adelante y ser tu mejor yo es la forma más efectiva de desconectar y distanciarse de las influencias tóxicas malignas. Y puedes hacer la sonrisa verdaderamente espontánea de Duchene. Sabes que odiarán el hecho de que estás teniendo un tiempo más feliz y exitoso sin ellos de lo que podrían empezar a concebir.

Paso 12.

Sea vigilante y consciente de sí mismo para que no atraiga a esas personas en el futuro. Trabaja en tu autoestima y confianza en ti mismo si descubres que la exposición prolongada a un tóxico te ha hecho perder la confianza en tu capacidad para leer a las personas. Construir tu autoestima y confianza en ti mismo te ayudará inconmensurablemente cuando se trata de atraer a los amigos adecuados y crear relaciones saludables.

Tenga cuidado

Esa zanja de su tóxico puede hacer que pierda otros amigos, especialmente si el tóxico ha logrado hacer que parezca tóxico para abandonarlos. Hay poco o algo que puedas hacer al respecto. A veces la libertad tiene un costo.

Tal vez necesites un nuevo grupo de personas en tu vida de todos modos.

Capítulo 9

Ejercicios para probar

Mientras que uno a una vez con un terapeuta va a ser necesario con el fin de superar el complicado proceso de recuperación de una vida de tratar con una madre narcisista, es importante entender que el cambio es posible gracias a un concepto conocido como neural Plasticidad. Mientras trabajas en lidiar con tus problemas más grandes a largo plazo, los siguientes ejercicios pueden ayudarte a enfrentar los síntomas de estos problemas a corto plazo.

Esté atento a las distorsiones cognitivas : Con el fin de reestructurar sus pensamientos, lo primero que va a tener que hacer es tomar conciencia de cuando sus pensamientos están distorsionando la verdad del asunto. Estos tipos de distorsiones pueden venir en una amplia variedad de formas y tamaños, pero lo único que tendrán en común es que tratarán de obligarte a ver el mundo de manera diferente a lo que realmente es. Como tal, la manera de asegurarse de que esto deja de ser un problema es ser más consciente de cuándo están afectando a la forma en que responde a situaciones específicas.

Una vez que usted es más consciente de cuando se está produciendo una distorsión cognitiva, entonces usted será capaz de responder más fácilmente a la situación de una manera que es productiva, en lugar de simplemente estar a lo largo del paseo. Para empezar, simplemente tienes que preguntarte de qué otra manera podrías estar pensando en lo que sea que esté pasando. También puede resultarle útil considerar cuál podría ser el peor de los casos en la situación actual. Con eso en mente, es probable que encuentre que comienza a sentirse mejor cuando se considera la probabilidad de que ese escenario realmente ocurra.

Con esto hecho, es importante actuar sobre la información que ha ganado, especialmente si usted ha determinado que la distorsión cognitiva es inválida. Pasar por el proceso de determinar la precisión de una distorsión cognitiva no tiene sentido si no sigues lo que has aprendido. El cambio no tiene por qué ser inmediato, después de que algunas distorsiones probablemente habrán estado con usted durante mucho tiempo, sin embargo, siempre y cuando reconozca lo que ha aprendido y permanezca abierto a nuevas experiencias en el futuro, usted encontrará que su viejo cognitivo distorsiones pueden dar paso a una nueva forma de ver el mundo.

Reestructuración cognitiva: Si miras las distorsiones cognitivas de otra persona, es probable que las encuentres fáciles de disputar. Por ejemplo, no importa cuánto se sienta un amigo tuyo como si fueran absolutamente los peores, puedes ver por qué esto es falso. Sin embargo, cuando se trata de sus distorsiones cognitivas personales, es probable que les resulte mucho más difícil superar, por lo que persisten en primer lugar. Usted encontrará que, sin ayuda, usted seguirá creyendo en sus propias distorsiones cognitivas no importa cómo realmente difieren de la forma en que el mundo es realmente.

Por suerte, hay varias maneras diferentes de derribar sus distorsiones cognitivas, no importa cuán profundamente arraigadas podrían ser. Estas técnicas se pueden utilizar en cualquier momento que te encuentres encontrando contra una distorsión cognitiva y, con suficiente práctica, te encontrarás enfrentándote a ellos cada vez menos a menudo y serán reemplazados por pensamientos equilibrados y precisos en su lugar.

Para empezar, usted va a querer utilizar lo que se conoce como cuestionamiento socrático para determinar la validez de sus pensamientos fuera de la puerta. El filósofo griego Sócrates siempre hizo hincapié en la importancia de las preguntas como medio de explorar ideas complicadas y descubrir suposiciones inherentes. Para hacer uso de su método cuando se trata de distorsiones cognitivas, usted querrá evaluar que usted está mirando las cosas a través de su filtro haciendo una serie de preguntas diferentes de sí mismo. Estas preguntas incluyen:

•¿Es un pensamiento realista?

- ¿Cuál es la base del pensamiento, son sentimientos o son hechos?

- ¿Tiene este pensamiento alguna evidencia que lo respalde?

- ¿Es posible que esté malinterpretando la evidencia basada en la distorsión cognitiva?

- ¿Es esta situación más complicada que simplemente blanco o negro?

- ¿Es un pensamiento habitual o está respaldado por los hechos de la situación actual?

Cuando te encuentres con un pensamiento negativo que simplemente no puedes sacudir, tómate el tiempo para probarlo en su lugar. Esta es una gran manera de tomar lo que sea en lo que estás pensando y encontrar una respuesta, de una manera u otra. Por ejemplo, si estás enojado porque te sientes demasiado estresado en el trabajo para tomar descansos, entonces esto es algo que se puede probar fácilmente. Simplemente actuaría normalmente una semana y calificaría su efectividad general, y luego tomaría más descansos la semana siguiente, calificaría su efectividad general y luego comparar los dos. Esto elimina todo el proceso de lo teórico y lo pone completamente en el ámbito de algo que se puede probar con resultados que se pueden llevar al banco.

Si el proceso de pensamiento en el que estás atascado no se puede probar fácilmente, entonces en su lugar puede encontrar útil mirar toda la evidencia disponible y ver a dónde te lleva. Para ello, todo lo que necesita hacer es echar un vistazo largo y duro a la situación en cuestión y luego escribir todo lo que apoya lo que su proceso de pensamiento dice está sucediendo y luego todo lo que apoya la idea de que su percepción de la situación está deformada. Cuando usted está mirando la evidencia en la cara usted encontrará que es mucho más difícil esconderse de la verdad que cuando todo está simplemente flotando alrededor de su cabeza en su lugar.

Romper patrones comunes: Finalmente, sabiendo lo que ahora sabes, lo único que queda por hacer es salir de los patrones que se han formado alrededor de las distorsiones cognitivas de las que estás tratando de liberarte. Esto va a ser mucho más fácil decirlo que hacerlo, sin embargo, especialmente si los hábitos están extremadamente arraigados. Como tal, es posible que desee comenzar por cambiar pequeños aspectos de los hábitos negativos primero, antes de trabajar hasta un cambio en toda regla. Esto le dará a sus vías neuronales arraigadas algún tiempo para comenzar a expandirse antes de saltar a algo completamente nuevo y diferente.

Recuerda, se tarda unos 30 días en construir un nuevo hábito desde cero, lo que significa que una vez que hayas llegado al punto en el que estés listo para darle al viejo hábito la bota para siempre, deberías estar listo para comenzar inmediatamente algo nuevo para tomar su lugar. Tener un nuevo hábito para reemplazar el viejo con directamente le dará a su mente algo nuevo para aferrarse, dándole un lugar para poner su enfoque mientras se centra en la tarea más seria de patear el viejo hábito a la acera. Ten en cuenta que formar un nuevo hábito es una oportunidad para mejorar algún aspecto de tu vida cotidiana, elige sabiamente y mantenlo una vez que comiences. Mientras que las cosas pueden ser difíciles en el intermedio, en sólo un mes se establecerá en su nueva rutina y todo habrá valió la pena.

Auto hablar positivo: Si alguna vez has escuchado una pequeña voz en tu mente diciéndote que no eres lo suficientemente bueno, lo suficientemente inteligente, lo suficientemente fuerte o lo suficientemente rápido como para completar una tarea dada, entonces has experimentado auto habla negativa. Mientras que la mayoría de la gente escucha esta voz de vez en cuando, y más o menos ignorarla, para aquellos con problemas persistentes relacionados con una madre narcisista, este tipo de auto hablar negativo a menudo nunca se detiene. Mientras que la mayoría de la gente será capaz de ignorarlo por un tiempo, eventualmente comienza a funcionar como un mantra y se filtra en el tejido mismo de sus procesos de pensamiento.

Es decir, que este nivel de repetición puede tener un impacto mucho mayor de lo que inicialmente puede darse realizar, ya que eventualmente, puede llegar a creer que es cierto independientemente de cuál sea el verdadero estado del mundo. Si no tienes cuidado, lo que comienza como un simple acosamiento podría redefinir en última instancia la misma forma en que te ves a ti mismo, cómo piensas en ti mismo y cómo te defines con pensamientos y acciones.

Para combatir esta tendencia insidiosa, tu mejor defensa es su auto habla opuesta o positiva. La auto habla positiva es un ejercicio que puedes hacer cuando sientes la necesidad o cuando estás teniendo un pensamiento particularmente negativo sobre ti mismo. Empezar es extremadamente simple, todo lo que necesita hacer es negar mentalmente el pensamiento negativo y reemplazarlo por uno positivo en su lugar. La negación es un paso importante en el proceso, ya que es importante que usted consigue el hábito de negar activamente la auto habla negativa para obtener los mejores resultados.

El primer paso para solucionar el problema es ser consciente de ello, si ya has practicado la meditación que el concepto de ver pensamientos sin interactuar con ellos ya te será familiar. Básicamente, lo que quieres hacer es tomarte el tiempo para ser plenamente consciente de cada pensamiento que pasa por tu mente. Las formas comunes de auto hablar negativas involucran las frases "No puedo" o "Nunca he sido capaz de", estas son respuestas comunes a los patrones de mentalidad fija y deben evitarse a toda costa. Si encuentras que te importa estar lleno de este tipo de declaraciones, responde a ellas preguntándoles "por qué no puedo" y ve adónde te lleva este tren de pensamiento.

Puede ser fácil dejar que los pensamientos existan en segundo plano mientras que otra tarea es al frente y en el centro, pero para este ejercicio, es importante centrarse en esos otros pensamientos durante el tiempo suficiente para asegurarse de que no están albergando pensamientos que podrían promover una mentalidad fija. El truco es escuchar estos pensamientos sin interactuar con ellos, el objetivo es encontrarlos y dejarlos ir sin darles ningún inmueble mental adicional. Mientras usted está trabajando en no interactuar con estos pensamientos disruptivos puede ser útil en su lugar pensar, "Abortar, abortar" después de que se haya percibido cualquier auto hablar negativo. Este comando romperá cualquier proceso de pensamiento que estaba trabajando actualmente y le permitirá expulsar el pensamiento negativo más fácilmente.

Si te encuentras teniendo dificultades con este consejo en particular, otra opción es usar una banda de goma o corbata alrededor de la muñeca para que cada vez que te cojas en auto hablar negativo puedas romperte la muñeca. Esto servirá para dos funciones. La primera es que atraerá su atención a la auto habla negativa para que se dé cuenta de ello y luego pueda tratar con él en consecuencia. La segunda es distraer tu mente de la negatividad el tiempo suficiente para que el pensamiento negativo no tenga tiempo de propagarse.

Meditación mindfulness: La meditación puede hacer maravillas. Las actividades de atención plena, incluida la meditación, pueden provocar un gran volumen del hipocampo y la amígdala y reducir el estrés. Un proyecto de investigación mostró evidencia de que sólo 27 minutos al día de meditación u otras técnicas de atención plena pueden lograr mejoras en el rendimiento del hipocampo y la amígdala y aliviar el estrés.

Mientras que el objetivo final de la meditación consciente es calmar la mente en un esfuerzo por encontrar un estado de calma interna a pesar del ajetreo y el bullicio del mundo exterior, a muchas personas les resulta difícil lograr este estado desde la puerta. En su lugar, es probable que le resulte más fácil empezar a suplantar cualquier pensamiento que pueda tener al centrar toda su atención en las señales que sus sentidos le están transmitiendo a la exclusión de todo lo demás. Si bien es posible que no sientas que estás recibiendo muchos datos sobre el mundo físico, especialmente si estás practicando en un espacio tranquilo y templado, la verdad del asunto es que tu cerebro filtra naturalmente aproximadamente el ochenta por ciento de todo lo que recibe, sólo tiene que entrar en el hábito de aprovecharlo.

Con la práctica, aprenderás a afinar tus pensamientos más comunes y a sintonizar lo que está pasando a tu alrededor.

Cuando haces esto, es importante simplemente tomar en la información que tus sentidos están proporcionando sin pensar en ello demasiado profundamente o transmitir juicio sobre lo que percibes. Juzgar tiende a conducir a pensamientos adicionales o, peor aún, comparación del grupo actual de situaciones con las del pasado que es más probable que te saque del momento y hacer que encontrar el estado de calma que estás buscando sea aún más difícil de lo que es probable que ser, especialmente cuando usted está empezando.

Recuerda, el objetivo con la meditación consciente es acercarte lo más posible a la existente e ignorar todo lo que esté fuera de tu entorno actual tanto como sea posible. Para alcanzar el estado requerido vas a querer empezar por enfocarte en tu respiración, la sensación del aire entrando y saliendo lentamente de tus pulmones, así como cualquier olor o sabor que vaya junto con esta práctica. A partir de ahí se puede ampliar la esfera de observación a cualquier otra sensación que su cuerpo podría estar experimentando, todo el tiempo profundizando en usted mismo en busca del punto donde su mente deja de formar nuevos pensamientos y simplemente existe en un estado de paz Relajación.

La conciencia plena no es necesariamente calmar la mente o encontrar un estado eterno de calma. El objetivo aquí es simple. Queremos prestar atención al momento en que estamos sin juzgar. Cuando juzgamos un pensamiento o algo que hayamos hecho en el pasado, tendemos a demorarnos en él. Eso no es vivir en el momento y no es propicio para la meditación consciente. Si bien esto es más fácil decirlo que hacerlo, es un paso crucial para la meditación consciente. Con la práctica, será fácil de lograr. Ten en cuenta el momento, los sentidos y el entorno.

Tome nota de las veces que está juzgando mientras práctica. Toma nota de ellos y sigue adelante. Es fácil para nuestras mentes perderse en el pensamiento. La meditación mindfulness es el arte de volver al momento, una y otra vez, tantas veces como sea necesario. No te desanimes. Al principio, encontrarás que tu mente vaga mucho. Vuelve a entrar y sigue avanzando. Incluso si tu mente vaga— y lo hará, no seas dura para ti misma. Reconoce cualquier pensamiento que aparezca, ponlos a un lado y vuelve a la pista.

Mantenerlo: Esta lista no es de ninguna manera exhaustiva, y a veces un contratiempo realmente puede alterar sus planes para resolver algunos problemas muy reales en su vida. Piensa en la destrucción, las amistades perdidas y tal vez las oportunidades perdidas. Oportunidades para hacer más de ti mismo o las oportunidades de conocer a las personas a lo largo de tu vida algo mejor.

Recuerda no desanimarte. Recuerda que no necesitas ser perfecto todo el tiempo y no ignores demasiado tus sentimientos. Déjate un poco flojo. No seas tan duro contigo mismo. Quieres formar nuevos hábitos, nuevas habilidades de afrontamiento.

No hay manera de averiguar más sobre ti mismo si no pones el trabajo duro. Trate de sudar y pruebe algunas de las ideas aquí que requieren que deje una posición sentada. Un corredor puede tropezar en el campo a veces, pero se levanta y continúa corriendo hasta llegar a la línea de meta. El verdadero ganador no es quién llegó primero a la meta, sino los que no se dieron por un acuerdo. A veces todavía puedes tener dificultad para manejar tus emociones y contener tu ira, pero eso es normal y comprensible. No somos perfectos y puede que a veces vayamos por el camino diferente. Pero recuerda siempre cuál es tu objetivo y cuánta mejora has hecho hasta ahora.

Capítulo 10

Imágenes públicas y privadas de los narcisistas

Los narcisistas son buenos actores. Esta es una de sus habilidades manipuladoras. Necesitan habilidades histriónicas para aligerar a sus víctimas y afirmar su dominio. Cuanto mejor entiendas sus buenas habilidades de actuación, mejor podrás lidiar con ellas.

Los narcisistas pueden ser encantadores cuando quieren. Quiero decir, ¡son grandes encantadores! Tienen la increíble habilidad de barrerte de tus pies en un primer encuentro. ¡Te encantarán! Son astutos en la lectura de sus guiones y en la interpretación de sus papeles perfectamente bien. ¡Por eso son buenos actores!

¿Y cuáles son sus guiones? Tú y yo. Sus guiones son personas que conocen y situaciones que se encuentran a sí mismos. Te encantarán si necesitan algo de ti. Puede que les guste algo o no les guste, dependiendo del guion. Por ejemplo, un narcisista puede no gustar tu gusto por la música, pero puede decirte que ama para entrar en ti.

Un narcisista puede pretender que le gusta tu celebridad favorita si eso le ayudará a causar. Tengo que advertirles, los narcisistas son buenos actores, mejor que Angelina Jolie y Dwayne Johnson juntos. Bien, eso puede ser una exageración. ¿Pero entiendes mi punto? Bien, eso es todo lo que importa.

Realmente tienes que entender este aspecto de los narcisistas, porque este es un aspecto que la gente realmente no sabe de ellos. Y esta es la razón por la que la gente, incluso algunos parientes y amigos, no saben el ideal que un niño está pasando en casa. La razón es porque el narcisista está jugando el papel de la mejor madre fuera y villano en casa.

Así que voy a dedicar este capítulo para revelar sus diversas imágenes y papeles. Podría escribir un libro entero sobre esto solo. Para ayudarte a tener una comprensión concreta de las habilidades de actuación de los narcisistas, usaré imágenes tangibles para explicarlas.

El camaleón humano

Los narcisistas cambian atributos más que los camaleones. Esa comparación puede ser hiperbólica, pero no es eso, si has conocido a un narcisista. Los camaleones cambian de color por varias razones: adaptarse a sus ambientes: ajustar su temperatura corporal a la de su entorno, atrapar presas desprevenidas y protegerse de los depredadores.

¿Te suena familiar? Narcisista actúa con el fin de:

Adaptarse a sus entornos

Al igual que los camaleones, los narcisistas necesitan adaptarse adecuadamente a sus entornos antes de comenzar su operación. Esto es lo primero que hacen. No dejes que su auto absorción y su insensibilidad te engañen para que pienses que no saben lo que está pasando a su alrededor. ¡Lo hacen!

Hacen más de lo que crees, y esta es una de sus ventajas. Se necesita sabiduría oscura para fomentar la división entre las personas. Se necesita un poco de ingenio para encender el gas y explotar a los demás con fines egoístas. ¡Así que despierta de tu sueño! Los narcisistas están mucho más alerta a su entorno.

Son grandes lectores de situaciones y buenas calculadoras. Pueden parecer lentos como camaleones, pero su astucia compensa su aparente tardanza. Para adaptarse a su entorno, el narcisista hace una gran cantidad de lectura de guiones.

Ajustar su temperatura corporal a la de su entorno

Mientras que los camaleones ajustan su temperatura corporal para que coincida con la de su entorno, los narcisistas ajustan su estado de ánimo y carácter para que coincidan con los de quienes los rodean de los que se benefician. Los narcisistas nunca ajustarán su estado de ánimo para aquellos a quienes puedan intimidar.

Esta habilidad ensacó a los narcisistas de los forasteros. Una mujer puede ser narcisista en su casa y nadie en su iglesia puede saber nada al respecto. ¡Son tan buenos! Tu madre narcisista puede dar su mejor comportamiento en público, para la admiración de todos, incluyéndote a ti. Puede que te preguntes si esta es realmente tu madre. Ella ha dominado el arte de jugar el estado de ánimo.

Trampa presas desprevenidas

¿Has visto la lengua del camaleón antes? Es una cosa larga que es súper rápida. El camaleón lo utiliza para dibujar presas desprevenidas en las bóvedas de su estómago. Los narcisistas también son así. Puede que no sean rápidos como camaleones, pero al igual que sus homólogos reptiles, su ataque es repentino y rápido.

Primero empiezan disfrazándose de buenas personas. Harán todo lo posible para que sus víctimas se sientan cómodas antes de atacar. Es como el proverbial folclore en el que el reino animal decidió matar al elefante orgulloso. La única manera de hacer esto era hacer que el elefante fuera el rey.

En medio de la pompa y el desfile, llevaron al elefante al trono que se colocó en un agujero muy profundo. ¡Ruido sordo! El grandullón se estrelló en el agujero trompeta mientras bajaba. Ese fue el final de ese elefante. Moral de la historia: Al narcisista no le importa hacerte rey si así es como se deshará de ti.

Protéjase de los depredadores

Aunque los narcisistas viven en un mundo imaginario, entienden los peligros de la vida real. Esto es de esperar ya que el trauma de la vida real fue lo que alentó su narcisismo en primer lugar. Si pretender ser quien no son protegerá su dominio y sus intereses egoístas, lo harán.

Incluso pueden obedecer o someterse por el momento a protegerse. Pero ten la seguridad de que atacarán en el momento oportuno, y atacarán con fuerza.

Tener múltiples imágenes es muy esencial para la supervivencia de los narcisistas. Es su forma de tener el control. Requieren una imagen pública y una imagen privada para estar en la cima de su juego. La imagen pública es agradable, fácil, y encantador. Esta no es su verdadera naturaleza. Es una falsa proyección de su verdadero yo. La imagen privada, por otro lado, es lo que realmente son. Tu verdadero carácter es la cualidad que exhibes cuando estás solo. Es puro y sin pretensiones.

Imágenes típicas de los narcisistas

Los narcisistas se pueden comparar con muchas cosas. Los narcisistas son:

Como la tierra

Los narcisistas son como la tierra. ¿Cómo? Me alegra que preguntes. La tierra es oscura en un lado y brillante en el otro lado. Esto explica día y noche. Cuando Estados Unidos esté soleado, el Reino Unido estará lunar. A medida que la tierra gira alrededor de su propio eje, un lado mira hacia el sol y el otro lado respalda el sol. El lado que da al sol es el día y el otro lado es la noche.

Narcisistas gira alrededor de su propio eje también! Muestran un lado bueno a algunos y el lado malo de otros, dependiendo de su estado de ánimo, relación e interés egoísta. Su imagen pública es soleada, encantadora y hermosa de contemplar. Te encantaría. Pero su imagen privada es a menudo oscura y helada fría. Esta es su verdadera naturaleza.

Su lado oscuro es insensible, sin emociones, abusivo, divisivo, dominante, arrogante y cualquier otro rasgo que he abordado anteriormente sobre NDP. Este es el lado que está oculto, pero es el lado que es venenoso.

Demonios en casa

En su buen día, los narcisistas pueden ser muy crueles, pero en su mal día pueden ser monstruosos. Por supuesto, esta imagen se muestra a los que están cerca de ellos. Es su imagen privada. Son monstruos venenosos que victimizan a sus víctimas. Son imparables en su búsqueda de afirmar su dominio.

Son despiadados y viciosos. Harán casi cualquier cosa para lograr sus objetivos. Ellos jadearán, victimizarán, traumatizarán e incluso pauperizarán para tener su camino. ¡Muéstrame un monstruo más formidable!

Ángeles fuera

Los narcisistas son ángeles afuera. Son agradables y sociales. Son buenos actores, ¿recuerdas? Los forasteros los ven como aquellos que ni siquiera pueden herir a una mosca. Son agradables y divertidos de estar. Este lado irreal de ellos es parte de su estrategia divisiva. Necesitan hacer un show para que los forasteros no sospechen nada.

Resumen del capítulo

La imagen lo es todo para los narcisistas. Necesitan este talento para sobrevivir y dominar. Por favor, nunca subestimes las habilidades de actuación de los narcisistas. Si tu madre es narcisista, o conoces a un narcisista, ya lo has visto en acción.

Los narcisistas deben tener dos imágenes: una imagen pública y una imagen privada. Las imágenes que ves son las que quieren que veas. Son como camaleones, por lo que pueden ocultar cuidadosamente sus defectos. Pueden fingir ser quienes no son perfectamente, porque toda su vida es imaginaria. Debes tener mucho cuidado cuando estás lidiando con ellos.

Capítulo 11

La hija de una madre narcisista

Los síntomas en una relación narcisista madre-hija no son exclusivos de la madre. Las hijas que han sido criadas por madres narcisistas también son sometidas a experimentar muchos de sus síntomas dolorosos que pueden conducir a muchos problemas en el futuro. Necesitas tomarte el tiempo para mirarte a ti mismo como parte de la ecuación para ver qué síntomas estás experimentando, y para entender cómo pueden estar influyendo en ti para experimentar más problemas o abuso en tu vida adulta.

Mirar tus síntomas puede ser doloroso porque vas a tener que enfrentar todo lo que ahora experimentas y entender que todo esto se debió a tu madre. Es posible que sientas una intensa cantidad de rabia, tristeza, dolor, dolor, culpa u otras emociones relacionadas con estos descubrimientos, así que te animo encarecidamente a asegurarte de que puedas hablar con alguien en quien confíes después de leer este capítulo. Estar preparado para recibir apoyo tan pronto como lo necesites cuando surgen emociones o recuerdos difíciles puede ser útil para recuperarte de este abuso.

Usted puede estar crónicamente avergonzado de sí mismo

Las hijas de madres narcisistas son conocidas por experimentar vergüenza crónica en sus vidas, particularmente en torno a todo lo relacionado con quiénes son y lo que hacen. Puede parecer que no hay límite a la vergüenza que experimentas, y que tiendes a experimentarlo de muchas maneras diferentes.

La vergüenza que usted experimenta ahora se debe a que siempre se le hace sentir inadecuado cuando era niño. Las madres narcisistas tienden a estar especialmente amenazadas por sus hijas, lo que significa que el nivel de abuso que usted ha experimentado en términos de ser acosado y acosado es probablemente enorme. Hay una buena posibilidad de que toda tu infancia haya pasado contigo con las muchas razones de por qué eras una mala persona y por qué no eras lo suficientemente bueno. Probablemente te dijeron que no eras merecido, no bonita, no inteligente, no digna, y muchas otras cosas falsas que se decían para que dejaras de llamar la atención.

Haciéndote sentir horrible contigo mismo, tu madre podría sentirse segura de que te quedarías callada y escondida por tu cuenta para que no tuviera que intentar hacerlo por ti. Tampoco tendría que asumir la responsabilidad de arrastrar tu nombre por el barro o difundir malos rumores sobre ti, que es un comportamiento narcisista común conocido como "manchado". De alguna manera, tu mamá puede incluso haber usado tu baja autoestima para aumentar su sentido de importancia, como al alardear de cómo tuvo que defenderte o tratar de edificarte en ciertas situaciones porque careces de autoestima. Por supuesto, ella nunca mencionaría que tu falta de autoestima vino de ella en primer lugar porque esto le quitaría su imagen perfecta.

Como adulto, ahora puede experimentar vergüenza crónica en torno a todo en su vida, incluso cuando sabe que no es necesario. Podrías aferrarte a estándares excesivamente altos, sentirte culpable por cosas que son experiencias humanas normales e intentar comportarte como un sobrehumano porque te han dicho que no eres lo suficientemente bueno. Estos comportamientos son probablemente tanto un esfuerzo para ser visto como una buena persona como un esfuerzo para evitar ser abusado más porque en su infancia se le abusaría si usted no luchó para lograr estos estándares irrazonables. Esta vergüenza es extremadamente tóxica, dolorosa y altera la vida, por lo que vamos a pasar tanto tiempo dirigiéndola y sanándola en la parte 2 de este libro.

El abuso infantil puede conducir a abuso de la adultez o patrones de relación tóxica

Cualquier forma de abuso infantil puede llevar a niños a crecer y entrar en relaciones abusivas y tóxicas, y un niño abusado por un narcisista no es diferente. Es posible que como adulto ahora te encuentres en muchas relaciones tóxicas, o relaciones que incluso son francamente abusivas. Es posible que sientas que tienes algún tipo de "señal" oculta que de alguna manera llama a personas que se aprovecharán de ti, te intimidarán o abusarán de ti a través del narcisismo en tu vida adulta. Muchas hijas de madres narcisistas sienten que no pueden alejarse del narcisismo, a pesar de que estaban seguras de que salir de sus hogares de la infancia sería suficiente.

La razón por la que usted puede estar experimentando relaciones tóxicas o abusivas ahora en la edad adulta es que nunca se le han enseñado límites o pasos importantes de cuidado personal en la vida. Ser criado por alguien que te mandó vivir toda tu vida en base a sus necesidades y deseos ha dado lugar a que no sepas cómo defenderte completamente y cuidarte en las relaciones ahora. Esto puede ser doloroso de admitir, pero, de hecho, es probable que sea la razón por la que esto está sucediendo. Si te das cuenta de que pareces estar rodeado de personas que abusan de ti o se aprovechan de ti y no pareces entender por qué sucede esto, hay una buena posibilidad de que sea un producto de tus comportamientos arreglados.

Usted puede reflejar algunos de los síntomas de su madre

Como hija de un narcisista, este puede ser uno de los síntomas más aterradores que puedes enfrentar. Una cosa es sentirse inseguro con los demás, pero sentirse inseguro dentro de ti mismo y reconocerte comportándote de maneras que no te gustan puede ser francamente aterrador. Existe la posibilidad de que ahora como adulto refleje algunos de los síntomas de su madre, y esto puede conducir a un intenso temor de que usted va a ser abusivo hacia alguien que amas al igual que ella lo hizo. Es posible que no entiendas por qué estos comportamientos existen o tienen claridad en cuanto a lo lejos que se desarrollarán también, dejándote sintiéndote impotente y como si fuera inevitable que siguieras sus pasos dañinos.

Lo creas o no, a pesar de que a muchas personas no les gusta hablar de este punto, es bastante común en aquellos que sobreviven al abuso narcisista de un padre específicamente. La razón de este síntoma es que como niño se supone que debe ser criado por un tutor que lo puede guiar para aprender a navegar por varias partes de la vida. Idealmente, un guardián saludable debería haberte enseñado cómo lidiar con emociones difíciles, conflictos, expectativas, autoestima, inseguridades y otras partes naturales de la vida. Desafortunadamente, usted fue criado por una madre que no sabía cómo y que regularmente modelaba ejemplos extremadamente pobres de cómo un individuo debe lidiar con estas cosas. Como adulto, es poco probable que reflejes este comportamiento si mostraras un verdadero narcisismo y más es probable que muestres métodos de afrontamiento deficientes en la vida. Con la sanación y los esfuerzos adecuados, usted debe ser capaz de identificar nuevas maneras para que usted pueda hacer frente a las cosas en la vida, lo que le permite ir más allá de los patrones de repetir el comportamiento de sus madres debido a no conocer una manera mejor.

Puede haber el sentimiento de un vacío profundo en tu vida

Una de las cosas más dolorosas que he experimentado como hija de un narcisista, incluso hasta el día de hoy, es ese vacío que sientes en ti mismo y en tu vida alrededor de tu madre. Como adulto, ahora puedes encontrarte anhelando una relación positiva con tu madre, posiblemente hasta el punto en que sigues intentando tener una mejor relación con ella sólo para encontrarte atrapado en el ciclo una y otra vez. Esta es una experiencia común para las hijas de madres narcisistas y quiero decirles ahora mismo que esto no es un pobre reflejo de ustedes, sino que es un doloroso reflejo de su realidad.

Incluso cuando te curas del abuso de tu madre, es probable que te encuentres en momentos en los que desees tener una madre sana y solidaria en la que confiar. Incluso podrías recordar las veces que tu madre te mostró su encantadora máscara, llevándote a sentir que tal vez puedes llamarla para que la apoyes en una sola cosa, con la esperanza de que ella ofrezca ese tipo de encanto y apoyo una vez más. Puede ser doloroso cuando te das cuenta de que tu madre no está disponible para ofrecerte el apoyo y el amor que necesitas, y aún más doloroso cuando te das cuenta de que ella no tiene idea de por qué te sientes tan desconectada y sola en el mundo debido a su tratamiento. Esta es una parte natural del proceso de recuperación y curación, y con el tiempo se vuelve mucho más fácil de navegar. Mientras que el dolor en sí está siempre allí, usted encontrará que usted se vuelve mucho más fuerte en la curación de ese dolor y hacer frente a él cuando se levanta la cabeza. De esta manera, no te pones en un juego de yo-yo tratando de conseguir que tu madre sea la mujer que necesitas que sea cuando realmente no puede ser.

Capítulo 12

Superando a los narcisistas en su propio juego

Ahora, vamos a ver las diversas técnicas que puedes usar para frustrar al narcisista a cada paso. Te prometí que te daría estas herramientas. Si quieres aprender a conducir las nueces narcisistas y vencerlos en su propio juego, entonces vamos a proceder.

Sé impredecible

El narcisista espera que te comportes de ciertas maneras cada vez que te hacen algo manipulador o hiriente. Más a menudo que no, cuando el narcisista te provoca, has establecido formas de responder. Ambos han hecho esta canción y bailan lo suficiente como para que ni siquiera se den cuenta de que tienen la opción de reaccionar de manera diferente.

Lo único para lo que el narcisista nunca está preparado cuando intentan herirte o provocarte es la indiferencia. Tampoco esperan que seas feliz o alegre. No esperan que seas obstinado por lo que quieres, o que actúes desde un lugar de seguridad cuando te atormentan.

Lo que quieres hacer cuando el narcisista te atormenta es exactamente lo contrario de lo que te gustaría hacer en ese momento. Por ejemplo, en lugar de llorar, o arremeta airadamente, puedes elegir sonreír o reír en su lugar. Te ayuda a sentirte mucho mejor, y se librará de todos los sentimientos de ansiedad y estrés. Hagamos esto lo más práctico posible.

Por el momento, el narcisista te está triangulando. Una cosa que puedes hacer es simplemente mantener tu expresión facial neutra, mientras cambias a un tema diferente. Otra cosa que podría hacer es simplemente elegir no participar en la conversación para empezar. Si el narcisista te está triangulando con un extraño en tu presencia (uno con el que el narcisista no tiene lazos sexuales o románticos, para ser precisos) entonces podrías ser más amable y cálido con el extraño con el que el narcisista está tratando de triangularte. O simplemente podrías salir de la habitación. Elegir tomar el camino alto por salir definitivamente no pasará desapercibido para el extraño. Una manera de saber con certeza que el narcisista te está triangulando es centrar tu atención en otra persona además de la persona con la que el narcisista participa activamente en tu presencia. Si el narco está triangulando, su atención pasará de su conversación a la tuya.

Si el narco te está acorralando, entonces es seguro que esperan que intentes atravesar sus defensas para llegar a ellos. En lugar de luchar ansiosamente para volver en sus buenas gracias, elija ese momento para hacer algo por sí mismo. Haz algo que te guste. Ir a la tienda, o recoger un libro, ir al gimnasio o dar un paseo, llamar a un amigo encantador, o ver a los vecinos agradables. Mantenga su teléfono apagado mientras usted hace lo que es lo contrario de lo que esperan de usted. Si solías suplicar clemencia en el pasado, sólo detente. Es una gran oportunidad para que consigas un poco de práctica sin contacto. Así que, hazlo en su lugar.

¿El narco está intentando la maniobra de aspirador con la esperanza de que vuelvas a chuparte? Sin duda, espera que caigas en las disculpas vacías y en las lágrimas de cocodrilo. Cree que lo de No Contacto es para mostrar, y nada más. Volverás con él en un sin tiempo. Bueno, esta vez, elige un curso de acción diferente. Bloquearlo en todas tus redes sociales. Ignóralo. Actúa como si no existiera. Cuanto más intenta el narcisista de aspirador ti, más obvio se hace que ella ha perdido su control sobre ti.

Conviértete en un espejo

Deja que Narciso se vea en ti. ¿A qué me refiero exactamente? Quieres reflejar al narcisista. Cuando se trata de citas, consejos bastante sólidos es reflejar su interés amoroso. De esta manera, no terminarás invirtiéndote demasiado en alguien a quien no le importa tanto el crecimiento de una relación contigo. Puedes emplear esta misma táctica con el narcisista.

Cuando se trata de reflejar al narcisista, no quieres reflejar su falso y encantador yo para él. Lo que deberías reflejar es su lado frío y cruel. Cuando reflejas el narco, lo que sucede es que reduces el nivel de inversión que tienes en la relación, y al mismo tiempo, evitas la probabilidad de un nuevo trauma. Esto le dará la habitación que necesita para reunir sus fuerzas y salir cuando esté listo. Así que, cuando el narcisista se enfríe, dale el mismo tratamiento. Cuando se retire, haz lo mismo.

Uso del tratamiento silencioso

Si estás en una relación con un narcisista y te estás preparando psicológicamente para irte, si el narcisista acaba de abusar de ti o te está dando el tratamiento silencioso, sería mejor que te aprovecharas de eso. Anime a continuar el tratamiento silencioso. Refleja al narcisista. El tiempo que pasas sin hablar entre sí se puede invertir en cuidarte a ti mismo, y nutrir tu conexión con los demás. Este es un gran paso para tomar en su camino a todo Sin contacto, por cierto.

Ponte a ti mismo primero

Esta es la venganza definitiva. El narcisista está acostumbrado a ser el gran kahuna, el perro superior, el jefe, número uno. Bueno, para variar, ponte primero. Lo que esto significará es que tienes que estar dispuesto a decir *NO* al narco, y tienes que sí mismo volver a sentirte digno de la buena vida que la vida tiene para ofrecer. Haz esto para que puedas curarte. Haz esto por ti mismo. Haz esto para devolver le pago a la narco por todas las veces que te ponen en segundo lugar, si alguna vez estabas en su lista de prioridades para empezar. De ahora en adelante, cuando se trata de ti y del narco, tú eres el primero.

Paso hacia el futuro

Es bueno ser consciente y presente. Sin embargo, debe considerar el futuro. Como víctima de abuso narcisista, la tendencia es seguir volteando del presente al pasado y de vuelta, repitiendo constantemente el trauma pasado, y centrándose en lo sombrío que es el momento presente. En lugar de hacer eso, concéntrate en tu futuro. Pregúntate, si las cosas están tan mal ahora, ¿cuánto peor es? Porque, apuesto tu dólar de fondo a que el abuso empeora con el tiempo, no mejor. Pregúntate cuál será el impacto en tu cuerpo y alma. Pregúntate qué sueños nunca lograrás si no sales mientras puedas.

Pregúntese si realmente desea traer niños al mundo con esta persona como co-padre. Si ya tienes hijos, pregúntate cuál es tu relación abusiva y tóxica para la psique de tus hijos. Pregúntate si estarías dispuesto a soportar el comportamiento del narco cuando sean viejos y feos. El hecho es que parte de su encanto está en su atractivo en este momento. ¿Aún los mira rías en sus años crepusculares y los encontrarías hermosos o guapos con ese comportamiento de mierda? No es superficial si respondiste que no.

Si es un narcisista que estás aguantando en el trabajo, pregúntate si vale la pena el riesgo para tu carrera. Si es un amigo, pregúntate si vale la pena seguir siendo amigo de ellos cuando todo lo que hacen es drenarte.

Reducir las redes sociales

Casi parece que las redes sociales fueron hechas para narcisistas. Les encanta usar las redes sociales para encontrar maneras de hacerte sentir terrible. Se hacen parecer algo distinto de lo que realmente son, y disfrutan del hecho de que en realidad se pueden ver en acción mientras te triangulan con los demás. Cuando te retiras del narcisista, te serviría mantenerte alejado de todas las redes sociales. No cedan a la tentación de acechar al narco. Puedes desactivar temporalmente tus cuentas en todas las redes sociales, para que no caigas en toda la manipulación. Puede que no sea fácil al principio, pero con el tiempo, descubrirás que quieres estar en el bucle y te sentirás más relajado y a gusto, lo que facilitará tu curación de los lazos de trauma que el narcisista ha creado entre ustedes dos.

Meditar

La meditación es una gran manera de que usted llegue a un acuerdo con todo lo que le ha sucedido hasta ahora, así como para reconectarse con lo que realmente eres. Lo más probable es que hayas olvidado quién es tu verdadero yo, debido a todos los abusos que has sufrido a manos del narcisista. Sin embargo, cuando meditas, comienzas a encontrar las piezas perdidas de ti mismo, para que puedas volver a estar unidas. Es una gran ayuda en el camino hacia la recuperación y el redescubrimiento de su yo auténtico. También te ayudará a desvincularte cada vez más del narcisista, reduciendo cualquier impulso para volver a tu vómito.

No más recompensas por un comportamiento terrible

El narcisista es un niño adulto, simple y llanamente. Si sigues dándoles dulces cada vez que hacen algo terrible, ¿qué esperas que hagan? ¡Por supuesto, van a seguir actuando terriblemente! En esta situación, después de que el narcisista te haya desechado, cuando vuelvan a aspirador ti y les dejes seguir su camino, les has dado algunos dulces de nuevo. Lo mejor que debes hacer debería ser ignorarlos por completo. Quédate en silencio. No les des ni siquiera el comienzo de una palabra. Cuando permaneces completamente no reactivo a lo que dicen o hacen, esto los volverá locos. Pero no lo hagas sólo para volver locos a los narcisistas. Piénsalo de esta manera: Cuando estabas en la vida del narco, ella nunca te respetó. Nunca valoró que estuvieras ahí. Entonces, ¿por qué molestarse en volver?

En lugar de permitir que el narcisista te idealice, te idealizas para un cambio. El amor te bombardea. ¿Quieres complacer a alguien? Por favor, por favor, por favor. ¿Por qué alimentar las fantasías ilógicas e inexistentes del narcisista? Canaliza esa energía en tus propios sueños realistas y alcanzables. Deja de darle tu energía, tiempo y emoción al narco. ¡No más golosinas!

¿El narco derrama lágrimas falsas otra vez para que te quedes? Vamos. Ya has visto este programa antes. Sucede después de cada incidente abusivo. Es en el peor de los casos, aburrido y, en el mejor de los casos, patético e hilarante. Puedes ver a través del acto ahora. Empaca y vete. ¿Está pasando y hablando del narco sobre algo preciado que acaba de comprar o compró? Te ves tan aburrido y desinteresado como puedas. Una mirada en blanco debería hacer el truco.

Validarse a sí mismo

Deja de buscar validación del narco. Es bueno tener validación, cierto, pero debes aprender a dártelo a ti mismo. De esta manera, no estás regalando tu poder a los demás. No es necesario complacer a la gente para recibir validación. Usted puede deliberadamente optar por felicitarse a sí mismo. Sé más sensible a todas las bendiciones maravillosas de tu vida. Conviértase en agradecido por todos sus logros, pasado y presente, grande y pequeño. Mantén el enfoque en ti y aprende a sentirte cómodo con eso.

Consíguelo en el registro

Siempre guarda los horribles mensajes que el narco inevitablemente te enviará. Puede que los necesites más tarde. Si el narco está buscando sangre, tratando de derribarte con una campaña de desprestigio, como último recurso, podrías publicar esos mensajes. Sin embargo, no tiene que llegar a eso. Usted podría simplemente captura de pantalla de los mensajes y guardarlos para recordarle por qué nunca quiere tener nada que ver con esta persona de nuevo, en la posibilidad de que usted comienza a pensar que realmente han cambiado. Documenta todo: vídeos, notas de voz, chats, correos electrónicos y textos. Cada vez que te sientas tentado a volver a esa horrible droga que es el narco, levanta esto y pasa por ellos. Recordarás por qué ya no quieres estar con ellos o a su alrededor.

Escríbelo todo

Consíguete un diario. En este diario, harás una lista de todas las terribles cualidades que tiene el narcisista en tu vida, así como las experiencias que has tenido con ellos donde te estaban jadeando, o manipulándolos de otras maneras. Mantén este diario en algún lugar donde el narco no lo vea. Mantenga notas de todo, incluidas las discrepancias entre su versión de los eventos y la suya. Asegúrate de que todo esté anticuado. Toma nota de tus sentimientos y observa los episodios de abuso. Este diario te ayudará a ver que no eres el loco cada vez que el narco comienza con el loco.

En Resumen

Como el narcisista te idealizó, debes idealizarte. La diferencia es que porque eres capaz de empatía, vendrás de un lugar de amor verdadero por ti mismo. No desperdicies ni una pizca de energía que se apodera del narco. Ideales, y descubrirá que lo que ha estado buscando para obtener del narco, podría haberse dado todo el tiempo.

Como el narcisista te devalúa, también debes devaluar lo que intenta hacerte creer sobre ti mismo. Entiende que el narco te ve como una extensión de sí mismo, y como tal, la imagen que te está alimentando a la fuerza acerca de quién eres, es realmente quien es. Así que devalúe todo eso ignorándolo, riéndose de él y viéndolo por lo que es: intentos inútiles de manipulación por parte de una persona patética e impotente.

Como el narco te descartó, también debes descartarla. Déjala ir. Ella no es digna de ti. Esa es la razón por la que sigue cortando. Sabe que no es digna, y sabe que nunca podría estar a la altura de ti. Así que ella espera engañarte para que te entusiasmes de quién eres realmente. No te engañes. Desecharla.

Ahora, ¿deberías intentar atravesar a un narco? La respuesta a eso es no. aspira tú mismo. Conócete a conocerte de nuevo, para que puedas ser recordado de todas las muchas maneras en que eres un rudo impresionante. Ya era hora de que empezaras a tratarte como a tu hermoso alma.

Capítulo 13

Estadísticas sobre el trastorno narcisista de la personalidad

El trastorno narcisista de la personalidad prevalece en la creciente población del mundo, especialmente en la población de los Estados Unidos. El trastorno narcisista de la personalidad puede ser diagnosticado por ciertas terapias, sesiones de rehabilitación y tratamientos, pero el problema es que muchas personas, adolescentes y especialmente los padres no pueden consultar a un profesional psicológico.

Se han reportado muchos casos con respecto al trastorno narcisista de la personalidad y muchas personas están consultando a los profesionales psicológicos para salir de este trastorno. El trastorno narcisista de la personalidad no es hereditario ni un trastorno del nacer. En cambio, la gente lo desarrolla con el tiempo debido al complejo de inferioridad o debido a la presión social. Las personas con trastorno de personalidad narcisista, especialmente los padres de los niños, ya que tienen que nutrir y criar a los niños de acuerdo con las normas culturales.

El trastorno narcisista de la personalidad fue objeto de muchos investigadores en sus estudios. Hasta ahora, han recopilado pocos datos basados en los diversos casos de trastorno narcisista de la personalidad y los tipos de rostros del narcisismo materno o paterno. Aquí están los datos estadísticos o los resultados de los resultados realizados.

Estadísticas de los Estados Unidos sobre el trastorno narcisista de la personalidad

Según los datos recopilados, aproximadamente el 0,5% de la población general de los Estados Unidos sufre de trastorno narcisista de la personalidad. Además, entre el 2 y el 16% de la población que busca ayuda de los profesionales médicos tiene un trastorno narcisista de la personalidad.

Casi el 6% de la población forense sufre de trastorno narcisista de la personalidad. Pero, la mayoría de los rasgos narcisistas presentes en la población general y en la población forense no se conocen como trastorno de personalidad narcisista real. Los rasgos narcisistas reales se encuentran en los veteranos o en la gente en el ejército. Casi el 20% de la población militar sufre el trastorno narcisista de la personalidad. Los seis tipos de cuestiones narcisistas han sido reportados a los profesionales psicológicos por la población militar.

En los Estados Unidos de América, más del 17% de la población de los estudiantes de medicina (primer año) sufre de trastorno narcisista de la personalidad. La fundadora del IRHRPPE (Instituto de Reducción De Daño Relacional y Educación en Patología Pública), Sandra L. Brown describe en su revista en línea a casi 60 millones de personas que viven en los Estados Unidos que sufren los rasgos narcisistas de la gente o familiares a su alrededor.

Además, dice que hay al menos 304 millones de personas que sufren de trastorno narcisista de la personalidad en los Estados Unidos. Sin embargo, esta población de trastorno de personalidad narcisista también incluye a las personas con problemas psicológicos y problemas de personalidad antisocial. Ella da una estimación de que al menos 12,6 millones de personas sufren de trastorno narcisista de la personalidad sin conciencia. Significa que los 12,6 millones de personas no tienen valores morales para juzgarse a sí mismos. Cumplen con lo que sienten, sin pensar en el bien y el mal.

Más de 60,8 millones de personas se ven afectadas negativamente en los Estados Unidos por el comportamiento narcisista del padre narcisista, cónyuge narcisista, amigo narcisista o cualquier otro miembro de la familia narcisista. Además, hace una declaración clara de que los 60,8 millones de personas son sólo una estimación aproximada, ya que no incluye a los niños que se ven afectados secretamente por el comportamiento narcisista de sus padres. El narcisismo materno y paterno es muy común en los Estados Unidos.

Según el DSM-5, la prevalencia del trastorno narcisista de la personalidad en la población de estados Unidos es del 6%, mientras que la prevalencia de los síntomas antisociales en la personalidad es tan alta como 3.3%.

Según estos datos, hay más de 326 millones en los Estados Unidos (la población está en constante aumento) y el 6% de la población total de los Estados Unidos está sufriendo de trastorno narcisista de la personalidad. Esto significa que aproximadamente, 19.560.000 personas están sufriendo el trastorno narcisista de la personalidad. Por lo tanto, si combinamos la población está sufriendo el trastorno narcisista de la personalidad y la población que sufre de trastorno de personalidad antisocial. Aproximadamente 697.500.000 personas carecen de empatía o no tienen conciencia. Según lo estimado por Brown, estas personas afectan a casi 80,8 millones de personas.

Además, el DSM-5 procede a informarnos que casi el 50-75% de todos los pacientes narcisistas son hombres. Los pacientes narcisistas restantes son mujeres y niños adolescentes.

Estadísticas Internacionales sobre el Trastorno Narcisista de la Personalidad

A nivel mundial, el DSM-5 afirma que casi el 6,2% de la población mundial total sufre el trastorno narcisista de la personalidad. El trastorno narcisista de la personalidad se reconoce fuera de los Estados Unidos al igual que en los Estados Unidos. Sin embargo, el CIE-10 enumera 8 caras de trastorno narcisista de la personalidad a nivel mundial.

El trastorno narcisista de la personalidad no debe considerarse a la ligera como un alto percentil desconocido de niños y adultos de todo el mundo que sufren de los malos efectos del narcisismo materno y el narcisismo paterno. Sin embargo, a pesar de tener problemas narcisistas, muchos padres y padres están buscando ayuda de los psicólogos profesionales para que puedan criar a sus hijos en un ambiente seguro, protector y saludable.

Síntomas del narcisismo materno

El narcisismo es una práctica humana común de sentirse importante, de necesitar admiración, atención de los demás, deseando éxito y amor. En cierta medida, esto es bastante normal y en la mayor parte de la situación, se está considerando como un rasgo de personalidad importante que toda persona debe poseer, pero sólo hasta que sea ocasional y suave. Es porque está perfectamente bien ser narcisista en la medida en que no podría ser clasificado como un trastorno.

Sin embargo, por otro lado, si hay una persona que se caracteriza por el narcisismo con bastante fuerza, o los rasgos de personalidad narcisista han llegado a un extremo en alguien, entonces esto es un trastorno de la personalidad y se convertirá en muy importante prestar atención a su

Tratamiento. Es porque en tales situaciones el narcisismo tendrá la capacidad de causar deterioro funcional y angustia e incluso la situación puede durar un período más largo de tiempo con facilidad.

Si una persona posee un patrón de comportamiento anormal durante un período de tiempo más largo que se caracterizan particularmente por el sentimiento de autoimportancia, falta de empatía y exceso de necesidad de auto admiración. Su comportamiento constante de buscar exceso de atención y admiración constante puede frustrar a otras personas que están en una relación con el enfermo de este trastorno.

Bueno, para tener una mejor idea sobre el trastorno narcisista de la personalidad es importante echar un vistazo a sus conceptos básicos para tener una mejor idea de las cosas. Saber esto seguramente le ayudará a entender más hechos de una manera efectiva con facilidad.

Trastorno narcisista de la personalidad

Un trastorno narcisista de la personalidad es uno de muchos otros trastornos de la personalidad. Es un sentido mental de sufrir de un sentido exagerado de la auto admiración, la autoimportancia, el impulso profundo de atención extrema, etc. Esas personas que sufren de esto pueden tener problemas con su relación porque también tienen una falta de simpatía y compasión por los demás.

Estas personas siempre sienten que son superiores o mejores que las otras que están a su alrededor y, por lo tanto, deben ser tratadas de maneras especiales en consecuencia. Bueno, el hecho de que quede detrás de esta situación extrema es que este exceso de confianza es sólo una máscara. En realidad, estas personas tienen una autoestima endeble que es vulnerable incluso a la más mínima crítica.

El trastorno narcisista de la personalidad se puede definir mejor como una paradoja. Es porque esas personas que sufren de esto pueden actuar con confianza y superior, pero carecen de autoestima y no están realmente seguras de sí mismas. Sólo anhelan buscar la atención de los demás y quieren que todos los elogien solamente.

Debido a su actitud superior, la mayoría de los enfermos de trastorno de personalidad narcisista son incapaces de construir relaciones positivas con los demás. El trastorno de personalidad narcisista puede convertirse en una causa de gran desastre no sólo para la persona que está sufriendo de esto, sino también para las personas que viven alrededor de esa persona. Estas personas afectadas pasan más a menudo mucho tiempo pensando sólo en sí mismas. A menudo piensan en las maneras de alcanzar el poder y el éxito o en las maneras de mejorar su apariencia. Tratan de aprovecharse de las personas que están a su alrededor la mayor parte del tiempo. El comportamiento anormal en la mayoría de las personas normalmente comienza temprano en su edad adulta u ocurre a través de una variedad diferente de situaciones sociales, como en las relaciones o la vida laboral.

Más comúnmente las personas que sufren de este problema se caracterizan como egocéntricas, arrogantes, exigentes y manipuladoras. La mayoría de ellos también pueden tener algún tipo de ilusiones o fantasías espléndidas o podrían estar convencidos de que necesitan tener tratamientos especiales. En algunos casos, estas personas también tratan de asociarse con las personas que consideran únicas o tienen algunas capacidades especiales.

Significa que estas personas quieren estar vinculadas con las que han sido dotadas de alguna manera y esto es también sólo para la mejora de su propia autoestima no para alabar a la siguiente persona. Estas personas tienden a buscar una atención y admiración excesivas y tienen dificultades a la hora de soportar cualquier tipo de crítica o derrota.

Datos rápidos:

Estos son algunos datos sobre el narcisismo que debes conocer:

- Narcisismo es un término que ha provenido de un personaje particular llamado como Narciso en la mitología griega.

- El narcisismo se caracteriza por un sentido extremo de auto admiración y autoestima. Las características de ser propenso a la irritación, rápido a la ira y vulnerable a la crítica también se asocian con esta situación.

- Para su diagnóstico, los síntomas o signos del narcisismo deben ser crónicos y persistentes.

Causas del narcisismo

Bueno, la causa exacta detrás del Narcisismo aún se desconoce porque hay diferentes teorías sobre la causa detrás del Narcisismo. Algunas personas piensan que es una mezcla de las cosas que se puede variar desde cómo una persona ha sido criada o cómo él o ella manejó diferentes situaciones de estrés.

Sin embargo, la mayoría de los expertos tienden a aplicar un modelo biopsicosocial para esto, lo que significa que una combinación de factores sociales, neurobiológicos, genéticos y ambientales puede haber desempeñado su papel en la formulación de una personalidad narcisista.

También hay algunas pruebas de que este trastorno de la personalidad puede ser personas irritables es probable que desarrollen trastorno del narcisismo si tienen antecedentes familiares de este trastorno. Sin embargo, en algunos casos, una interacción genética específica también puede contribuir al desarrollo del trastorno de la personalidad del narcisismo.

Mientras que por otro lado, los factores sociales y ambientales también están teniendo una influencia prominente en el desarrollo del trastorno del narcisismo. En algunos casos, el narcisismo podría desarrollar un apego debilitado con sus padres o cuidadores primarios. Esto puede causar una sensación de desconexión y poco importante para los demás en un niño. En algunos casos, el niño puede tender a creer que tiene algunos defectos en su personalidad que lo están haciendo devaluado o no deseado. Sin embargo, la crianza permisiva, como el exceso de control o el comportamiento insensible, también puede desempeñar un papel importante en influir en el trastorno del narcisismo.

Aunque averiguar la causa exacta de este trastorno de la personalidad es complejo de averiguar, pero, los niños que han sido criados por un narcisista son más propensos a desarrollar trastorno de narcisismo. Aunque el narcisismo paterno puede afectar a los niños, pero incluso con pocos rasgos narcisistas maternos tiene la capacidad de afectar a sus hijas de maneras engañosas.

Bueno, si eres nuevo en la realización de un narcisismo maternal entonces necesitas seguir aprendiendo sobre lo que tienes que lidiar. Una de las peores cosas que usted puede llegar a saber es el hecho de que su padre narcisista nunca cambiará hasta que encuentre una manera de traer un cambio más saludable en su vida.

Bueno, para saber qué signos y síntomas del narcisismo materno pueden ser y cómo puede afectarte, es muy importante aprender sobre esto de una manera adecuada. Bueno, aquí hemos traído síntomas importantes y más comunes del narcisismo materno que seguramente van a ser mejores para que usted sepa en este sentido.

Conclusión

Vampiros de energía: te harán sentir que les debes al mundo, incluyendo tu propia sensación de seguridad, autoestima y confianza. Harán de cada día una carrera de obstáculos, un laberinto elaborado para navegar con extrema precaución. Haz el giro equivocado, y podrías estar cara a cara con sus demonios.

Al igual que la imagen típica de los vampiros de la cultura pop a lo largo de los años, los vampiros de energía de la vida real pueden ser seductores, admirables, agradables y carismáticos. Recabaran un llamamiento que pide ser elogiado, y simplemente no podemos evitar darles la atención que tan obviamente merecen... a simple vista.

Es debido a su excelente capacidad de presentarse de la mejor manera posible que hace que sea fácil para el resto de nosotros sentirnos cautivados y enamorarse. Nos dirigimos hacia ellos, nos ofrecemos a ellos, tratamos de ser parte de su vida porque queremos que esa perfección nos roza. Pero cuando el humo se despeja, y la máscara es arrancada, el verdadero narcisista muestra su verdadera forma.

Detrás de puertas cerradas, estos individuos pueden ser los peores para tratar. Te harán sentir que todo es tu culpa y te harán dudar de tus propias capacidades y talentos. Destruirán tu reputación y tus relaciones sin pensarlo dos veces, y se reirán de ti cuando todo termine. Te controlarán y tomarán tu identidad, te obligarán a desmarcar una línea apretada y darte de nuevo en forma cuando hagas el más mínimo paso en falso.

No son fáciles de tratar, y definitivamente no son tuyos para arreglar.

Al final del día, el narcisista en tu vida no cambiará. Acéptalo. No creas que nunca fue tu responsabilidad hacerlos una mejor persona. Nunca lo fue. En lo que tienes que pensar es en tu autoestima, en tu bienestar emocional y en tu bienestar mental.

Eres tu propia responsabilidad, y necesitas protegerte de los vampiros que te rodean.

Por lo tanto, tome esta información como su estaca de madera y conduzca a través del corazón de la relación que ha estado tratando de salvar. Antes que nadie, sálvate del abuso y date la oportunidad de una vida mejor y mejores relaciones – hay mucha más gente por ahí que con mucho gusto te daría lo que realmente mereces sin ningún atajo.

¿Es fácil vivir la vida sin el abusador que has llegado a conocer y amar? Absolutamente no. Pero recuerda, no puedes verter desde un recipiente vacío. Restaura primero y elimina a las personas que te sacian de lo que tienes que dar. Esto debería ayudarte a encontrar tu camino hacia relaciones más fructíferas y amorosas que reciprocan el afecto y la positividad que tienes que compartir.

Recuperación de abuso narcisista

Separar y sanar de una relación emocionalmente narcisista. Descubra cómo crear límites de forma segura a partir de padres tóxicos. Una guía para recuperar tu vida

HOPE UTARAM

Tabla de contenidos

Introducción 417

Capítulo 1 Definición Del Comportamiento Narcisista En Términos Simples..420

Capítulo 2 Superar Los Rasgos Negativos De La Personalidad..435

Capítulo 3 Entender Tu Pensamiento.....................448

Capítulo 4 Opciones Y Autodescubrimiento...........457

Capítulo 5 Narcisismo En Las Familias..................462

Capítulo 6 Como Llegue A Este Camino?.................473

Capítulo 7 Desaprender Patrones Poco Saludables 482

Capítulo 8 ¿Puedo Elegir Una Nueva Forma De Pensar?..498

Capítulo 9 ¿Juega La Genética Un Papel?................510

Capítulo 10 Libertad Al Fin....................................516

Capítulo 11 Cómo Sanar Del Abuso Narcisista........532

Conclusión 549

Introducción

A menos que vivas bajo una roca definitivamente has oído la palabra narcisismo. De hecho, el Día Mundial de Concienciación sobre el Abuso Narcisista, generalmente celebrado el primero de junio, muestra claramente que el mundo reconoce el narcisismo en un alto grado. Debido a la mayor difusión de la información entre el público desde cada esquina, el significado del narcisismo se ha diluido tanto que incluso las personas inofensivas son etiquetadas como narcisistas en base a lo que comparten en las redes sociales.

Es irónico que a pesar de la popularidad de la palabra, sólo un pequeño porcentaje de la población entienda lo que realmente es el abuso narcisista. (2018) al analizar cómo el narcisismo conduce a la violencia y la agresión, definen el abuso narcisista como una forma de tortura psicológica y emocional que es infligida por personas asociadas con la falta de conciencia y que tienen trastornos antisociales. El narcisismo es la condición en la que uno posee un sentido inflado de sí mismo. Un narcisista busca la satisfacción de su imagen de sí mismo poco realista, de ahí que tenga problemas para mantener relaciones. El mismo amor y atención que buscan de los demás, son incapaces de corresponder. Les falta empatía y tienen relaciones problemáticas. Su autoimagen idealizada cubre una gran vulnerabilidad que es sensible a la más mínima crítica. El narcisismo se desarrolla a partir de una infancia atribulada expuesta a traumas, en la que uno se siente poco amado y desarrolla un profundo sentido de inferioridad. Por lo tanto, los narcisistas buscan la validación de las personas que identifican como los objetivos más apropiados que adorarán a sus pies. Disfrazan sus motivos ocultos con amor por la aspirante a víctima y después de atraparlos, los manipulan para cumplir con sus motivos egoístas. El narcisismo es real, y ha herido a varias personas en la sociedad. Las personas que tuvieron su vida juntas se vuelven fuera de curso y si uno no tiene cuidado, terminan en gran daño.

Es difícil comprender cómo alguien profesa amarte entonces va derecho a abusar de ti, pero la verdad es que el amor y la lealtad no siempre existen juntos. En una época en la que varias personas encuentran a sus socios de sitios de redes sociales, es fácil encontrarse bajo el abrazo de un narcisista porque difícilmente se puede evaluar sus antecedentes o cualquier otra persona, que han datado en el pasado. Los negocios de emparejamiento en línea están en aumento y cualquier persona que no esté en una relación parece interesada. Aquellos que quieren amar y ser amados están siendo blanco de estos negocios listos para conectar a todos con individuos "de ideas afines". En primer lugar, este auge del negocio muestra que la gente está buscando cada vez más y desesperadamente el amor. En segundo lugar, ha aumentado considerablemente el riesgo de encontrar coincidencias imperfectas.

Este libro tiene como objetivo mostrarte cómo puedes recuperarte completamente del abuso de un narcisista y reanudar tu yo original. Te equipa con el conocimiento para entender cuando estás en una relación con un narcisista y cómo terminarlo. No obstante, usted será capaz de ayudar a otras personas que usted sabe que podrían estar en tales situaciones abusivas. Te trae la buena noticia de que la mayoría de los narcisistas son predecibles, y puedes usar sus vulnerabilidades a tu favor.

Capítulo 1

Definición del comportamiento narcisista en términos simples

Entendiendo cómo piensan los narcisistas y a quién es más probable que se dirijan para el abuso narcisista, ahora estás en una posición mucho mejor para tratar con cualquier narcisista en tu vida. Ya sea que el narcisista en cuestión sea un cónyuge, pareja romántica, familiar, amigo o jefe, estos consejos y estrategias te ayudarán a mantener la cabeza clara y responder eficazmente.

Respuestas efectivas

Hay una serie de respuestas efectivas al abuso narcisista, pero todas tienen una cosa en común: una comprensión de lo que el narcisista realmente quiere. No importa lo que parezca estar sucediendo en este momento, el narcisista siempre está buscando poder. Las respuestas más efectivas son aquellas que te permiten mantener tu poder en lugar de regalar más de él al narcisista. Esto significa no permitir que el narcisista ignore tus límites, pero también significa no reaccionar emocionalmente de maneras que podrían hacer que el narcisista sea más poderoso en la situación.

Aclare sus límites

El primer y más importante paso es aclarar sus límites. Para una persona codependiente, desarrollar límites claros siempre es difícil. Una de las características definitorias de la codependencia es la falta de claridad sobre dónde termina el yo y dónde comienzan los demás, por lo que es posible que debas aclarar eso por ti mismo antes de poder empezar a establecer límites con las otras personas en tu vida. Usted no es responsable de cómo se sienten los demás, de lo que hacen o de las consecuencias de sus acciones. Sólo eres responsable de tus propias acciones.

Para iniciar el proceso, haz una lista que describa cómo quieres ser tratado por las otras personas en tu vida. La lista debe tener declaraciones claras sobre el tipo de comportamiento que no está dispuesto a tolerar. Por ejemplo, "no me descontamos" o "no hay culpa".

Hacer una lista puede ser un poco difícil, especialmente si tu autoestima está muy dañada o si has sido condicionado a sentir que no tienes ningún derecho. Si sientes que siempre eres responsable de las reacciones emocionales de otras personas, es posible que te sientas culpable por establecer límites.

Si así es como te sientes, recuérdate que tienes los mismos derechos que cualquier otra persona. En primer lugar, tiene derecho a decir, no. Una forma de escribir tu lista de límites es preguntarte a qué desearías poder decir "no". Todo lo que desea saque "no" a es un límite que puede establecer.

Por ejemplo, si tu madre siempre te llama el fin de semana y te pide que hagas mandados por ella sin importar qué más hayas planeado, probablemente desees poder decir que no en esa situación. La verdad es que puedes, solo necesitas establecer un límite claro. Añade "no hacer mandados para mamá sin previo aviso" a tu lista de límites.

Una vez que tenga su lista, adjunte una consecuencia realista a cada límite. Por ejemplo, "si alguien trata de hacerme sentir culpable, no haré lo que me pide que haga" o "si alguien me grita, me iré e iré a un lugar seguro".

Las consecuencias no deben ser represalias, sólo pasos básicos y lógicos para protegerse a sí mismo y a sus propios límites. Para cada situación de su vida que se sienta abusiva o manipuladora, debe tener un límite claramente definido y una consecuencia claramente definida. El objetivo es saber lo que harás con anticipación, por lo que no necesitas reaccionar emocionalmente cuando la situación se presente.

Afirmarse a sí mismo

Hacerte valer no es lo mismo que ser agresivo u hostil y es completamente diferente de ser pasivo-agresivo o resentido. Para afirmarse eficazmente, es esencial mantener la calma.

Defienda usted mismo, pero no deje que el narcisista presione sus botones. ¡Casi seguro que lo intentará!

Sea lo más directo posible. Por ejemplo, si tu pareja se lanza a una pista sobre tus deficiencias, no respondas con un contraataque o una pista resentida sobre cómo te sientes. En su lugar, solo diles que no estás dispuesto a participar en una conversación en la que te están colocando y luego aléjate de la conversación.

Si alguien está tratando de engañarte para que pases tiempo con ellos, dile que no estás disponible y déjalo en eso. Si te dicen que no te importan debido al límite que estás estableciendo, diles que no estás de acuerdo, o lo ves de manera diferente.

Siempre que te afirmes, sé lo más claro posible sobre lo que estás dispuesto a hacer y lo que no estás dispuesto a hacer. Sigue los límites que te has fijado y te niegas a enfrentarte a cualquier intento de manipularte.

Si la persona con la que estás hablando está siendo abusiva, confronta lo que está haciendo en los términos más claros. Por ejemplo, "No me gusta cuando me llamas estúpido. Si quieres continuar esta conversación, no vuelvas a hacer eso".

Establecer límites claros puede tomar un poco de tiempo porque el narcisista tiene que ver que realmente lo dices en serio. Tratará de empujarlo, probando para ver si tu determinación se debilitará. Sigue con tus consecuencias cada vez, y el narcisista aprenderá a respetarlas o abandonará la situación.

Proyección

La proyección es simple si un mecanismo de defensa psicológica inmaduro en el que las emociones negativas y la autocrítica se proyectan hacia otra persona para evitar tener que enfrentarlas directamente. Los narcisistas usan la proyección todo el tiempo porque su yo verdadero o interior es lo opuesto al yo falso o ideal que quieren que otros vean.

Cada vez que algo les recuerda cómo realmente se sienten dentro, se defienden proyectando la emoción negativa sobre otra persona. Cuando el narcisista se sienta incompetente, te acusará de incompetencia. Cuando el narcisista se sienta feo, te llamará feo. Cuando el narcisista se sienta inútil e insanable, hará todo lo que esté en su poder para hacerte sentir inútil e insanable.

Comprender este proceso es la clave para no ser controlado por él. Si tienes límites poco claros, es difícil no absorber lo que dice el narcisista. Cuando tus límites son más fuertes, puedes ver que el narcisista no está hablando realmente de ti en absoluto, ella está hablando de cómo se siente dentro.

Usted puede hacer frente a los francotiradores y las bajadas menores negándose a reaccionar de la manera que el narcisista está esperando. El narcisista siempre está buscando una respuesta emocional porque no importa cuál sea la emoción, demuestra el poder que el narcisista tiene en la situación. Si respondes con calma y no tomas el cebo, puedes evitar darles más poder. Por ejemplo, si tu pareja dice, "la casa es un desastre terrible, nunca haces nada por aquí", puedes decir, "Sí, podría ser recogida, si lo hacemos ahora?" sin reaccionar a la acusación.

A veces es mejor ignorar cualquier cosa insinuada o implícita, pero responder directamente a insultos o derribos estableciendo un límite firme. De cualquier manera, el punto clave es no reaccionar de ninguna manera que le dé al narcisista más del poder que anhela.

Recuérdate que no está hablando de ti en primer lugar. Realmente está describiendo su propio yo interior, el yo que no puede soportar enfrentar o tratar. No te lo tomes como algo personal, pero no dejes que lo use como excusa para maltratarte. Las acciones del narcisista pueden ser impulsadas por el sufrimiento, pero no tiene derecho a infligir sufrimiento sobre ti como su estrategia de afrontamiento.

La codependencia a menudo hace que sea difícil lidiar con la proyección porque la persona codependiente también tiene una relación dolorosa con el yo interno. Es posible que hayas recibido mensajes tóxicos en la infancia que te dieron un sentido distorsionado de quién eres. Por ejemplo, usted puede tener una imagen de sí mismo tan negativa que le resulta fácil aceptar la crítica y casi imposible aceptar elogios. Cuando alguien te dice algo bueno sobre ti mismo, no puedes oírlo o creerlo. Cuando alguien te dice algo malo sobre ti mismo, se siente como la verdad.

Tu autoimagen negativa proviene de tus propias experiencias y no tiene nada que ver con cualquier crítica o culpa que el narcisista te esté lanzando. Puede parecer que ve la horrible verdad sobre ti, pero eso no es lo que está pasando en absoluto. El narcisista no puede ver el interior de ti, para bien o para mal, por lo que sus comentarios nunca pueden representar una visión especial de quién eres realmente. No importa lo terrible que diga, siempre está describiendo lo que siente por sí mismo. Siempre es una proyección.

Es importante trabajar en tu autoestima, lo que puede significar recibir terapia para lidiar con las creencias tóxicas que absorbiste en la infancia. Ya sea que estés en terapia o no, entender la proyección es esencial para lidiar con el abuso narcisista.

Tratar con padres narcisistas

Para muchas personas con codependencia, el primer narcisista que conocieron fue su madre o su padre. Establecer límites puede ser mucho más difícil con la familia que con otras personas porque la familia generalmente te conoce mucho mejor y tiene mucha más práctica presionando tus botones.

Algunas personas eligen no tratar con sus padres en absoluto porque no pueden establecer límites de ninguna otra manera. Si todavía quieres mantener una relación con tus padres, aprender a tener mejores límites puede ser la única manera de hacerlo.

La clave es separarse, lo que no significa moverse lejos (aunque eso funciona para algunas personas) o dejar de preocuparse, pero dejar de asumir la responsabilidad de los sentimientos de sus padres. Sólo porque tu madre quiera algo no significa que sea tu responsabilidad proporcionarlo. Sólo porque tu padre espera que lo priorices en todo momento no significa que tengas que hacerlo.

Por ejemplo, si tu madre espera que tomes sus llamadas telefónicas incluso cuando estás ocupado, es posible que te sientas como un niño malo si no aceptas la llamada. Sin embargo, no eres responsable de manejar sus emociones. Da un paso atrás y despréndase emocionalmente, y dile que la llamarás cuando ya no estés ocupado. Eso no te convierte en un niño malo, solo significa que tienes que administrar tu tiempo como todos los demás.

Tu madre o tu padre pueden tratar de culparte por no ir con lo que quieren. Por ejemplo, pueden enviarte mensajes de texto o dejar mensajes de correo de voz para chantajearte emocionalmente. Establece límites claros cuando esto suceda: "Si quieres que pase más tiempo contigo, necesito que dejes de enviarme este tipo de mensaje".

A algunas personas les resulta más fácil establecer límites saludables cuando pueden mantener un poco más de distancia entre ellos y sus familiares. Por ejemplo, podría ayudar a quedarse con amigos o en un Airbnb cuando estás de visita en casa, en lugar de dormir en casa de tus padres. Esto le permite tomar un poco de espacio cuando necesita retirarse mientras sigue pasando tiempo con su familia.

Respuestas ineficaces

Algunas tácticas son efectivas cuando se trata de un narcisista, y algunas son ineficaces. Recuerda evitar estas respuestas comunes pero ineficaces, especialmente si tienes antecedentes de codependencia:

- Aplacar al narcisista
- Discutiendo con el narcisista
- Defender tus propias acciones
- Criticar al narcisista
- Mendicidad o súplica
- Culparte
- Hacer amenazas vacías

- Excusar, minimizar o negar el problema
- Evitar conflictos
- Tratando de que el narcisista te entienda

No Aplacar

Aplacar al narcisista sólo será contraproducente porque interpretará sus intentos de apaciguarlo como una victoria. Los narcisistas ven conflictos interpersonales en términos en blanco y negro: cada desacuerdo tiene un ganador y un perdedor. Si apaciguas al narcisista, sólo tomará esto como una admisión de derrota, animándolo a continuar con los mismos comportamientos. Una vez que dibujas una línea con un narcisista, tienes que apegarte a esa línea.

No Discutir

Discutir de un lado a otro con un narcisista es una propuesta de perder-perder porque se basa en la falsa suposición de que el narcisista comparte su deseo de un acuerdo eventual y entendimiento mutuo. En realidad, al narcisista sólo se preocupa por quién gana y quién pierde. Los hechos son irrelevantes para el narcisista, así que debatir cosas como quién dijo qué o quién hizo lo que sólo puede jugar en las manos del narcisista. Desviar cada intento de atraerte a un debate. El narcisista no está discutiendo de buena fe de todos modos, así que tratar de ganar una discusión o probar su punto sólo perdería su tiempo y energía.

No defiendas

Es natural defender tus acciones o tus motivaciones cuando alguien te está criticando, pero defenderte siempre es un error cuando estás tratando con un narcisista. ¿por qué? Es porque el narcisista está asumiendo algo que ella no tiene derecho a asumir, que es que ella tiene la autoridad para juzgar sus acciones como aceptables o inaceptables. Lo mismo vale para explicarse, lo que le dice a la narcisista que tiene derecho a exigir explicaciones. Como persona independiente, usted tiene derecho a tomar sus propias decisiones. No tienes que defenderte ni explicarte a nadie.

No critiques

Criticar al narcisista es un error por varias razones diferentes. En primer lugar, se supone que al narcisista realmente se preocupa por hacer lo correcto, cuando en realidad, sólo se preocupa por conseguir que sus propias necesidades se satisfagan. En segundo lugar, te abre al contraataque del narcisista, después de todo, si puedes juzgarlo, entonces él puede juzgarte. Tercero, puede desencadenar una explosión explosiva de ira narcisista. Los narcisistas no pueden manejar ni siquiera un toque de crítica porque expone la vulnerabilidad y el dolor del yo interior. En lugar de criticar al narcisista por sus acciones egoístas, es mejor establecer y hacer cumplir sus propios límites.

No Ruego

En el mundo mental en blanco y negro del típico narcisista, los que suplican y suplican son débiles y despreciables, mientras que los que reciben estas súplicas son fuertes y poderosos. Cuando suplicas a un narcisista que cambie su comportamiento, él ve esto como una clara confirmación de que él es fuerte y tú eres débil. En lugar de hacer lo que le suplicas que haga, el narcisista simplemente te verá con aún más desprecio y desprecio. Puede ser difícil recordar esto, pero sólo tienes el control de tus propias acciones. Concéntrese en lo que puede hacer, no en lo que él debe hacer.

No Culparte a ti mismo

Si no puedes controlar las acciones del narcisista (y realmente no puedes), entonces tampoco puedes ser responsable de ellas. La única persona responsable de cualquier acción es la persona que comete esa acción. Cuando el narcisista grita o se emborracha o hace agujeros en las paredes, esas acciones son suyas y solas. Es imposible para ti provocarlos o asumir cualquier responsabilidad por ellos. Recuerden, a las personas codeantes le cuesta entender y establecer límites entre ellos y los demás. Puede parecer que de alguna manera eres culpable de lo que el narcisista dice, hace o siente, pero eres dos personas separadas y sólo puedes ser responsable de tu propia vida.

No faroles

Nunca hagas una amenaza que no estés preparado para llevar a cabo porque el narcisista tomará esto como una señal de que realmente no lo dices en serio y que puede ignorar cualquier límite que intentes establecer. Por ejemplo, no digas "si te pillo haciendo trampa de nuevo, me mudaré" a menos que tengas la intención de hacer exactamente eso.

No denegarte

La negación es uno de los instintos más fuertes que tiene la persona codependiente, y tendrás que luchar contra ella durante mucho tiempo si eso es parte de tu historia y tu personalidad. Cuando sabes que algo no está bien, no servirá de nada fingir lo contrario. Es mejor enfrentarlo y tratarlo, incluso si te resulta doloroso o difícil. Esto incluye poner excusas para el comportamiento del narcisista o minimizar lo malo que es realmente el problema.

No evitar

Evitar un problema es muy parecido a negarlo y no hará nada a largo plazo para recuperar tu poder sobre tu propia vida. Huyendo de la escena de una conversación sobre la que has perdido el control a veces puede ser necesario para que puedas controlar tus emociones y dejar de jugar a cualquier juego que el narcisista quiera que juegues. Sin embargo, no puede establecer límites simplemente evitando cualquier conflicto, por lo que al final, tendrá que abordar la situación de una manera u otra.

No busques simpatía ni comprensión

Tratar de que el narcisista entienda de dónde vienes o incluso simpatizar contigo es una pelea perdedora. El narcisista no está interesado en entender a otras personas, sólo en obtener lo que necesita de ellas. Puede expresar simpatía bajo ciertas condiciones, pero su capacidad de sentirlo es limitada o inexistente. El objetivo de tratar con un narcisista no es ser entendido, sino establecer límites y asegurarse de que se respeten.

Lidiar con el abuso físico

El abuso físico no siempre es la forma de abuso psicológicamente más dañina. Muchas personas encuentran que el abuso emocional es más dañino para su bienestar general. Sin embargo, el abuso físico es peligroso de una manera diferente porque casi siempre aumenta con el tiempo. Muchos abusadores expresarán una intensa vergüenza y remordimiento por sus actos violentos en las secuelas inmediatas, pero eso no significa que no lo volverán a hacer.

Casi con toda seguridad lo harán, no importa lo que digan, y casi con toda seguridad empeorará.

El abusador puede tratar de evadir la responsabilidad de su propia violencia culpándolo sobre usted, por lo que los límites son especialmente importantes en este tipo de situación. No puedes ser responsable de las acciones de la otra persona, así que si dicen que los provocaste o los llevaste a ello, simplemente están tratando de esquivar la responsabilidad. Nunca es tu culpa.

Si tu pareja es físicamente abusiva, amenazante o violenta, es importante no minimizar el problema. La negación puede ser literalmente mortal. Busque ayuda de inmediato y haga un plan para garantizar su propia seguridad. No importa lo fuerte que sientas por la otra persona, no te engañes sobre una relación violenta. Nunca es aceptable que nadie te golpee, y si no tomas medidas de inmediato, volverá a suceder.

Capítulo 2

Superar los rasgos negativos de la personalidad

Hay varias tácticas diferentes que los narcisistas utilizan para manipular y abusar de otras personas. La lista que se utilizará en este capítulo no es completa, de ninguna manera, pero cubre las tácticas más utilizadas que emplean los narcisistas. Cada una de estas tácticas de manipulación puede ser dañina a su manera, y cada una está destinada a mantenerte en línea para el narcisista, haciendo lo que sea que el narcisista quiere que hagas, y proporcionándole un flujo constante de suministro narcisista.

El falso yo

Como se tocó brevemente antes, el narcisista crea un yo falso en un intento de manipular a los demás para que le gusten. El falso yo se utiliza para atraer a la gente y está cambiando constantemente. Tal vez una de las cosas más inquietantes de ver a un narcisista desde la distancia es verlo cambiar a medida que va de persona a persona. Puede que tenga ciertas peculiaridades y manierismos con una persona, pero tan pronto como se traslade a la siguiente, sus manierismos cambian por completo. Esto se debe a que está constantemente reflejando sus manierismos en un intento de conseguir que les gusten más.

Recuerde, personas como las que se relacionan con, y una de las maneras más fáciles de construir una relación o una relación entre las personas es a través de la duplicación. Naturalmente, las personas reflejan a las personas que les gustan o están cerca. Puedes ver esto si ves a una pareja en un restaurante para una cita. Es posible que los veas elegir tomar un sorbo de sus bebidas al mismo tiempo, o ambos se apoyan en sus codos mientras hablan. Esto se debe a que están sincronizados. Si tuvieras la capacidad de ver sus frecuencias respiratorias y cardíacas, es probable que te enfrentes con la sorpresa de que ambos también son bastante similares. El narcisista se aprovecha de esta forma de sincronizarse con los demás, utilizándola a su favor para crear lazos donde ninguno se desarrollaría naturalmente. Es quizás lo más parecido a la empatía de la que el narcisista es capaz de hacer.

El falso yo también sirve a otro propósito: el narcisista lo usa como un escudo entre su frágil sentido interior de sí mismo y el mundo que lo rodea. Finge ser alguien más seguro, para que la gente no se dé cuenta de la verdad sobre él. Lo utiliza para ser carismático, con la esperanza de acercar a más víctimas, o con el fin de desarrollar suficiente reputación positiva que no hay manera de que su víctima se vaya y realmente hacer que alguien crea que el narcisista fue abusivo.

Esto va un paso más allá y permite que el narcisista se sienta mejor consigo mismo también. Se siente más cómodo y confiado en la piel de otro porque él mismo tiene un sentido muy frágil y fracturado de sí mismo. La persona que está dentro no es de la que estar orgulloso, y es consciente de ello. Sin embargo, cuando asume la personalidad de otra persona, es capaz de vivir mejor consigo mismo. Actúa como si fuera otra persona, y obtiene información valiosa de esto. Aprende lo que funciona y lo que no, qué rasgos son cada vez menos deseables, y más. Al aprender esta información, es más capaz de manipular a los demás en el futuro. Sabe cómo ajustar sus comportamientos observando a las personas que emula y cómo logran atravesar el mundo. Esto lo hace más eficaz en general.

Ciclo idealización-Devaluación-Descarte

El ciclo idealización-devaluación-descarte es el ciclo en el que el narcisista te coloca en un pedestal y luego te derriba de él con la misma rapidez, dejándote revuelto e inseguro de tu lugar en su vida. Se utiliza para manipular y engancharte al narcisista, donde te mantendrá hasta que haya decidido que has hecho tu trabajo y él se aburra contigo.

Idealización

La primera etapa, la idealización, implica lo que se conoce como bombas de amor. Esta etapa busca construirte, duchándoles amor y afecto. El narcisista presiona para que la relación se mueva más rápido de lo que puede sensato, y se te acerca con más tenacidad de la que normalmente se espera al principio de una relación. Quiere que sientas el romance torbellino más intenso que hayas sentido, y se refleja exactamente en la persona que quieres que sea. El personaje que crea es todo lo que has deseado en esta etapa, y te mostrará lo cariñoso y cariñoso que puede ser.

En esta etapa, está escuchando atentamente todo lo que dices, aprendiendo todo sobre ti y tus inseguridades. Cualquier información que proporcione en esta etapa cuando esté confiando en alguien en quien cree que puede confiar, puede y será utilizada en su contra más adelante. El narcisista estará atento ahora, pero es sólo para aprender lo que puede usar para manipularte cuando llegue el momento.

La etapa de idealización sigue repuntando con el tiempo, y el narcisista se vuelve más pegajoso y cariñoso. Siempre quiere pasar tiempo contigo, y rápidamente lo explicas como pasión o tratas de percibir su exceso de celo como romance. Rápidamente te encuentras enganchado a la intensidad, disfrutando de cada momento de ella, y finalmente quieres buscarlo tú mismo. Te encuentras tan dispuesto a pasar tiempo con el narcisista como él para pasar tiempo contigo, y tu relación con él lentamente comienza a consumir otros aspectos de tu vida. Empiezas a pasar más y más tiempo con el narcisista y menos tiempo con otros a tu alrededor.

Devaluación

Tan rápido como la chispa de tu relación se incendió, rápidamente la encuentras ardiendo. El narcisista parece estar alejando en esta etapa, y no puedes averiguar por qué. Si preguntas qué está mal, el narcisista niega que haya un problema en absoluto. Insiste en que todo está bien, pero la distancia se ha puesto entre ustedes. Puede comenzar a degradarte o llamarte nombres, dando a entender que te equivocas con las cosas, o que eres indigno de su tiempo.

Confundido, te encuentras desesperado por averiguar qué cambió tan de repente. No entiendes por qué el narcisista de repente te quitó el afecto y lo reemplazó con esto. La razón es que ha decidido devaluarte. El propósito de esto es conseguir que anhelas más. Haces lo que sea necesario para volver a las buenas gracias del narcisista, sabiendo que es donde quieres estar. Quieres estar con el narcisista cuando él es amoroso, no cuando te ve como invaluable. Se aprovecha de esto y se da cuenta de que, efectivamente, ha sido atrapado en su red y usted estará dispuesto a soportar su maltrato. Puede volver a la etapa idealizadora en este punto si usted ha hecho un trabajo suficiente de demostrar que usted está dispuesto a hacer lo que sea necesario para mantenerlo feliz, o puede pasar a la etapa de descarte.

Deseche

Eventualmente, el narcisista decide que ya no te quiere cerca. Tal vez no estabas lo suficientemente dispuesto a soportar su abuso, o tal vez ha encontrado a alguien más que lo aguanta mejor. Los narcisistas prefieren no trabajar mucho por lo que quieren y a menudo toman el camino de la menor resistencia para obtener su suministro narcisista. Si ya no eres el camino de menor resistencia, serás descartado.

En este punto, el narcisista esencialmente te corta. Es probable que no responda a los mensajes que envíes o a tus intentos de reconciliarte con él. En cambio, sigue adelante tan rápido como voló a tu vida, listo para pasar a otras víctimas.

A veces, el narcisista eventualmente se moverá de descartarte a idealizarte de nuevo. Esto puede suceder si decide que quiere mantenerte como respaldo, o tal vez ha decidido que quiere algo que tienes que ofrecer que otras personas no. Independientemente de la razón, el ciclo comenzará de nuevo en este punto, comenzando con la idealización.

Manipular

Manipular es una de las tácticas de manipulación más peligrosas que usan los narcisistas. Este implica que el narcisista te convence de que estás loco o incapaz de entender la realidad que te rodea. Cuando el narcisista decide encenderte el gas, quiere que descartes tu propia percepción de lo que pasó y en su lugar te concentres en la que él insiste en que sucedió. Por supuesto, el narcisista está tratando de inculcar una narrativa falsa en ti en lugar de la verdad.

Lo hace con el tiempo para debilitar tu comprensión percibida de la realidad. Si se le cuestiona repetidamente si su memoria es defectuosa o no, usted es propenso a creerlo eventualmente, especialmente cuando se trata de alguien que amas y en quien confías para no lastimarte. Esto es lo que hace que este abuso sea tan insidioso: la víctima ha confiado en el abusador, y ha sido traicionado tan a fondo que la víctima se siente como si ya no puede confiar en la realidad tal como la percibe.

El narcisista hace esto con más frecuencia a través de negar su relato de lo que sucedió. Si dices que el narcisista comenzó una pelea, él negará vehementemente que una pelea sucedió en absoluto, diciendo que debes haberlo imaginado y preguntando si estás bien, o él dirá que hiciste algo para instigarla en lugar de permitir que la culpa se mantuviera sobre él. De cualquier manera, la percepción de la verdad ha sido alterada de alguna manera, y el narcisista está contando con que confías lo suficiente en el narcisista como para no creer a ti mismo en lugar de no creer al narcisista. Después de todo, la mayoría de la gente no pensaría que alguien intentaría hacerles creer que están locos, especialmente si es alguien que creen que los ama.

Con frecuencia, las declaraciones de algo que es falso o que nunca sucedió se emparejarán con el narcisista señalando otras veces en las que realmente olvidaste algo. Si olvidaste todo acerca de una cita que tuviste la semana pasada, por ejemplo, el narcisista podría señalarlo y luego mirarte con preocupación y preguntar si lo estás haciendo bien. Puede dar a entender que necesitas ver a un psicólogo, o que pareces estar perdiendo el contacto con la realidad, lo cual es aterrador para la mayoría de la gente. Entonces te quedes sintiéndote dudoso acerca de lo que realmente había sucedido. En lugar de decir lo que piensas, asientes con la cabeza y estás de acuerdo con el narcisista, sin querer empujar el punto o encontrarte como loco. Para las personas que no son abusivas, la idea de jugar con la mente de alguien de esta manera es absolutamente aborrecible, por lo que no crees que el narcisista pueda estar manipulándolo, particularmente si no sabes lo que es el narcisista en este momento.

La última ironía aquí, sin embargo, es que el narcisista es el que tiene la percepción sesgada de la realidad. De hecho, puede incluso haberse hecho creer de lo que te está convenciendo, y eso es lo que lo hace tan creíble, literalmente puede creer lo que está diciendo si encaja mejor con su narrativa que lo que realmente sucedió. En última instancia, en caso de duda, usted debe confiar en su instinto. Especialmente si te has estado preguntando si estás siendo abusado, nunca debes confiar en lo que el narcisista puede estar diciéndote. Tu propia percepción

Campañas de desprestigio

Las campañas de desprestigio involucran al narcisista que intenta destruir absolutamente la reputación de otro por todos los medios posibles. El objetivo final es empañar total e irrevocablemente la imagen de alguien que siente como si hubiera sido expulsado de sus círculos sociales. Esto suele suceder cuando de alguna manera has enfurecido a un narcisista de una manera u otra, y el narcisista siente la necesidad de buscar venganza sobre ti y asegurarte de que en última instancia eres la parte más herida.

Imagina que acabas de cortar a tu ex narcisista después de divorciarte finalmente. El narcisista, sintiendo que no puede permitir que alguien empañe su propia imagen a través de cortarlo, en su lugar crea una historia en la que realmente se ha divorciado y te ha cortado. Por lo general, su razón para haberlo hecho es una que la mayoría de la gente encontraría absolutamente aborrecible, e incluso puede ser la razón por la que ha elegido divorciarse de él. Por ejemplo, si te divorciaste de él porque te engañó en tu propia casa, llegando a traer a las otras mujeres a tu propia cama, que tú, personalmente, compraste, y luego él procedió a atacarte o agredido físicamente después de que te enfrentaste a él , él giraba esa historia a todos los demás en su lugar. Tú serías el que tuviera una aventura en su cama, y lo habías atacado cuando entró y empezó a llorar porque arruinó el estado de ánimo.

El narcisista entonces haría girar esta historia a todos los que escucharan. Si vives en un pequeño pueblo, él le dirá a todo el mundo: El tendero, el encargado de la gasolinera, e incluso las personas al azar que pasa paseando a su perro. El punto es arruinar tu imagen, y no retiene nada. Incluso gira cosas para decir que es una gran persona por no presentar cargos porque te ama tanto y quiere lo mejor para ti, incluso si lo mejor no es él.

Las mentiras pueden no parar allí e incluir historias sobre cómo habías estado drogado, o que robaste un auto cuando estabas borracho una noche y que le diste varias TESIS. No se detendrá ante nada para destruir tu reputación con el fin de proteger la suya y dañar la tuya.

Insistirá en todo esto tan firmemente que algunas personas probablemente le crean, y ese puede ser el final para que usted pueda encontrar trabajo en un pequeño pueblo, donde la reputación lo es todo. Al final del día, el narcisista hace esto para recuperar el control de una situación que se descontroló. Puede que lo hayas cortado, pero él recibió la última palabra arruinando tu ciudad natal por ti. Puedes lidiar con los rumores e intentar controlar el daño, o puedes seguir adelante con tu vida y esperar que el narcisista no te encuentre de nuevo.

Recuerda, a pesar de que el narcisista te ha arrojado esto, puedes ser la mejor persona y elegir no involucrarte en absoluto. Probablemente serás más feliz a largo plazo si te niegas a confrontarlo sobre sus mentiras. Todo lo que haría es probarle que podría obtener una reacción de ti, y recordará esa táctica para uso futuro.

Triangulación

La triangulación involucra a tres personas que están interactuando entre sí, en las que uno intenta manipular, engañar y abusar de otra persona mediante el arma de una tercera persona. Se trata de tres personas diferentes: el perseguidor, el rescatador y el perseguido.

El perseguidor es alguien que cree que ha sido víctima de alguna manera, forma o forma. Se siente como si hubiera sido herido de alguna manera, aunque su papel de víctima interiorizado es muy probablemente injustificado en este caso. Como has aprendido, el narcisista prospera en victimizarse a sí mismo, incluso cuando él ha sido el que lastimó a otras personas.

Típicamente, el triángulo comienza cuando el narcisista injusta a los perseguidos, que responde desfavorablemente. El perseguido puede llamarlo por un comportamiento tan atroz y pedir que no se le vuelva a faltar al respeto. A pesar de que el perseguido podría haber dicho que de la manera más agradable posible, con una sonrisa en su rostro y ofreciendo al narcisista un ramo de amistad, el narcisista toma algún tipo de culpa con lo que se ha dicho. Se siente avergonzado de que lo llamaran, y usa esa vergüenza para decir que él es la víctima.

El narcisista entonces llama al rescatador para que venga en su ayuda. No ve ningún problema usando a otra persona para pelear sus batallas, ya que los fines justifican los medios cada vez para el narcisista. El narcisista le dice al rescatista una especie de mentira sobre lo que ha sucedido, sesgándolo lo suficiente como para que la historia sea lo suficientemente convincente como para que el rescatista se involucre. Puede decir que el perseguido ha estado hablando mal tanto del perseguidor como del rescatador, o puede decir que el perseguido ha estado intentando aprovecharse de ambos. No importa lo que diga, es fabricado con el fin de conseguir que el rescatador también trate de interrumpir una relación con los perseguidos.

El perseguido, al igual que la persona que fue víctima de una campaña de desprestigio, encuentra su reputación completamente destruida e incluso puede haber perdido una relación o trabajo debido a las acciones del narcisista. Mientras tanto, el narcisista se sienta felizmente en su esquina, contento de que su propio vigilante justicia ha sido servida. No le importan las implicaciones de sus acciones, o que el perseguido si ha perdido un trabajo debido a los comportamientos del narcisista, pueda seguir alimentando a su familia. Al narcisista no le importa nadie involucrado más allá de sí mismo.

El perseguido entonces se queda tratando de recoger las piezas de su vida que se quedan atrás, particularmente si las consecuencias de la triangulación fueron devastadoras, y tratando de seguir adelante con la vida. El narcisista es entonces capaz de salirse con la suya con este comportamiento, a pesar de lo injusto que era, y lo equivocados que eran los comportamientos del narcisista. Puede tratar de defenderse, pero probablemente sólo va a ser víctima de un nuevo ataque del narcisista y el rescatador del narcisista en respuesta.

Capítulo 3

Entender tu pensamiento

Cómo has aprendido sobre el proceso de curación y cómo funciona la sanación espiritual, es hora de pasar al siguiente aspecto de la sanación.

Al igual que una casa que tiene cuatro paredes, también se compone de cuatro paredes. Estas cuatro paredes o pilares son lo que te convierten en la persona que eres y te ayudan a crear una identidad para ti mismo.

Los cuatro pilares son los siguientes:

- autoestima

- autoestima

- autoconfianza

- amor propio

Usted debe haber notado que a lo largo del libro, estas palabras se han utilizado generosamente. Estos son los cuatro pilares sobre los que se apoya todo ser humano. Estos pilares ofrecen el apoyo para vivir la vida, para abordar los problemas que la vida te lanza y para experimentar finalmente una vida plena.

La relación con un narcisista duele mucho y causa daño interno porque un narcisista ataca metódicamente los cuatro pilares. Se asegura de que no deje piedra sin girar para dañar cada pequeña parte de los cuatro pilares que no te deja otra opción que caer.

Para ayudarte a entender esto mejor, imagina una tormenta que está arrasando. ¿Alguna vez has visto la destrucción que causa una tormenta y te has preguntado cuánto tiempo tardan las personas y los hogares afectados por la tormenta en recuperar su vida?

Eres exactamente similar a la persona atrapada en una tormenta. Un narcisista te ataca sin previo aviso como una tormenta cuando menos lo esperas o estás menos preparado. Ataca todos tus pilares y perturba los cimientos sobre los que estás de pie, así que te caes y te derrumbas como aquellas casas que caen en una tormenta o árboles masivos que se desarraigan. La destrucción es tanto que los pilares tardan meses y, en algunos casos, años en reconstruirse.

Hay algunas prácticas básicas que puede hacer para ayudar a reconstruir los pilares.

Autoestima

La autoestima significa esencialmente apoyarse a sí mismo. Es cuánto control tienes sobre ti mismo, tu mente, tu cuerpo y tus comportamientos. La autoestima también tiene que ver la percepción que tienes sobre ti mismo y cómo te ves a ti mismo.

Lo opuesto a la autoestima es el autosabotaje o el auto daño. Durante el proceso de curación, es importante que construyas tu autoestima.

Puedes comenzar haciendo cosas simples que te dirán que tienes el control de la situación. Puedes empezar por abordar cosas básicas como la higiene que podrías estar ignorando ahora mismo debido a tu timidez o depresión. Algo tan simple como tener una rutina diaria para tomar una ducha o vestirse decentemente incluso cuando estás en casa puede ayudarte a recuperar un sentido de control. Estos pasos para bebés te ayudarán a abordar los problemas más grandes.

Autoestima

Se trata de conocer tu valor y respetar tu valor. Es creer que vales la pena el respeto, el amor y el afecto. Lo opuesto a la autoestima es la vergüenza y la indignidad.

Después del abuso, el narcisista se habría asegurado de que sintieras un profundo sentido de vergüenza y te odia ras a ti mismo. La autoestima también se trata de defender sus derechos y defenderse a sí mismo y en lo que cree.

Tienes que concentrarte en el valor para construir la autoestima. El valor no significa tratar de escalar las montañas o correr en la naturaleza. Coraje significa tomar medidas para cambiar tu vida activamente. Puede ser solicitar otro trabajo, poder negociar un buen sueldo que te mereces, solicitando a la escuela si siempre quisiste terminar la escuela, etc. Significa identificar algo que querías hacer pero nunca lo has hecho porque creías que no valías la pena.

También viene al no comprometer sus valores o hacer cosas que se siente incómodo haciendo. Habrías comprometido tus valores mientras intentabas apaciguar al narcisista. Una vez que desarrolles valor, no comprometerás tus valores y así desarrollarás la autoestima. Independientemente de lo que hayas llegado a creer en ti mismo, Dios nuestro padre tiene una visión muy diferente de quién eres. Elijo creer que su palabra y cambió mi vida por completo. Pasé de sentirme perdido, a encontrar esperanza en sus promesas. Si aún no has leído ese libro, te sugiero que lo hagas. Si has intentado todo lo demás, y años después de dejar a tu abusador todavía te sientes atascado, enojado y roto, te sugiero que comiences por conseguir una Biblia. Lee con la mayor frecuencia posible y te garantizo que verías un cambio en tu vida.

Autoconfianza

La autoconfianza consiste en confiar en ti mismo, en tu juicio. Significa tener fe en ti mismo y tener confianza en tus decisiones. Significa no adivinar en segundo lugar cada decisión y preocuparse por ello.

Cuando careces de confianza en ti mismo, vives en constante miedo y duda. Durante la relación con el narcisista, poco a poco empiezas a perder la autoconfianza sin darte cuenta. Sucede en silencio, y antes de que te des cuenta, estarás dudando de todo. El narcisista logra esto mediante la jadeando y desviando la culpa.

La única manera de reconstruir la autoconfianza es escuchar tu intuición. La sensación intestinal de la que todo el mundo habla es de lo que debes prestar atención. Si algo no te parece bien, entonces confía en ese instinto y déjalo ir. El sentimiento de inserción es más tangible que algunas formas más de intuición. La sensación de inserción nunca está mal, ya que es tu voz interior tratando de guiarte y protegerte del peligro o de algo que no es adecuado para ti.

Tu instinto y tu intuición dejan de funcionar una vez que empiezas a ignorarlos. Es como ignorar a tu mejor amigo que no tiene más que las mejores intenciones para ti. Una vez que empiezas a ignorar tu intuición y tu instinto, ya no te guían, y es cuando tomas los pasos equivocados.

Desvelo escuchándolo. Sigue lo que tu instinto dice y ve el cambio.

Auto-Amor

Finalmente, el cuarto pilar, el amor propio se trata de cuidar y nutrirse. Se trata de tratarte bien. El amor propio toma un asiento trasero durante la relación con un narcisista porque el narcisista quiere y exige todo el amor. Cuando estás en una relación con un narcisista, dejas de estar en una relación contigo mismo. Poco a poco dejas de amarte y entras en modo de abnegación y auto juicio. Te juzgas mal y tratas de racionalizar todo el mal comportamiento que muestra el narcisista. Cuando no te amas a ti mismo, entras en un modo agradable a la gente y desarrollas un complejo salvador. A estas alturas, ya sabes lo peligroso que es el complejo salvador para tu salud y cordura. Empiezas a creer que eres feo y dejas de cuidar tu salud.

La medicina para esto radica en amarte a ti mismo. Esto se puede lograr dando pequeños pasos como cocinar su comida favorita, comer alimentos saludables y comer comidas regulares. También podría tratarse en un salón o spa y simplemente mimarse a sí mismo.

Puedes concentrarte en las cosas que quieres cambiar sobre ti mismo y, lo que es más importante, aceptar lo que no puedes cambiar. La autoaceptación es parte del amor propio porque si no te aceptas tal como eres, entonces no hay manera de que otra persona o el mundo te acepte como eres. Esto se debe a que otros te tratarán tan bien o tan mal como tú te tratas a ti mismo. Al tratarse bien, está enseñando al mundo cómo deben tratarte y transmitiendo tus límites y deseos a ellos.

¿Cuánto tiempo se tarda en sanar por completo?

Esta es una pregunta que atormenta a la mayoría de las víctimas porque puede parecer para siempre sin fin a la vista. Muchos días puedes ir a la cama deseando que no tengas que levantarte a la mañana siguiente porque tienes miedo de lo malo que será el día. Usted se sentirá constantemente como si no hubiera luz al final del túnel.

No te ahogues en esta desesperanza porque este tipo de pensamiento negativo te llevará rápidamente de vuelta a la tierra de las víctimas. El viaje a la tierra de las víctimas es un viaje en avión gratuito donde alcanzará los niveles más profundos de miedo, odio y disgusto en cuestión de minutos, pero recuerde que el viaje a la tierra de las víctimas significa que no hay retorno.

Por lo tanto, aferraos a tus caballos. Consuela el hecho de que Dios te ha dado esta increíble oportunidad de curarte, y puedes empezar acercándote a él. La curación que proviene de tu espíritu, es exactamente lo que necesitas para el maltrato psicológico, sólo porque muchas de las cicatrices que tienes no son físicas.

Hay innumerables mujeres que pasan toda su vida atrapadas en la tierra de las víctimas y nunca viven una vida feliz y plena.

La verdad es que no hay una línea de tiempo para la curación. No es un cálculo matemático con resultados definidos. No confíe en nadie que le esté diciendo que no toma más de un mes o dos para recuperarse. Tampoco debe prestar atención a otras víctimas que dicen haber sanado en un tiempo récord. No estás compitiendo con nadie, se trata del resto de tu vida, y la curación debe ser minuciosa y profunda para ser sostenible.

Este viaje es un viaje espiritual, y el destino eres tú, así que puede ser un mes para algunos; puede tomar un año para algunos, y algunas personas pueden tomar varios años. La curación depende de varios factores, pero sobre todo, depende de lo comprometido que estés con el proceso. A veces no verá ningún progreso en absoluto. También habrá ocasiones en las que desde una etapa de avance dará dos pasos hacia atrás por razones que no puede entender a sí mismo. A pesar de esto, persiste. La persistencia hace magia. Lleve un diario y anote todo para que cuando se sienta desmotivado, pueda volver a las páginas y ver hasta dónde ha llegado.

Celebre cada hito y tome nota de ello. El reconocimiento ayuda a desarrollar el amor propio y te llevará a la aceptación. Una vez más, usted necesita entender que usted no está en competencia con nadie más que usted mismo en esto y esto no es una carrera. Curarse del abuso narcisista no es como correr un sprint, pero es más como un maratón. Por lo tanto, puntúate y mantén el impulso en marcha.

No importa si se tarda unos meses más, pero es importante que sanes completamente y salgas del maratón con colores voladores.

Capítulo 4

Opciones y autodescubrimiento

Cuando los adultos maltratados por sus abusadores comienzan a desarrollar un sentimiento positivo hacia las personas que abusan de ellos, se conoce como síndrome de Estocolmo. A medida que toda la situación abusiva progresa, te encuentras como un niño y dependes demasiado de tu abusador. Empiezas a estar agradecido por el más mínimo signo de afecto y aprobación que te muestran. Eventualmente, terminas uniendo con tus captores y terminas amándolos más.

Pero de nuevo, ¿cómo se aplican todos estos a una relación narcisista?

Etapa 1: Recompensas continuas sin nada dado a cambio

Al principio, lo único que tienes que notar es que tus objetivos individuales narcisistas al apoderarse de ti. Es por eso que empezarán a darte pellets emocionales en forma de amor, validación y afecto, gestos dulces e incluso alabanzas. Te hacen creer que eres una persona maravillosa y esto te hace bien.

La verdad es que no estás solo; todos disfrutamos siendo acariciados y amados por alguien que nos gusta. Esto es necesariamente lo que llamamos "bombardeo de amor" todo lo que están buscando a cambio es que usted continúe dándoles la oportunidad de demostrar su amor por usted.

Etapa 2: Recompensas de rendimiento

Una vez que el narcisista se siente lo suficientemente seguro contigo, de repente dejan de recompensarte continuamente. Lo único que ahora obtienes es simplemente atención positiva, especialmente cuando calmas su ego y haces cosas que los hacen sentir bien.

La verdad es que obtienes suficiente atención positiva que no te das cuenta de que ahora la única vez que recibes una recompensa es cuando "presionas la barra de comida" por así decirlo. En otras palabras, el narcisista te está acicalando para que puedas complacerlos continuamente en tu vida.

Etapa 3: ¡Aumento de la devaluación, disminución de recompensas!

Durante esta etapa en particular, el narcisista comienza a abusar de ti y a ser demasiado crítico contigo. Quieren controlarte y ponerte las oportunidades que tengan aunque eso signifique hacerlo en público. Usted puede obtener 'recompensas' ocasionales, pero la verdad es que en este punto son bastante impredecibles. Lo malo está empezando a superar lo bueno. En otras palabras, ahora está en 'refuerzo intermitente'.

Etapa 4: Te ponen en llamas

En este punto en particular, si nunca has estado en una relación narcisista antes, hay una alta probabilidad de que te desconcierta toda la experiencia preguntándote cómo y por qué está sucediendo esto. La respuesta es con tu amigo narcisista que piensa que eres la causa de todos los problemas. Te culpan y piensan que si hicieras a, b, c y dejaras de ser 1, 2, 3, todo sería perfecto. Terminas dudando de tu percepción de la realidad.

Todo lo que puedes hacer ahora en este punto es volverte adicto, irte y acariciarse. Eres adicto a la validación y aprobación narcisista. La verdad es que has dejado de pensar racionalmente y en lugar de proyectar tu odio al abusador, te aterrorizas al pensar en perderlos con otra persona. Debido a lo que mencionamos anteriormente acerca de la "vinculación de trauma" no puede ver lo obvio y ya no le importa cómo se siente y qué daño esto está haciendo a su vida.

Si empiezas a invocar tu fuerza interior para que puedas renunciar, de repente cambian sus tácticas. Intentan todos los medios para asegurarse de que te chupan de la misma manera que una aspiradora hace 'aspirar'. Empiezan a hacer algo menor como comprarte un pequeño regalo, comentar positivamente tu vestimenta, vincular tus publicaciones en las redes sociales entre otros. Si eso no parece funcionar, trabajan más duro simplemente volviendo al "bombardeo del amor" En otras palabras, cuanto más seas resistente, más difícil tratarán de recuperarte.

En este punto, lo triste es que muchos de nosotros somos vulnerables y terminamos siendo absorbidos en la relación de nuevo. Sobre todo es porque comenzamos a adivinar si hay cambio o si terminas lamentando esta decisión por el resto de tu vida y bla bla bla bla. En otras palabras, lo que estás haciendo es ignorar todo lo que sabes sobre tu abusador con la esperanza de que se hayan transformado mágicamente en alguien más amoroso, decente, estable y confiable!

La verdad es que es bueno sentirse amado y querido. Pero tienes que darte cuenta de que son sólo salves calmantes para tus heridas. No olvides que te han destruido y te han causado tanto dolor, pero has invertido todo tu tiempo y recursos en la relación. No vieron eso, pero te desecharon como basura de todos modos.

Antes de que puedas empezar a tomar decisiones precipitadas y justificar por qué sigues en la relación con este narcisista, pregúntate qué te hace estar tan seguro de que no lo volverán a hacer y tal vez esta vez, aún peor. Sólo sé que, una vez que te succionan de nuevo, pronto dejarán de recompensarte y el ciclo de abuso comienza de nuevo. Entender que el narcisista puede entrenar incluso a las personas más fuertes para que creyeran y se sometan a ellos usando la combinación correcta de alabanza y castigo. ¿Estás listo para eso otra vez?

Capítulo 5

Narcisismo en las familias

Tratar con un narcisista es increíblemente difícil en el mejor de los tiempos, pero hay muchas maneras diferentes de manejar tu relación. Independientemente de si usted está interesado en cortar todos los lazos para bien o usted está en una posición de tener que continuar algún grado de contacto con un narcisista, entender algunas de las maneras de lidiar con los comportamientos tóxicos del narcisista puede ayudarle a minimizar sus riesgos de daño y abuso. También puedes hacer que el narcisista pierda interés en ti y pase a otros objetivos cuando demuestres que eres invulnerable a sus tácticas manipuladoras.

Tenga en cuenta que esto será un esfuerzo de prueba y error, y no todos los métodos discutidos aquí pueden ser útiles o productivos en su situación única. Considere cada método cuidadosamente para decidir si satisface sus necesidades y puede ayudarle, y una vez que haya elegido un método, es importante recordar mantenerlo. No importa cuánto el narcisista pueda empujar y tratar de recuperar su atención, sea consistente con el fin de obtener el mejor efecto de sus acciones. Ninguno de estos métodos es fácil, y cada uno tomará una cantidad gigantesca de esfuerzo, pero cuando finalmente llegas al otro lado y te das cuenta de lo muy libre que eres del abuso del narcisista, reconocerás que valió la pena cada onza de esfuerzo que pusiste en él.

Cortar el narcisista

La forma más fácil de evitar el daño de un narcisista es poner fin a la relación por completo. Negarse a participar en la relación a toda costa. Dar un gran paso atrás de la relación puede ser necesario para que pueda saciar su cabeza y ver las cosas para lo que son. Esto es típicamente un cambio permanente y una decisión y es la única manera segura de asegurarse de que el abuso narcisista se detiene. Si te niegas a jugar el juego en absoluto, el narcisista no puede manipularte.

Además, al rechazar cualquier tipo de compromiso o comunicación con el narcisista, eres capaz de negar el motivador más fuerte del narcisista: Tu atención. De repente te quitas como una fuente confiable de suministro narcisista, y si continúas negando al narcisista, en última instancia, tendrá que ir a otro lugar para satisfacer su necesidad.

Tenga en cuenta que cuando usted hace este método, habrá un período que, en psicología, se llama una explosión de extinción. Considere un experimento en el que se enseñe a una rata a presionar un botón para obtener un pequeño mordisco de caramelos. La rata aprende muy rápidamente a esperar que los dulces cada vez que se presiona el botón, y el comportamiento de presionar un botón se refuerza positivamente. La rata hace esto para obtener los dulces y lo hace repetidamente. Si la tarifa sube y presiona el botón y un día, simplemente deja de repartir caramelos, la rata se confundirá. Presionará el botón una y otra vez, con el fervor creciente, ya que intenta desesperadamente forzar el botón para hacer lo que se esperaba de él y proporcionar más caramelos. Con el tiempo, la rata perderá interés cuando se haga evidente que no hay más reacción, pero volverá al botón de vez en cuando y tratará de presionar el botón.

Piensa en el narcisista como la rata y el suministro narcisista como el caramelo. Tú eres el botón para conseguirlo. Tan pronto como cortes el contacto, el narcisista de repente recurrirá a cada última estrategia que ha demostrado ser exitosa en el pasado con el fin de tratar de llamar su atención y que el suministro narcisista deseado. Intentará todo, desde bombas de amor hasta promesas de cambio e incluso amenazas de abuso o suicidio si no te rindes. Lo más importante a recordar es que no puedes rendirte. No importa lo que el narcisista diga o haga, rehúsa darle lo que quiere. Sus comportamientos se intensificarán más, al igual que un niño pequeño que lanza un ataque por haber roto la rutina inesperadamente, y no se detendrá en nada que él crea que será eficaz. Eventualmente, sin embargo, soportarás la tormenta, y el narcisista dejará de intentarlo. La necesidad de suministro narcisista es demasiado fuerte, y él lo buscará en otro lugar si continúas negando. En ese momento, recuerde que probablemente volverá en el futuro para intentarlo de nuevo, pero cada intento será más débil que el último cuando se entere de que es inútil.

Recuerde, el período de dejar una relación abusiva es el más peligroso, y el narcisista probablemente se basará en cada amenaza física y emocional que se le ocurra. Puede amenazar con suicidarse, a ti o a otras personas, o puede empezar a acecharla. No importa lo que haga, negarse a participar, y reportar comportamientos erráticos o peligrosos a las autoridades apropiadas.

Tome un descanso de la relación

Similar a cortar al narcisista, tomar un descanso de la relación implica una negativa a comunicarse. En este caso, sin embargo, no es permanente. El descanso está destinado a permitirle despejar su cabeza y reevaluar si desea continuar la relación. Independientemente de lo que pueda acusarte, recuérdate que esto no es un castigo. Usted no tomó esta decisión de hacerle daño; lo hiciste proteger y cuidar de ti mismo. Tienes derecho a controlar con quién te comunicas, y si decides que no quieres hablar con el narcisista, estás en tu derecho de tomar esa decisión.

Al tomar un descanso del narcisista, es apropiado decirle una vez que usted está tomando un descanso y usted discutirá las cosas con él cuando esté listo. Usted no tiene que proporcionarle una línea de tiempo, no importa cuánto pueda molestar por uno, y en ese momento, se niega a todo contacto futuro. Te estás dando la oportunidad de refrescarte. Estás asegurando que no digas algo que empeore la situación o que inflame al narcisista para que haga algo dañino.

No dejes que el narcisista te deje en respuestas con acusaciones de abuso o a través de la víctima. Estás tomando una decisión que funciona para ti, y en última instancia esa es la parte más importante. Necesitas la sala de respiración y la estás tomando. Recuérdate que te debes a ti mismo cuidar de ti mismo, especialmente cuando nadie más lo hará. No puedes cuidar de los demás si no te estás cuidando a ti mismo.

Límites saludables

A veces, cortar a un narcisista no es una opción viable, y eso está bien. Cuando no tiene sin más remedio que continuar el contacto, como si está obligado por orden judicial a continuar una relación de compaternidad, o trabaja con el narcisista y no está en condiciones de dejar su trabajo, puede centrarse en mitigar tanto daño como sea posible y proteger usted mismo de la toxicidad que el narcisista parece exudar naturalmente.

Los límites saludables son una de las técnicas más fáciles para minimizar el daño de un narcisista, pero son difíciles. Estos límites representan una línea entre lo que es aceptable e inaceptable para usted, y deben establecerse bajo su propia prerrogativa. Los límites son una parte saludable de cada relación, independientemente de si se trata de un matrimonio, una amistad o incluso con sus hijos. Sin límites, usted se encontrará constantemente pisando los dedos de los dedos de los dedos de los dedos de los dedos de los dedos de los dedos de los dedos y el resentimiento de la cría.

Desafortunadamente, los narcisistas ven los límites como el último insulto. Es irresistible para el narcisista, y tratará de pisotearlos a cada paso. Los límites establecidos no son más que desafíos; juegos para obtener ascensos fuera de usted y ejercer el control sobre su estado emocional. Al establecer estos límites, debe estar preparado para aplicarlos y defenderlos a toda costa.

Cuando el narcisista desafía un límite, dale una advertencia. Dile que si continúa probando tu límite, tú proveerás una consecuencia. Dile al narcisista cuál es la consecuencia de pisar tu límite, y cada vez que se hace, necesitas hacer cumplir la consecuencia. Si le dices al narcisista que te tomarás un descanso prolongado en caso de que tu límite esté roto, sigue a través de cuando él pisotee en él. Si le dices que dejarás de hablar con el narcisista si te llama nombres con ira y te llama nombres, debes desengancharte inmediatamente y marcharse. La clave aquí es seguir adelante con toda la consecuencia, no importa cuánto el narcisista pueda llorar, mendigar o amenazar.

Desenganche

Cuando cortar no es una opción, lo mejor es desconectarse emocionalmente. Si no inviertes ninguna energía emocional en tus interacciones con el narcisista, eventualmente perderá interés en ti. Puede mantener sus interacciones relativamente sin cambios, pero no preste atención a las palabras dichas, no importa cuán hirientes puedan ser. Trate de tener en cuenta que las personas con NPD están atrapadas en una etapa de desarrollo de un niño, incapaces de sentir empatía y con alambre para ser egoísta, y recuerde a sí mismo que si un niño hubiera dicho las cosas que el narcisista le escupió, es probable que no se enfade o se ofenda en absoluto . Después de todo, los niños son impulsivos, emocionales e irracionales. El narcisista golpea los tres rasgos en la nariz, y no debes tomar las acciones del narcisista personalmente en absoluto.

Sin embargo, desenganchar no significa ignorar o embotellar sus sentimientos. Cuando te desenganches, reconoce lo que se ha dicho y dale la consideración que se merece, que es, sin duda, muy poco. Esto puede ser particularmente difícil si el narcisista es un ser querido en quien confiaste, pero recuerda tratar de ignorar las reacciones emocionales a las palabras que te protege. No caes en la trampa del narcisista, y no dejas que el narcisista recupere el control sobre tus emociones, y a cambio, el narcisista perderá lentamente el interés.

El método de la roca gris

Similar a la desconexión emocional, el método de roca gris implica minimizar las reacciones emocionales, pero en este caso, está ignorando todas las interacciones, tanto buenas como malas. Su objetivo es evitar tanta interacción como sea posible, y cuando se ve obligado a interactuar, debe mantenerlo aburrido y sin sentido. El nombre alude a una roca gris en el lado de la carretera. Considera la frecuencia con la que notas y recuerdas todas las rocas que pasas en un día determinado, lo más probable es que la respuesta no sea ninguna. La gente no presta atención a algo tan mundano y sin valor como una roca gris en el lado de la carretera. Tu objetivo en este método es ser tan mundano e inútil para el narcisista como la roca gris. Si puedes alcanzar este estado de mediocridad, el narcisista perderá lentamente interés en ti.

El truco para interactuar es decirte que seas robótico en las respuestas. No importa cuán enojado se sienta en respuesta a lo que se dijo, responda en tan pocas palabras como sea posible y asegúrese de que nunca sea inmediatamente después de que se envió el mensaje si no justifica una respuesta inmediata. Por ejemplo, imagina que te entusiasme diciendo que eres hermosa y que él te ama. Esto debe ser ignorado. Cinco minutos después, le envía un mensaje preguntando cómo está su hijo compartido. Dale la respuesta mínima mientras sigues siendo comprensivo. Haz una lista de lo que está haciendo, si está enferma, y tal vez lo que comió para la cena, pero mantén la interacción lo más sin emociones posible. No se atorre, no importa lo tentador que pueda ser.

Sea realista

Mantener tus interacciones con el narcisista realista te impedirá establecer altos estándares que ella nunca cumplirá. Decirte a ti misma que nunca te apoyará emocionalmente y que es un límite de personalidad que le falta empatía te ayudará a tener en cuenta la realidad cuando te trates con un narcisista. Si estás totalmente preparado para que el narcisista responda de manera típica narcisista, siempre estarás preparado, sin importar cómo ella responda, e incluso puedes encontrar que te sorprendes en ocasiones. Esto es clave cuando mantienes una relación con un narcisista, ya sea romántico, platónico, laboral, familiar o co-padre. Estás protegido de la decepción del comportamiento narcisista.

Tenga en cuenta que ser realista no excusa el abuso. Nunca está bien que alguien te lastime o pises tus límites. Sin embargo, si sabes que los narcisistas hacen eso, no estarás tan ciego cuando suceda, y puedes prepararte mejor de antemano para protegerte. Usted debe absolutamente corregir los comportamientos negativos o improductivos, incluso si es desagradable o prefiere evitar hacerlo.

Enfoque en lo positivo

Del mismo modo, cuando continúas interactuando con un narcisista, recordar enfocarte en lo positivo puede ayudarte a reconocer cosas que disfrutas de la persona. Después de todo, algo debe haberte atraído al narcisista en algún momento, y puede que estés feliz de ver pequeñas semblantes de esa persona en el narcisista frente a ti. Si bien es probable que la personalidad sea muy diferente de la que conociste al principio, todavía puede haber partes del narcisista que al menos la hacen tolerable. Por ejemplo, puede ser horrible por ser apoyo emocional o cualquier cosa que no sea el centro de atención, pero también puede ser genuinamente una buena cocinera, y le encanta cocinar para todas las reunión de sus amigos, o puede ser increíblemente inteligente y usted disfruta de la intelectual conversaciones que tienes sobre el café, incluso si implican comentarios de sarcasmo ocasionales sobre cómo no entiendes porque no fuiste a la escuela para la política, o lo que sea que ustedes dos estaban discutiendo. Recordarte lo positivo puede ayudarte en momentos en los que estás listo para perder los estribos con el narcisista, pero sería perjudicial hacerlo.

Decide tu subir o morir

La última táctica importante a recordar es elegir su colina para morir sabiamente. Esta es una forma elegante de decir elegir sus batallas con cuidado. Aunque los narcisistas buscan a las personas que evitan la confrontación a propósito, elegir evitar el conflicto puede ser en realidad una manera de evitar la detección también. Por esta razón, siempre debes elegir tus batallas sabiamente y solo estar preparado para participar en un conflicto si realmente quieres lidiar con las secuelas. Mientras que algunas cosas son absolutamente dignas de un conflicto, como un co-padre que elige conducir con niños en el coche mientras está borracho, una discusión sobre quién dijo algo primero es mezquina, y el narcisista no es probable que admita o admita que está mintiendo. Por esta razón, sólo debe elegir batallas si usted está dispuesto a luchar por ellos. Si no estás dispuesto a lidiar con las secuelas y, en última instancia, lo que haya hecho el narcisista es insignificante, no te molestes en pelear por ello.

Capítulo 6

----- ❧❦❧ -----

Como llegue a este camino?

La codependencia es parte de la realidad de un vínculo o relación insalubre que puede manifestarse de diversas maneras, no sólo en la relación narcisista, y siempre aparecerá con un compañero narcisista. Entonces, ¿qué es la codependencia de todos modos, y quién es el culpable de ello?

Nadie tiene la culpa, y acusar a un compañero de ser más culpable que el otro, es sólo un producto de la dinámica de relaciones insalubres, tanto con el yo como con los demás. Por definición, la codependencia es esencialmente una condición de comportamientos en una relación en la que una pareja facilitará o habilitará la irresponsabilidad, tendencias adictivas, problemas de salud mental, inmadurez e incluso su sus logros.

Por lo general, si usted está en una asociación codependiente con alguien, es probable que también necesite algo de él. A menudo, el narcisista necesitará toda la afirmación, los elogios y los elogios, mientras que la pareja necesita que alguien cuide y alimente, permitiéndoles tener un sentido de cumplimiento satisfaciendo las necesidades de otra persona.

Esto puede ser tan problemático como ser un narcisista porque requiere que dependas de otra persona para hacerte sentir digno de existencia. La asociación codependiente es sólo un bucle de los mismos comportamientos y patrones que se repiten una y otra vez hasta que alguien rompe el patrón. Un compañero codependiente trabaja bien con un narcisista porque existen para sentirse útil a alguien para sentirse amado por sus esfuerzos, y todo lo que el narcisista quiere es alguien para satisfacer todas sus necesidades sin tener que dar nada a cambio.

Por lo tanto, si usted es un socio codependiente, puede estar interesado en preguntar qué tipos de rasgos podría exhibir si está en ese tipo de espectro de personalidad.

Características de la codependencia

Para entender la dinámica de relación que prevalece en la relación narcisista, ser útil tener una comprensión del otro compañero, que no es el narcisista. Al final, se necesitan dos para el tango, y si estás en una asociación a largo plazo o incluso a corto plazo con un narcisista, es posible que debas empezar a preguntar las preguntas de por qué podrías ser atraído por esa persona en primer lugar.

Por lo tanto, una persona codependiente a menudo trabajará para satisfacer las necesidades de los demás en el sacrificio de sus necesidades. Este acto es una asunción de responsabilidad que no es necesaria, pero ofrecerá al codependiente un sentido de propósito, así como al narcisista alguien para satisfacer todas sus necesidades.

Un aumento en la autoestima de los codeantes proviene del control de sus emociones, y por apoderado, los de su pareja, manteniendo la paz y asegurándose de que todos se sientan satisfechos; sin embargo, el estado de control sobre las emociones impide que se identifiquen los sentimientos reales, problemas o trastornos de la personalidad, lo que conduce al bucle de comportamiento entre lo codependiente y el narcisista.

Los contentivos a menudo se sentirán ansiosos, preocupados o tener confusión límite que gira en torno a la intimidad con su pareja. Esto se realiza en sus intentos de que sus necesidades sean satisfechas por su pareja narcisista que sólo ofrece intimidad cuando les beneficiará, por lo que los codeantes a menudo tendrán una visión distorsionada de su atractivo, deseo o derecho a sentir intimidad con su Media naranja.

Uno de los mayores indicadores de que alguien sea un socio codependiente es el enredo. Cuando usted no puede tener autoridad o autonomía dentro de su relación, puede decidir que no está entero sin la otra persona y se envuelve en su realidad, sentimientos y circunstancias, mezclando sus realidades.

Además, los codeantes generalmente, inconscientemente, elegirán socios con adicciones, tendencias abusivas, trastornos o problemas mentales o emocionales, y trastornos de impulso. Estas no son las únicas circunstancias, por supuesto, pero son atributos comunes de una asociación codependiente. La razón es que hay una falta de definición del yo, tanto para el narcisista como para el codependiente. El codependiente siente un sentido de sí mismo cuando está cuidando o controlando a otra persona.

Una persona codependiente negará sus sentimientos, o que haya algo malo en la relación, debido a sus patrones de pensamiento o creencia sobre lo que una buena pareja hace por el otro. Un narcisista convencerá fácilmente a un codependiente de que necesita seguir sacrificándose, y así, los dos trabajan bien juntos para seguir manipulando estas realidades.

Aquí está una lista de algunas de las características comunes de un socio codependiente y si usted o alguien que conoce puede marcar tres o más de estas, entonces usted está probablemente en un estado codependiente en su asociación:

- Depresión
- Actividades compulsivas (es decir, atracones de comida, compras, limpieza constante de la casa).
- Sosteniendo emociones
- Sentimientos restrictivos

- Ansiedad

- En un estado regular o excesivo de negación

- Excesivamente diligente, de hipervigilancia

- Abuso de sustancias

- Enfermedad o enfermedad causada por el estrés o la ansiedad

- Víctima de abuso físico, sexual o emocional (recurrente)

- En una relación con una persona durante más de dos años que tiene una adicción, sin pedir ayuda, o buscar terapia

- No puedo manejar estar solo y hará esfuerzos extremos para evitar estar solo

- Perfeccionismo

- Deseo extremo de afecto y/o aceptación

- Baja autoestima o autoestima

- Sentir una falta de confianza

- Deshonestidad y/o manipulación

- Comportamiento de control excesivo

- Sentimientos graves de vacío y/o aburrimiento

- Relaciones intensas que a menudo son inestables
- Subordinando sus necesidades para la aceptación de la persona con la que está

Estas son algunas de las señas de identidad de un socio codependiente, y ciertamente hay algunas características más que pueden manifestarse, pero estas son las características básicas. Es posible que deba sentarse y hacer una lista de algunas de estas cualidades y tratar de determinar si estos conceptos se reflejan en su relación. Si es así, tendrás que entender cómo una asociación codependiente es una manera insalubre de experimentar el amor y que tendrá que haber algunos cambios y cambios en tu realidad para ayudarte a identificar tus verdaderos sentimientos y deseos con tu relación.

Relación Dinámica de Codependencia

Una persona codependiente a menudo buscará o se involucrará en relaciones en las que desempeña un papel particular, y es uno con el que se siente más cómodo. Su función principal es actuar como el confidente de apoyo o rescatador de la otra persona, y un socio codependiente se caracteriza por ser un tipo "ayudante". La realidad es que un codependiente depende del funcionamiento bajo, pobre o desordenado de su pareja para satisfacer sus sensibilidades y necesidades emocionales.

Este tipo de relación, especialmente entre un codeador y un narcisista, se colorea por la falta de límites saludables, habilidades de comunicación ineficaces y disfuncionales, problemas con la intimidad, patrones de negación, control de comportamientos que se manifiestan como (o varias otras formas de control), altos niveles de comportamiento reaccionario y dependencia de estas posiciones.

Hay un desequilibrio distintivo en la asociación para que una persona tenga el control, sea abusiva (emocional/física/mentalmente) o que lo permita, como en la adicción, inmadurez o, en el caso de este libro, tendencias narcisistas.

La dinámica para un codependiente y un narcisista es que el sentido de propósito es hacer sacrificios regulares y extremos para sostener, o satisfacer las necesidades de su pareja, mientras que el otro mantiene la actitud de ser superior y digno de ser cebado y "servido" por su Socio. Por lo general, como resultado de esta dinámica, un socio carecerá de autonomía personal y autosuficiencia, o autoridad, mientras que el otro tendrá una sobreabundancia de estas cualidades hasta el punto de la arrogancia. Algunas otras dinámicas incluyen:

- Excesiva adherencia

- Comportamientos necesitados

- Dependencia de la realización personal de su pareja
- Cambios de humor determinados por cómo perciben a su pareja actualmente siente acerca de ellos (el codependiente)
- Autosacrificio autoinfligido (codependiente)
- Conseguir que su pareja "compre" su visión de la vida (el narcisista)
- Obediencia y atención (el codependiente)
- La necesidad de hacer que alguien se sienta importante para recibir su amor a cambio (el codependiente)
- La necesidad de recibir el amor sin dar nada a cambio (el narcisista)

Hay muchas versiones de esta realidad porque cada relación es única y tiene un principio, un medio y en algún lugar, un fin. Cuando estamos involucrados con otra persona, esté o no hay codependencia o narcisismo, puede ser un desafío mantener tu sentido de sí mismo y reflexionar a través de tus necesidades y emociones lo que quieres apoyar en tu relación.

El codependiente y el narcisista comparten un deseo o necesidad similar, pero se refleja en diferentes comportamientos. De cualquier manera, estas dinámicas resultan en asociaciones insalubres y desequilibradas que pueden tener un impacto perjudicial en la realidad central de las verdaderas necesidades, emociones y deseos de una persona. Algunas personas que terminan en asociación codependiente con un narcisista son empáticos, sin entender ni saber esto acerca de sí mismos.

Capítulo 7

Desaprender patrones poco saludables

Después de pasar por tortura y trauma durante muchos días, las víctimas de abuso narcisista pueden sufrir TEPT comúnmente conocido como Trastorno de Estrés Post Narcisista PNSD en este caso. Aunque muchas personas pueden sufrir trastorno por estrés por abuso narcisista, sólo unos pocos pueden decir lo que están pasando. La mayoría de las víctimas de abuso narcisista apenas pueden decir que han sido abusadas. Cuando experimentan estrés y ansiedad, lo relacionan con otras circunstancias de la vida.

Cada individuo que ha experimentado abuso sistemáticamente a cualquier nivel debe ser ayudado a sanar. Las personas que rodean a una persona que ha sufrido abuso deben cuidar de la víctima para asegurarse de que recibe ayuda completa. Dado que la mayoría de la gente ni siquiera sabe que está sufriendo, los amigos y familiares deben ayudar a las víctimas a llegar a un acuerdo con la realidad. Algunas de las acciones realizadas por las víctimas posteriores al abuso son instigadas subconscientemente por sus experiencias anteriores. Estas son algunas señales a tener en cuenta cuando se trata de víctimas de abuso narcisista. Estos signos son un claro indicio de que la víctima está sufriendo de PNSD.

- Respuestas físicas y emocionales a los Resúmenes traumáticos

Las víctimas suelen tener una forma de responder a los flashbacks de los eventos traumáticos. En algunos casos, las personas pueden sufrir traumas emocionales profundos. Una víctima que sufre de PNSD puede comenzar a llorar sin razón. Recordar los eventos traumáticos por los que pasaron puede traer de vuelta emociones que conducen a lágrimas, miedo, disgusto de ira, etc. También pueden mostrar signos físicos de recapitulación traumática, como temblores y temblores, incluso cuando no han sido heridos.

- Pensamientos o recuerdos perturbadores

Las víctimas suelen experimentar recuerdos perturbadores. Una persona que ha sufrido el trato del abuso narcisista puede nunca tener paz en la vida. El trastorno del estrés se manifiesta a través de pesadillas o visiones perturbadoras. La persona puede empezar a hablar en sueños, gritar o despertar sudando. Las víctimas también pueden alucinar durante el día y seguir viendo imágenes de personas que intentan hacerles daño

- Dificultad para enfocar o dormir

Individuos que sufren de trastorno de estrés postraumático desarrollan problemas con la concentración. Una víctima de abuso narcisista puede encontrar problemas para concentrarse en cualquier cosa por mucho tiempo. A menudo se encuentran vagando en su mente. No pueden prestar atención en el trabajo o en la escuela. A menudo se los ve en su propio mundo. Los pacientes pueden quedarse durante una larga hora pensando en el trauma. En algunos casos, el insomnio es provocado por el miedo a experimentar pesadillas relacionadas con el albero.

- Sentimientos contradictorios

Las personas que sufren de TEPT son incapaces de confiar en sí mismas o en otras. Tienden a tener sentimientos contradictorios debido al miedo a ser heridos de nuevo. Un paciente con TEPT puede parecer estar tan enamorado por la mañana sólo para empezar a mostrar remordimiento y odio unas horas más tarde. Si un paciente con TEPT no se queda con un compañero comprensivo, a menudo conduce a problemas de relación. La mejor medicina para estas personas es la tranquilidad. Una persona que sufre de estrés de abuso narcisista debe estar constantemente segura de que el trauma ha terminado y que ahora está en buenas manos. Dado que se necesitan tantos años para publicar la negatividad en la mente de las víctimas, también se necesita mucho tiempo para lavar los efectos. El apoyo constante de familiares, amigos y colegas es la mejor manera de obtener curación para los pacientes con TEPT.

- Sentido distorsionado de la culpa

Los narcisistas entrenan a sus víctimas para que siempre encuentren la culpa de que algo suceda. Como persona se queda con un narcisista, se convierte en el centro de la culpa. A menudo se culpa a la víctima del fracaso y el éxito. La víctima nunca está segura de lo que está mal o bien. Cada acción puede conducir a abusos incluso si la víctima hizo la acción con buenas intenciones. A medida que las víctimas tratan de sanar de tal trauma, pueden mostrar algunas tendencias de culpar a los individuos. Los pacientes con TEPT son rápidos para culpar a otros para evitar consecuencias relacionadas con el error. Son rápidos para cambiar la culpa porque creen que la persona a la que culpar es la persona a la que se debe castigar. Hacen todo esto subconscientemente, sin pensar en ello.

- Retiro Social y Aislamiento

Es común ver a las personas que sufren de estrés y ansiedad sentados en aislamiento. Las víctimas de abuso narcisista post también pasan por el mismo escenario. En la mayoría de los casos, las víctimas creen que mantenerse alejado de las personas es más seguro. En otros casos, el retiro y el aislamiento es una estrategia para escapar de la vergüenza. Como se mencionó antes, los pacientes de abuso narcisista siempre se culpan a sí mismos por el abuso. A los pacientes les puede resultar difícil asociarse con las personas debido al miedo a ser ridiculizados.

- Separar de la realidad

La mayoría de las víctimas de abuso narcisista muestran signos de TEPT al separarse de la realidad. Evitan tendencias asociadas con sentimientos, situaciones o personas. Quieren vivir en un mundo propio, donde no pueden amar ni odiar. Esto es un signo de trastorno de estrés asociado con eventos traumáticos. La mente subconscientemente trata de encerrar sentimientos, engañando a la víctima para que piense que la falta de sentimientos es igual a la seguridad. La víctima cree que si no experimenta amor, es posible que nunca tenga que experimentar el dolor de la angustia. La víctima bloquea todos los sentimientos que intentan llegar con el fin de reducir la interacción directa con las personas. La víctima asume subconscientemente que todas las personas son malvadas y asociarse con ellos eventualmente puede resultar en experiencias dolorosas.

- Hipervigilancia

Individuos que sufren de PNSD muestran miedo y ansiedad. Son fácilmente sorprendidos y enojados. Pueden estar enojados por las acciones más pequeñas. También pueden estar asustados si alguien aparece por detrás o al escuchar un sonido fuerte. La mayoría de las víctimas siempre están al queda la vista; están en una necesidad desesperada de tener una visión de 360 grados de su entorno. Cuando están en la casa, prefieren cerrar todas las puertas y ventanas. Pueden estar asustados incluso por el sonido del movimiento hecho por un insecto. Siempre miran a extraños críticamente y pueden responder agresivamente a personas que no conocen. Todos estos factores son indicios de estrés y ansiedad que está profundamente arraigado en el trauma experimentado durante el abuso narcisista.

- Miedo o pánico sin razones aparentes

Las personas que sufren de trastorno de estrés traumático a menudo muestran miedo. Pueden mostrar miedo incluso cuando no hay nada amenazante alrededor. Por lo general, tienen miedo de lo desconocido y a menudo entran en pánico cuando están en estrés o se dejan solos. Son muy protectores de todo lo que les parece valioso, como los niños. Siempre tienen miedo de que todos alrededor tengan intenciones de dañar o robar cualquier cosa que posean.

- Creencias Inconsistentes o Conflictivas

La mayoría de las víctimas de abuso narcisista post nunca están seguras de lo que es verdad y lo que es falso. No tienen ideologías firmes en las que creer. Constantemente renuncian sus pensamientos y terminan creyendo lo que la gente dice. La mayoría de los pacientes tienden a carecer de autoestima ya que se han hecho creer que no son dignos. Incluso cuando tratan de llegar a un acuerdo con el hecho de que sólo son víctimas, la idea no se queda por mucho tiempo. La mayoría de las víctimas se encuentran fácilmente volviendo a los viejos pensamientos.

Cómo analizar a las personas

Todo el mundo puede ser víctima de abuso narcisista. La primera línea de defensa para todas las víctimas es tener la capacidad de analizar a las personas. Al analizar a las personas, una persona está en posición de decir si alguien es narcisista o no.

Padres

En el caso de los padres, las víctimas son más a menudo desafortunadas. Nacer o ser adoptado por un padre narcisista es lo más desafortunado que le puede pasar a cualquiera. En este caso, las víctimas son incapaces de analizar a las personas o tomar ninguna decisión. Son inocentes y vulnerables. En el caso de los padres, son los vecinos u otros miembros de la familia los que pueden detectar el narcisismo y rescatar al niño. Sin embargo, a medida que una persona madura, podría ser capaz de detectar tendencias narcisistas en los padres. Los padres narcisistas son abusivos y controladores incluso cuando sus hijos son adultos. Controlan la vida de una persona hasta el punto de elegir una pareja de vida. Si sientes que tu padre tiene algunas tendencias narcisistas, analiza sus motivos en cada acción. Los padres narcisistas usan a sus hijos para lograr el orgullo. Castigan a sus hijos por el fracaso y exigen que los niños mantengan altos estándares que el narcisista considere el éxito.

Socio

Dado que la mayoría de las víctimas de abuso narcisista son parejas románticas, es importante que todas las personas tengan un tercer ojo al salir. Algunas pistas pueden ayudar a una persona a detectar el narcisismo en su pareja. Primero, los narcisistas idealizan a su pareja. Si sales con alguien que es 100% ideal para ti en todos los sentidos, ten cuidado.

Otro signo muy claro del narcisismo es la obsesión y la posesividad. Los narcisistas no renuncian a perseguir a una persona. No toman un no como respuesta y siguen viniendo con regalos tentadores. Pueden mostrar desesperación e incluso manipular a la víctima sólo para tenerlos.

El siguiente signo de narcisismo en las relaciones es la separación. El narcisista separa a la víctima de amigos y familiares. Si estás en una relación y te das cuenta de que estás siendo separado de amigos y familiares, comienza a ser crítico.

Detecte este patrón y manténgase alerta cada vez que comience una nueva relación. Comienza con idealización y luego obsesión, separación y abuso. Estos son los factores más comunes y visibles a observar para evitar quedar atrapado en relaciones narcisistas.

Amigos

En la amistad, los narcisistas sólo vienen con fines sociales o materiales. Si sospechas que estás en una amistad narcisista, pregúntate qué podría ser lo que la persona quiere de ti. Los narcisistas a menudo no ocultan sus verdaderas intenciones. Si miras de cerca, es posible que puedas darte cuenta de que una persona solo se asocia contigo debido a tu riqueza o estatus. Tales individuos pueden sonar genuinos al principio, pero la manipulación pronto se cosecha. Para evitar caer en tales trampas, corte los enlaces a tales individuos. Evite crear bonos duraderos o hacer inversiones junto con una persona que no conoce bien.

Niños

Los niños también pueden ser narcisistas. Como padre, usted tiene que analizar a su hijo en busca de tendencias de narcisismo. Desafortunadamente, la mayoría de los padres acicalan el narcisismo en los niños. Los niños narcisistas pueden salir como líderes confiados, asertivos y naturales. El padre tiene que ayudar al niño a darse cuenta de que no son mejores que el resto del mundo. Por el contrario, la mayoría de los padres animan a sus hijos diciéndoles que son los mejores. Si el narcisismo se puede detectar en un niño a una edad temprana, los padres pueden ayudar al niño. Es fácil ayudar a un niño a aprender su verdadera personalidad y deshacerse de cualquier temor. En muchos casos, los narcisistas sólo tienen miedo de lo desconocido y tienen baja autoestima. Ser capaz de ayudar a alguien a entender que el fracaso es parte de la vida y ser débil está bien ayuda a la persona a comenzar a aceptar su verdadera personalidad. Con el tiempo se deshacen de la falsa personalidad autoglorificada y viven su vida de acuerdo con la verdad.

Cómo lidiar con un socio narcisista

Tratar con un socio narcisista no es un paseo por el parque. La mejor manera es detectar las señales y evitar caer en la trampa. Sin embargo, si te das cuenta de que ya estás en la trampa, necesitas ser muy técnico en tu estrategia de escape. Correr de las manos de un narcisista nunca es fácil. El abusador seguirá persiguiéndote y usando la manipulación para tenerte de su lado. Para tratar con un socio narcisista, siga esta guía básica:

Guía básica para reconocer y manejar a los narcisistas

Paso 1: Obtener conocimiento

El primer paso para tratar con un narcisista es adquirir conocimiento. Haga una investigación exhaustiva leyendo libros como este y viendo videos. Obtener conocimiento te ayudará a entender todos los principios utilizados y aplicados por los narcisistas. Si ya estás en una relación narcisista, debes tener cuidado en tu búsqueda para obtener conocimiento. El socio narcisista nunca debe saber que está adquiriendo tal conocimiento. Asegúrese de borrar el historial de su navegador después de buscar tales temas en línea. Si el socio se da cuenta de que usted está adquiriendo conocimiento sobre el tema, él /

ella puede bloquear todas las formas posibles de obtener dicho conocimiento.

Paso 2: Entender el Ciclo

Comprender el ciclo de abuso narcisista te ayudará a saber dónde estás. Si no estás en una relación narcisista, el conocimiento del ciclo te ayudará a evitar caer en la trampa. Si ya estás en una relación narcisista, entender el ciclo te ayudará a conocer la fase de abuso en la que estás.

Paso 3: Aprender a analizar personas

No es posible escapar de un narcisista si no sabes cómo jugar a los juegos mentales. Los narcisistas prosperan en los juegos mentales. Debes encontrar una salida jugando los juegos mejor que el narcisista. La inteligencia emocional es un tema entero por sí solo. Invierta en el aprendizaje de la inteligencia emocional. Aprende a estudiar las emociones de las personas y a manejarlas. Comienza a entender las acciones que toman los narcisistas y lo que los hace tomar tales acciones. Una vez que entiendas el análisis de personas, estarás listo para vencer al narcisista en su propio juego.

Paso 4: Relaciones de reparación

Los narcisistas a menudo tienen éxito porque logran alienar a sus víctimas. Si eliges reparar las vallas con amigos y familiares, es posible que tengas a alguien en quien confiar.

Después de que finalmente entiendas que un narcisista sólo intenta herir y dañar, debes ser capaz de volver sobre tu ruta. Encuentra personas en las que puedas confiar y en aquellos que confían en tus palabras. Encuentra a las personas que te aman genuinamente. Si aún no has sido capturado por un narcisista, tu primera pista es mantener siempre las amistades. No importa cuán dulce pueda sonar la relación, asegúrate de mantener las amistades y las relaciones familiares. No permitas que una nueva persona en tu vida se haga cargo de tus relaciones ni controle la forma en que interactúas con las personas.

Paso 5: Con la ayuda de amigos y familiares Descubre al narcisista

La única manera de escapar de las trampas de un narcisista para siempre es asegurarse de que la verdad se sepa. Debe asegurarse de que haya pruebas suficientes para condenar al abusador por los crímenes cometidos. También debe asegurarse de que la comunidad y las personas de alrededor crean todo lo que dice sobre esta persona. Una de las razones por las que los narcisistas nunca son atrapados es que crean una imagen pública muy justa. En algunos casos, son individuos poderosos con roles de liderazgo respetados en la sociedad. Cuando dices tu palabra en contra de la de ellos, es posible que no te reconozcan.

Para asegurarse de que su palabra se mantenga en tierra, primero debe obtener algunas pruebas incriminatorias. Reúna pruebas con la ayuda de amigos y familiares. Busca personas que puedan tener tus mejores intereses en el corazón. Incluso se le puede exigir que permanezca en la relación abusiva mucho más tiempo en su búsqueda para encontrar la información correcta. Recopile pruebas escritas, de vídeo y de audio. Para asegurarte de que el abuso no note tus acciones, debes ser hábil y usar la ayuda de amigos cercanos. Cuando finalmente decidas enfrentarte al abusador, asegúrate de tener evidencia para convencer a toda la comunidad. Si le das al abusador la oportunidad de escapar pueden ser muy manipuladores con sus palabras. Asegúrate de mostrar su personalidad públicamente para que no tengan ningún otro lugar donde esconderse.

Tu cerebro en la relación abusiva

El cerebro es la parte más afectada de su cuerpo cuando usted está en una relación abusiva. Como ya se ha mencionado, el umbral de dolor para los abusos físicos y emocionales en el cerebro es el mismo. Esto significa que cualquier abuso emocional o físico afecta directamente al cerebro. La clave para sobrevivir a cualquier evento traumático y abusos es proteger el cerebro. Cualquier persona que sufre abuso narcisista sólo puede sobrevivir protegiendo el cerebro del trauma. Si usted está en una relación que sigue infligiendo dolor, usted debe encontrar una manera de proteger el cerebro.

La única manera de proteger el cerebro es aprendiendo la verdad. Las personas emocionalmente inteligentes saben diferenciar los hechos de la ficción. Si puedes entrenar a tu cerebro para conocer la verdad y vivir en la realidad, tendrás un poder mental muy fuerte. De hecho, los narcisistas no están en posición de romper a cualquiera que se quede dentro de su mente. Lo primero que alguien en el estado mental claro debe entender es que el narcisista es un mentiroso. Debes entender que el narcisista prospera en mentiras y capitaliza tus emociones. El narcisista lastima las emociones para hacer que la víctima se sienta inútil.

Si sabes lo que el narcisista está tratando de hacer, no permitirás que tu cerebro acepte el mensaje. Usted debe entrenar a su cerebro para rechazar dicha información negativa y sólo aceptar información positiva. Debes entrenar tu cerebro para que sólo acepte lo que es verdad y rechazar lo que es una mentira.

Proteger el cerebro durante el abuso narcisista también depende de tu capacidad para controlar las emociones. Si puedes diferenciar entre la verdad y la mentira, no te verán afectados por las mentiras. Si un narcisista sigue diciendo que eres estúpido, no te verán afectados por sus palabras porque sabes claramente, eres sabio. La única oportunidad de luchar que tiene un individuo en una relación narcisista es mantenerse sobrio. Esto incluye la capacidad de tomar decisiones que no están influenciadas por las emociones.

Como víctima, debes saber que estás siendo víctima. Usted debe ser capaz de analizar a su abusador y entender que él / ella está sufriendo de un trastorno mental. Usted debe estar en una posición para analizar el trastorno de la personalidad y empezar a capitalizar las debilidades del abusador. Deberías estar en posición de desentrañar la personalidad oculta del abusador y avergonzar su ego.

Aunque mantener la estabilidad mental en tales situaciones no es fácil, cada persona puede controlar sus mentes. Si tienes algo que representas, empieza desde ese punto. Aunque los narcisistas distorsionan la forma de pensar de una persona, quedan algunas constantes. Cada víctima debe ser capaz de reconocer las constantes disponibles y empezar a utilizarlas para superar el trauma mental. Por ejemplo, un narcisista puede sabotear el camino de una persona hacia el éxito, pero nunca puede sabotear los logros pasados de una persona. Incluso si te hace creer que eres incompetente, encuentra una cosa que puedas hacer muy bien.

Comience a desarrollar su fuerza y confianza desde ese aspecto. Comienza a reafirmar tus pensamientos y habilidades. Debes estar en posición de recordar tu éxito pasado antes de conocer a tu abusador. Piensa en los pasos importantes que has dado en la vida y en los hitos que has logrado. Recordar tu antiguo yo te da el deseo de querer volver a lograrlo.

La víctima también debe estar en una búsqueda constante para enriquecer sus cerebros. Alimenta tu cerebro con la información correcta. La víctima debe asegurarse de que las ideas positivas que entran en la mente superan las ideas negativas que el abusador intenta inculcar. La víctima debe disfrutar de leer libros, ver la televisión, jugar juegos de estimulación mental y d mantenerse al día con las tendencias. Obtener conocimiento de que el abusador carece pone a la víctima en una posición de control. La víctima puede contrarrestar la energía negativa que está construyendo el abusador.

La víctima comienza a diferenciar los hechos de las mentiras. El abusador puede tratar de sabotear todo lo que se hace para obtener conocimiento. Sin embargo, vivimos en una era de libertad. Cada persona tiene la libertad de adquirir conocimiento. Incluso si usted está confinado a una casa, todavía se puede obtener conocimiento mediante la lectura de libros y revistas.

Capítulo 8

¿Puedo Elegir Una Nueva Forma De Pensar?

La vida puede no ser todo sol y rosas para las víctimas que logran escapar de los ciclos de abuso narcisista. Muchos luchan por sanar durante años después, experimentando períodos intermitentes de crecimiento y rehabilitación salpicados de brotes de recaída emocional. Aun así, las víctimas en recuperación a menudo reportan una abrumadora sensación de alivio y una sensación surrealista de calma una vez que comienzan a acostumbrarse al ritmo de sus vidas bajo las reglas de No-Contacto con narcisistas peligrosos.

Incluso a través de los períodos difíciles, es importante que cualquier víctima se perdone constantemente, aprecie su propia fuerza y resiliencia, y se arroje con entusiasmo a una rutina de cuidado personal. También deben tratar de mirar constantemente hacia el futuro en lugar de rumiar demasiado en el pasado doloroso. El legado más insidioso de abuso narcisista es que intenta corromper la capacidad de la víctima para disfrutar de la autoestima, el amor interpersonal y todas las otras cosas hermosas que una vida empática puede ofrecer, incluso después de que la situación abusiva se haya quedado atrás. La mejor y más poderosa forma de venganza que puedes buscar sobre un abusador narcisista es negarles esa posibilidad. Toma las ingenias de tu vida; tomar la decisión consciente de ser feliz y compasivo; dar y recibir amor honesto, auténtico con alegría y optimismo. No permitas que tu victimismo te defina.

Hipersensibilidad

Muchas víctimas de narcisistas ya son empáticos autoidentificados, o personas muy sensibles (HSP) antes incluso de conocer al narcisista en cuestión. Algunos, sin embargo, sólo se despiertan a esta realidad después de dejar la relación o régimen narcisista.

La hipersensibilidad viene en muchas formas y diferentes grados de intensidad. Muchas personas crecen para verlo como un superpoder, aunque necesita entrenamiento consistente, descanso y cuidado, al igual que un músculo. El trabajo intensivo de límites es una necesidad para los empáticos, al igual que el establecimiento y el mantenimiento de una rutina de cuidado personal. No tiene que ser costoso, simplemente necesita recordar a la víctima de forma regular que son dignos de cuidado y atención, y que son responsables de crear su propia felicidad.

Algunas víctimas desafortunadas pueden no encontrar el apoyo que necesitan para curarse de este abuso. Muchos empáticos y HSP se encuentran en conflictos frecuentes con personas altamente individualistas, que invalidan sus experiencias de abuso narcisista llamándolos normales, y descartando sus sentimientos como reacciones exageradas. Podrían aconsejar a la víctima que "crezca una piel más gruesa" o que "se endurezca", ya sea que se den cuenta o no de que estas palabras sirven esencialmente para culpar a la víctima por el abuso infligido sobre ellos.

Si esto te sucede, recuérdate de la persona que eras antes de que comenzara el abuso. No eras perfecto, nadie lo es, pero eras fuerte. Eras tu propia persona. No había nada malo contigo. No merecías ser blanco, manipulado, explotado, avergonzado o usado como un saco de boxeo emocional.

Trate de recordar que la persona que le está diciendo que se endurezca puede significar bien, pero que son ignorantes. Podrían comprar en la falacia del "mundo justo" (la idea de que las personas obtienen lo que se merecen en la vida, por lo que las personas que sufren por lo general han hecho algo para merecer este castigo) y carecen de la perspectiva necesaria para proporcionarle consejos útiles. Si bien esto puede ser extremadamente frustrante, o enfurecedor si está sucediendo repetidamente, trate de no enojar seriamente hacia estas personas. Ponte en sus zapatos.

Imagine dos vasos de agua vacíos sobre una mesa con fuerza estándar; uno no se ve afectado por el impacto, mientras que el otro se rompe. Sería fácil deducir que había algo inherentemente defectuoso en el vidrio que se rompió. Pero, ¿qué pasaría si llegaras a aprender que el vidrio intacto había sido previamente envuelto en envoltura de burbujas, mientras que el vidrio roto había sido calentado y enfriado repetidamente y luego golpeado con un mazo, formando miles de pequeñas grietas invisibles?

Una víctima de abuso narcisista prolongado es un caparazón de una persona, un vaso con miles de pequeñas grietas invisibles en todas las instalaciones. Necesitan ser manejados suavemente por un tiempo, con el fin de sanar. Es posible que no sean capaces de manejar la adversidad que la mayoría de la gente puede dar paso a paso. Pero eso no significa que empezaron defectuosos; significa que necesitan reparación y comprensión del paciente.

Un lugar donde esta analogía falla, sin embargo, es en las secuelas; a diferencia de un vidrio roto, una víctima hipersensible puede reparar todas esas pequeñas grietas, y finalmente salir aún más fuerte que el vidrio que estaba protegido por envoltura de burbujas todo el tiempo. Las empatas y los HSp pueden convertirse en guerreros emocionales, balizas para otras víctimas que necesitan modelos a seguir y sanadores poderosos. La hipersensibilidad no debilita a las personas; les enseña una fuerza increíble.

Imagínate esos dos anteojos uno al lado del otro otra vez. Esta vez, eres plenamente consciente de lo que cada uno ha pasado, y el vidrio abusado no se rompe. Ahora, ¿cuál te parece más impresionante?

Egoismo

El egoísmo se define como una fobia a los rasgos narcisistas dentro del yo. Es común en las víctimas de abusos narcisistas severos, que tienen miedo de expresar sus propias necesidades, parecer egoístas o recibir atención especial de cualquier tipo, la mayoría de las veces porque el narcisista en su vida los castigaría por hacer estas cosas.

Una prueba importante para las víctimas de abuso narcisista es la siguiente: ¿eres capaz de disfrutar de tu propia compañía por un día, o un fin de semana completo tal vez, sin tener un colapso emocional? Si no, no hay necesidad de sentirse avergonzado, pero puede ser prudente buscar ayuda para una mayor recuperación. No hay nada de malo en ser social, pero las víctimas de abuso sindicalista pueden usar sus ajetreadas vidas sociales y profesionales para distraerse del dolor no resuelto o de sensaciones emocionales difíciles que necesitan ser abordadas. Las víctimas también son típicamente entrenadas para ser codependientes, lo que significa que pueden tener dificultades para tomar decisiones, captar sus verdaderas opiniones y preferencias, o incluso reconocer sus propias emociones, sin una personalidad dominante presente para dictar estas cosas por ellos.

El aislamiento puede ser doloroso y desafiante, pero también puede ser una herramienta poderosa para el crecimiento emocional o el despertar espiritual. Cuando lo eliges por ti mismo, en lugar de tenerlo sobre ti, puede ser extraordinariamente poderoso.

Ten en cuenta el hecho de que esta es tu vida, la de nadie más, y es totalmente posible que sólo consigas uno de esos para vivir. Asegúrate de vivirlo por ti mismo, no para complacer a un narcisista ingrato y apático.

Reformular recuerdos

Desafortunadamente, las víctimas de abuso solistas a menudo están atormentadas por un infundado sentido de vergüenza, incluso después de haber cortado lazos y pasado del narcisista que las lastimó. Es importante trabajar con alguien (un terapeuta, consejero, sanador o guía espiritual) para replantear sus recuerdos de la relación que compartió con el narcisista, para comenzar a desenredar y aliviar el estrés de esta vergüenza.

Una técnica especialmente eficaz que utilizan los abusadores narcisistas es reaccionar a la oferta de una víctima por un trato igual y justo como si fuera una petición irrazonable y narcisista. La voz del narcisista puede perseguir a la víctima, incluso mucho después de que hayan cortado los lazos, preguntando: "¿Quién te crees que eres?" o "Siempre se trata de ti, ¿no?" Esta es una combinación de proyección e iluminación de gas que realmente puede alterar la capacidad de la víctima para afirmarse o defenderse en la vida. Se paralizan con el miedo autoconsciente, luchan por defender sus propios intereses personales, y a menudo se quedan atrapados en un ciclo de mayor generosidad hacia el narcisista, todo en un vano intento de demostrar su propia capacidad de empatía. De alguna manera, al tratar de defenderse a sí mismas, las víctimas son engañadas para inclinarse una vez más, y aún más profundamente, ante el narcisista.

Así que cuando la relación ha terminado, la víctima se queda llevando la vergüenza del comportamiento abusivo que toleraban, así como el miedo vergonzoso de que eran de alguna manera culpables del mismo comportamiento narcisista que su abusador mostró. Esto puede afectar las relaciones futuras de la víctima, asfixiando la confianza y promoviendo la ansiedad fantasma.

Si los sentimientos de vergüenza te atormentan, lo mejor que puedes hacer por ti mismo es encontrar un terapeuta o consejero que te ayude a remarcar tus recuerdos y reescribir tu narrativa. Necesitarás un tercero objetivo para ayudarte a ver las partes de tus propios recuerdos a las que te has acostumbrado a cegarte: a saber, las partes donde tu abusador cruzó líneas y te trató de maneras deshumanizadoras. Estos recuerdos pueden ser extremadamente dolorosos, razón por la cual los cerebros de muchas víctimas los editan automáticamente, o los alteran, por el bien de la autoprotección. Las víctimas no deben esperar ser exclusivamente autosuficientes durante sus procesos de recuperación; será necesario un buen sistema de apoyo lleno de personas empáticas con buen juicio y fuerte carácter moral, y la asistencia de un profesional de salud mental con licencia debe incluirse si es posible.

Volver a conectar con tu verdadero yo

A largo plazo, purgar el narcisismo de tu vida se siente un poco como quitarte un corsé que has estado usando toda tu vida y que ni siquiera lo sabías. Por un lado, hay una enorme sensación de alivio, y la repentina capacidad de respirar más profundamente de lo que jamás te diste cuenta de que podías. Por otro lado, este corsé puede haber estado sosteniendo en algún equipaje antiestético que ahora es libre de rodar y rebotar y agitar. Este corsé también puede haber estado enmascarando un poco de dolor que has estado normalizando durante años, dolor que ahora de repente se siente insoportable. ¿Y todo lo mundano en lo que nunca solías pensar, como cómo sostener tu caja torácica cuando caminas, te paras o te sientes? Ahora, encuentras que tienes que pensar largo y duro en cada movimiento que haces, porque todo se siente tan desconocido, extraño y torpe.

Eliminar el narcisismo de tu vida te libera de muchas tonterías tóxicas, pero también a veces significa deshacerse de tu red de seguridad emocional, lo que puede ser muy aterrador. Sin estas personalidades dominantes alrededor para decirte qué hacer, cómo pensar y cómo sentirte, tendrás que decidir por ti mismo y asumir la responsabilidad de tus propios comportamientos. Volver a conectar con tu auténtico yo(la persona que eras antes de que el abuso reconectara tu cerebro) puede ser un proceso largo, por lo que también podrías sumergirte y hacer todo lo posible para disfrutarlo. Pregúntate: ¿qué me gusta, cuando nadie más me está diciendo lo que se supone que debo vivir? ¿Qué detesto? ¿Dónde quiero estar? ¿Cómo quiero sentirme? ¿Cómo quiero designar mi tiempo?

La pregunta más importante para hacerse es lo que desea. La práctica de meditación guiada puede ser enormemente útil para meditar en esa pregunta, así como silenciar todas las voces en tu cabeza que no son tuyas. La sociedad está llena de cabezas de hablar narcisistas, que nos dicen a todos lo que se supone que debemos querer, y qué metas vale la pena esforzarnos. Pero si los ignoras, puedes abrirte a un mundo de posibilidades. Por ejemplo, ¿qué pasa si realmente no quieres ser rico? ¿Qué pasa si todo lo que quieres es estar feliz, saludable y financieramente cómodo para devolver a organizaciones benéficas, o a amigos necesitados? ¿Qué pasa si realmente no quieres dominar tu campo profesional, o mantener el cuerpo de un atleta, o ganar un millón de seguidores en las redes sociales? ¿Y si aún no has encontrado tu alegría, simplemente porque te llevaron a buscarla en todos los lugares equivocados?

Anímese a experimentar; probar cosas nuevas, y ser audaz. Es posible que te sorprendas de la persona que encuentras debajo de todos esos moretones emocionales y equipaje una vez que hayan sido eliminados.

Curación y avance

El perdón es una parte importante de su proceso de curación. Pero no necesariamente quieres perdonar a tu abusador. De hecho, muchas víctimas de abusos narcisistas son demasiado indulgentes con los narcisistas, razón por la cual permitieron que el abuso durara tanto como lo hizo.

La persona a la que debes perdonar es a ti mismo. Primero, reconoce que la verdad de tu historia ha sido oscurecida en tu cabeza durante mucho tiempo; el narcisista no era una buena persona, y no tenía sus mejores intereses en el corazón. Todo fue un acto. Sabían que tenías dolor, y en lugar de liberarte de él, lo agravaron en todas las oportunidades posibles. Jugaste en esto porque querías ver lo mejor de ellos. Confiaste y creíste en ellos. No hiciste nada malo para merecer este tratamiento. Te mereces el perdón.

Pero al mismo tiempo, en cierto nivel, tenías que ser consciente de que esta relación era insalubre, y de todos modos permitiste que continuara. Usted aguanta los comportamientos de los que debería haberse alejado. Pusiste excusas para tu abusador y los protegiste de enfrentar las consecuencias de sus acciones. Aquí es donde usted comienza a asumir la responsabilidad personal de su curación, que no debe confundirse con aceptar la culpa del abuso. Su objetivo aquí no es hacerse sentir mal, o convencerse de que usted pidió este tratamiento; por el contrario, su objetivo es tratar de entender por qué permitió que el abuso suceda, para que pueda tomar mejores decisiones más saludables en el futuro. No hay ninguna vergüenza en esto; por lo general, aceptamos comportamientos abusivos porque vienen junto con otras cosas que deseamos desesperadamente, como una sensación de seguridad, empoderamiento financiero o simplemente un sentimiento de significado. Muchos de nosotros anhelamos sentirnos necesitados por alguien, y es ese simple deseo lo que nos deja vulnerables al abuso narcisista. Reconocer sus propios puntos de vulnerabilidad (los que continuamente le animaron a ignorar las banderas rojas y permanecer en una relación tóxica) es la mejor manera de protegerse contra futuras amenazas de abuso.

Por último, es posible que te sientas atascado, paralizado o tirado en dos direcciones diferentes durante bastante tiempo después de dejar a un abusador narcisista. La mitad de tu alma estará a la deriva en el tirón gravitacional del pasado, queriendo revisitar recuerdos y explorarlos, buscando respuestas. Mientras tanto, la otra mitad se agotará de esta situación y estará ansiosa por seguir adelante, dejando atrás el abuso como una serpiente derramando su piel. Entienda que esta dicotomía le cansará rápidamente, por lo que puede ser mejor configurar plazos designados para explorar el pasado (terapia, meditación, o incluso simplemente charlas planificadas con amigos de confianza) y el futuro por separado, lo que le permite dedicar toda su atención a cada uno y vivir conscientemente en el presente.

Eventualmente, llegarás a un punto en el que puedas conocer gente nueva, y no sentirás la necesidad de explicar lo que has pasado para justificar tu personalidad o comportamientos. Puede que no seas consciente de ello, o lo veas pasar, pero cuando llegues allí, te habrás liberado oficialmente de las garras del abuso narcisista. No olvides tu historia, pero reconoce esto como una oportunidad para escribir un nuevo final y cambiar toda la narrativa. Y recuerda siempre que el abuso que has sufrido nunca te hizo débil, sólo sirvió para hacerte más fuerte, más inteligente y más poderoso al final.

Capítulo 9

------ ❧❦❧ ------

¿Juega la genética un papel?

Esta sección primero revisa las fases comunes de una relación narcisista – idealizar, devaluar y descartar – toca los rasgos comunes de las víctimas y las razones por las que las personas entran, voluntaria o involuntariamente, en relaciones narcisistas. Nota: es tan importante entender lo que impulsa a las personas a estas relaciones como entender lo que no están dispuestos a aceptar.

A menudo, las víctimas son tan manipuladas y acostumbradas a las circunstancias abusivas que la recuperación nunca llega. Experimentan años de abuso sin darse cuenta plenamente de la gravedad de su situación. En los casos más graves, las víctimas creen, sin duda, que en realidad son el problema y crecen dependiendo de la posibilidad de que su captor proporcione una intimidad y unión genuinas y necesarias que nunca se producen. Se quedan confundidos y se sienten impotentes, constantemente intentan cambiar sus circunstancias y se quedan muy decepcionados.

Finalmente, esta sección culmina con consejos para dejar a un narcisista, qué esperar cuando uno decide seguir adelante, y maneras de reconstruir y renovar.

Narcisistas y relaciones - La vida falsa de la víctima

Vivir con alguien que sufre de Trastorno Narcisista de la Personalidad es extremadamente confuso, descorazonante, doloroso y francamente debilitante. Las víctimas son propulsadas a máximos extremos, e igualmente mínimos extremos atrapados en una montaña rusa interminable de emociones sin el medio de bajar con seguridad. Pueden sentirse como si estuvieran atrapados en una puerta giratoria sin una manera clara de salir.

Los enfermos pasan por un conjunto muy específico de etapas relacionales, que, aunque son más comunes de lo que la mayoría espera, son en realidad muy difíciles de reconocer objetivamente para que las propias víctimas puedan escapar. Estos individuos a menudo son sorprendidos completamente desprevenidos cuando la máscara del narcisista se desprende, habiendo creído que estaban relacionados con alguien que es inmensamente encantador, carismático y por todas las apariencias externas 'perfecto'.

Una vez que se elimina la máscara, sin embargo, la confianza se disuelve y las víctimas se ven afectadas profundamente. Deben aprender a ajustar todo su proceso de pensamiento, repensando todo lo que sabían que era verdad. Sus vidas están completamente al revés y se quedan buscando seguridad inexistente, una red que ya no existe, o que nunca existió realmente. Hay un período de tiempo, a menudo prolongado, en el que la víctima se siente perdida, paralizada como si ya no pueda confiar en sí misma o en su juicio. Y, como los verdaderos narcisistas son incapaces de sentir empatía, sólo sus víctimas sufren una vez que suben las banderas rojas, dejando a estos individuos sintiéndose aún más solos y desesperados.

El narcisista es incapaz de creer que ha causado dolor y que no puede relacionarse emocionalmente con su víctima. Sugerirán que su víctima es una loca, aliviando así de cualquier posible culpa. Los narcisistas extremos suelen ser incapaces de sentir emociones saludables hacia otras personas. Creen que los demás, toda su red de familiares, amigos y conocidos, están allí simplemente para satisfacer sus necesidades. Estas personas no son seres humanos; son objetos, allí para proporcionar suministro narcisista.

Es esta incapacidad mirar hacia adentro lo que hace que la mayoría de los narcisistas no estén dispuestos a buscar terapia. Rara vez son los que buscan ayuda con sus relaciones o inician tratamiento profesional. Las víctimas suelen ser los buscadores. Lo más desalentador es que las víctimas a menudo buscan ayuda para sus propios desequilibrios mentales percibidos, que el narcisista les ha convencido que poseen. Se necesita un terapeuta altamente intuitivo y un experto en NPD para identificar los verdaderos problemas subyacentes, sacar a la luz posibles abusos narcisistas, y ayudar eficazmente a la víctima a hacer frente y reconstruir.

Si la víctima convence a su cónyuge narcisista para buscar asesoramiento de parejas, el peligro para su bienestar puede aumentar. Un consejero no entrenado podría ser víctima del encanto del narcisista, lo que conduce a más problemas de desilusión y autoestima en la víctima. El narcisista aprende lo que provoca que su víctima confiese en los demás con respecto a su infelicidad y 'arriba de su juego', asegurando que trabajen el doble de duro la próxima vez para mantener a su víctima en silencio.

Es difícil para los terapeutas identificar el abuso narcisista y hacer creer a la víctima que les ha sucedido, que la víctima se identifique y que el terapeuta asegure su confianza una vez que su mundo se desmorona. Terapeutas bien calificados y la atención de las víctimas revividas con éxito son pocos y distantes entre sí. Un terapeuta necesita jugar al detective y entender que la razón por la que la víctima cree que está buscando tratamiento puede ser realmente una consecuencia poco saludable (es decir, ansiedad, depresión, estrés, etc.) de un problema más grande.

Los terapeutas deben ser pacientes en el trabajo con posibles víctimas de abuso, no sólo conseguir que acepten que han sido abusados y trabajar con ellos en un plan para avanzar, pero en última instancia, dentro de este proceso, ayudándoles a entenderse mejor a sí mismos y por qué víctima en primer lugar. Al hacerlo, el ciclo es menos probable que se repita.

En última instancia, depende de la víctima vocalizar una comprensión de lo que ha ocurrido y reunir la fuerza para seguir adelante. Eventualmente, pueden estar dispuestos a ayudar a otros enfermos de abuso narcisista, de modo que la condición se reduzca casi hasta el punto de la eliminación. El ciclo debe romperse, y sólo aquellos que lo han presenciado tienen el poder de ayudar a prevenirlo.

Oferta y Demanda

La relación NPD es una lucha constante entre la oferta y la demanda. Piensa en economía simple. La oferta narcisista es baja a medida que aumenta la demanda de ella dentro del narcisista y necesitan más atención. A medida que el suministro se agota, la energía se agota en la víctima, y la víctima es incapaz de satisfacer la demanda. Esto hace que el narcisista explote. Después, el suministro se reabastecía a medida que se restablece el control y la víctima es desmotivada para proporcionar las reservas necesarias.

Un narcisista no muestra remordimiento por las cosas terribles que hacen. Nunca dicen que lo sentimos, pero pasarán el rato, todavía queriendo desesperadamente ser necesario, o, al menos, no descartados. Si uno invoca el valor de irse y tiene éxito, el narcisista continuará insertándose en la vida de la víctima, haciendo combustible para repostar su suministro. Ellos comerán a destaparte el regreso de las posesiones personales si él todavía tiene acceso a ellas, y puede seguir haciéndolo durante años, mucho después de que sean olvidadas. Mientras estén exigiendo atención y la víctima la esté suministrando permitiendo el contacto, este patrón continuará.

Capítulo 10

Libertad al fin

Para entender por qué sigues atrayendo a personas tóxicas en tu vida, tienes que entender por qué sigues permitiendo ese tipo de tratamiento. Por lo general, esto comienza en la infancia. Tal vez tenías una madre narcisista que, sin importar lo que hicieras, simplemente nunca estaba satisfecha. Por lo tanto, usted desarrolló una persona agradable a la gente con el fin de cumplir lo que faltaba. Hay dos rasgos que son necesarios en una persona que los manipuladores buscan: alguien con conciencia, así como alguien que tiene una deferencia excesiva.

Las personas que tienen conciencia son menos propensas a herir a otros, lo que significa que un narcisista se sentirá cómodo manipulándolos, ya que técnicamente permitirán que suceda. Si alguien cree en el amor, es menos probable que se retire de una situación tóxica, ya que es posible que se le haya enseñado a no hacer eso o que pueda pasar por nada. En el mismo sentido, alguien que es un pueblo complacer estará de acuerdo con mucho de lo que el narcisista quiere o necesita ya que quieren hacerlos felices.

Por un lado, hay un narcisista que busca personas que son vulnerables a ser aprovechadas, y por otro lado, hay personas que están heridas y tratan de complacer a todos para hacerse felices. Ambos hacen una situación muy tóxica.

Entonces, ¿cómo se puede evitar esto? En cierto sentido, es difícil de predecir, ya que depende principalmente de cuán educadas son las personas sobre los narcisistas y los empáticos. Si vemos que el cónyuge de alguien es tóxico y abusivo, podemos abrirnos a ellos y decírselo. La respuesta típica puede ser un montón de excusas para descartar el comportamiento, o tal vez la víctima ya ha investigado los comportamientos, pero todavía tiene esperanza de que su pareja puede cambiar. La esperanza es la palabra que mantiene a muchos en situaciones donde no pertenecen.

Con el fin de corregir o evitar ser manipulado, primero tienes que entender cómo la gente podría manipularte. Hay siete maneras en que las personas manipulan, e incluyen:

2. Ellos culpan,

3. Te hacen sentir inseguro,

4. Usan autocompasión,

5. Te halagan,

6. Sutilmente te intimidan,

7. Crean una falsa discordia, y

8. Se hacen el tonto.

Ellos culpan. Este tipo es generalmente una forma silenciosa de manipulación. Si alguien es culpado una y otra vez, entonces asumirá esa carga y se disculpará por todo. Si tu comportamiento está siendo juzgado, esa es también otra forma de manipulación ya que están tratando de hacerte sentir mal por quién eres. Si alguien te está diciendo si lo que estás haciendo es bueno o malo, eso es una señal reveladora de abuso.

Te hacen sentir inseguro. Si usted es inseguro, entonces usted puede ser fácilmente manipulado ya que le menospreciará cualquier oportunidad que tengan. En este caso, también te criticarán, lo que podría dejarte dudando de cada movimiento. También pueden tratar de confundirte convirtiendo pequeños errores en grandes errores.

Usan autocompasión. Hay gente en este planeta que se compadecerá y tendrá historias tristes sobre lo terrible que es su vida. Esto es para que te enganches a ayudarlos, y si saben que eres una persona amable y cariñosa, tratarán de manipular eso usando sus fiestas de piedad.

Te halagarán. No siempre se puede creer que los halagos, ya que podría usarse para que bajes la guardia para hacerte susceptible a la manipulación. Cuando alguien te halaga, ganará tu buena voluntad; sin embargo, esto no siempre es con buenas intenciones en mente. Si te conoces bien, serás más propenso a combatir este tipo de manipulación, ya que serás capaz de decir cuando alguien está siendo falso.

Te intimidarán sutilmente. Esto se hace de una manera sutil, como decirte que un determinado comportamiento es peligroso. Ellos le dirán que usted debe actuar de cierta manera en diferentes situaciones. Esto es para implicar que si usted no actúa de cierta manera, usted terminará con un resultado menos que deseable. Esta táctica de manipulación se utiliza para infundir miedo en ti.

Crean una falsa discordia. Si alguien siempre está en armas por pequeñas cosas, lo más probable es que esté siendo manipulado. Esto te mantendrá al límite, y te preguntarás qué estás haciendo mal en un momento dado. Los manipuladores hacen esto para tratar de acondicionar a las personas para que las traten de cierta manera o actuarán. Esta táctica de manipulación se utiliza típicamente para evitar cualquier responsabilidad, consecuencia o castigo.

Se volverán tontos. La gente se volverá tonta para dejar de hacer el trabajo porque alguien más lo hace mejor. Por ejemplo, si un marido no quiere cargar el lavavajillas, le dirá a su esposa que ella es mejor en ello. Si alguien pretende no entenderte, también están tratando de manipularte al no tomar responsabilidad por un problema con el que están involucrados.

Todas estas tácticas de manipulación conducirán a relaciones tóxicas y deshonestas. Si reconoces que alguien está tratando de manipularte, puede ser mejor llamarlo para que puedan reconocer el comportamiento. Lo más probable es que, si realmente son tóxicos, no serán dueños de todo, lo que te deja correr hacia el otro lado.

¿Codependiente o empatía?

Codependiente y empática se utilizan a menudo indistintamente; sin embargo, ambos son diferentes en las formas en que buscan la validación, el amor y la comprensión. Los empáticos pueden tener rasgos codependientes, pero no todos los codeantes pueden ser empáticos. Los codeantes siempre buscan fijar y ayudar a las personas, mientras que las empatas están espiritualmente en sintonía con cómo otras personas sienten y absorben la energía de otras personas. Ambos quieren ser amados, validados y comprendidos; sin embargo, ambos reaccionan de manera diferente a los narcisistas.

Empático

Una empatía normalmente se atornillará a cualquier signo de un narcisista. La única manera en que se sentirán atrapados en un lugar con un narcisista es si eran demasiado jóvenes para entender las banderas rojas o no fueron educados en narcisistas o relaciones empáticas. Cuando una empatía es educada sobre el tema, o ha sido herida por un narcisista y ha hecho su propia investigación, es más probable que salga de situaciones tóxicas. Los empáticos tienen algunos de los siguientes rasgos:

1. Absorben las emociones de los demás,
2. Son muy sensibles e intuitivos,
3. Son capaces de ver un punto de vista desde todos los ángulos, y
4. Entienden profundamente a las personas, los lugares y las cosas.

Los narcisistas no tienen empatía, por lo que tienden a aferrarse a las empatías para alimentarse de ellos para satisfacer esa necesidad. Las empatas tienen mucho que dar; sin embargo, se agotan y se agotan muy rápidamente. El buen aspecto de una empatía es que reconocerán lo que está usando su energía y decidirán distanciarse de esa fuente. Por lo tanto, si una empatía tiene un marido narcisista, habrá momentos en que la empatía tiene que alejarse y aislarse por un tiempo para recargar. Las empatas son muy conscientes de sí mismas y de su entorno, y eso les dará la ventaja, ya que llamarán el comportamiento del narcisista.

Codependiente

Los codeantes desperdiciarán toda su vida con un narcisista pensando que pueden arreglarlos o ayudarlos a cambiar. Puede llegar un momento en que un codependiente esté harto y quiera salir, pero por lo general se mantienen en la relación debido a la culpa de renunciar a alguien. Los codeantes tienen los siguientes rasgos:

1. Tienen baja autoestima,

2. Buscan validación fuera de sí mismos,

3. Son fijadores y ayudantes,

4. Se unen a una personalidad alfa para la identidad,

5. Su estado de ánimo depende del estado de ánimo del alfa, y

6. Buscan elogios y tienen el deseo de ser queridos.

Un narcisista no tiene tanto miedo de un codependiente como de un empático, por lo que los codeantes son los más buscados para un narcisista. Los codeantes tienen un mal sentido de los límites, por lo que pueden ser fácilmente aprovechados, y una vez que intenten hacer cumplir los límites, notarán una resistencia severa. Es difícil para un codependiente liberarse de un narcisista porque no pueden verse separados de ellos.

El siguiente gráfico mostrará las diferencias una al lado de la otra, que puede ser más fácil de identificar exactamente cuál podría ser:

Empático	Codependiente
Puedo sentarme con tu sufrimiento	Quiero y puedo arreglarte
Me siento cómodo con una variedad de emociones	Tengo una adicción emocional y me alimento de las emociones de la gente
Veo por qué crees, piensas y sientes las formas en que lo haces	Quiero creer, pensar y sentir las cosas que haces
Tengo un espacio para tus emociones	Quiero asumir tus emociones como si estuvieran mis propias
Mis relaciones suelen ser satisfactorias	Tiendo a ser aprovechado y constantemente me siento agotado de ella

Imaginemos a los dos en las relaciones. Hay un marido narcisista más una esposa empática y un marido narcisista y una esposa codependiente. La esposa empática, cuando reconozca los signos de abuso, será consciente de su entorno y llamará a los comportamientos ya que no soportará sentirse agotada de ella. La esposa codependiente reconocerá los signos, pero pensará que el problema es ella, lo que permitirá al esposo actuar como lo hace. Por lo tanto, los codeantes permanecerán en la relación y continuarán excusando por qué se mantienen en una mala situación. Una empatía puede tener rasgos codependientes, pero a menos que la empatía se drene más allá de la creencia, tendría fuerza y conocimiento para alejarse de lo que es tóxico para ellos.

Cómo se forma un bono de trauma

Un vínculo de trauma se forma con el tiempo, y tiende a mantener a las víctimas en las relaciones porque esperan que vuelva a la fase "buena". El objetivo principal de un abusador es seguir recibiendo algún tipo de beneficio de usted. Cuando estás completamente agotado y agotado, pueden enojarse porque no puedes cumplir con el suministro que necesitan en ese momento. A continuación, tratará de trabajar más duro para complacer a su abusador y mantener la relación a flote. Cuando alguien dice "no siempre es malo, también hay buenos momentos", por lo general están viviendo en este tipo de ciclo en su relación. Hay señales de que usted tiene un vínculo de trauma con su abusador, y aquí están los cinco principales:

1. Te sientes constantemente cansado.

2. Sientes que no puedes hacer nada bien para el narcisista.

3. Si intentas irte, la angustia de perderlos te jala hacia atrás.

4. Sabes que te causarán más dolor, lo estás esperando, pero permites que ocurra.

5. Los pusiste como una prioridad. Si te llaman por mensaje de texto, dejarás caer todo para responder.

Los lazos de trauma se encuentran típicamente en relaciones que tienen un refuerzo inconsistente e incluso pueden ser referidos como el Síndrome de Estocolmo. El Síndrome de Estocolmo se ve típicamente en prisioneros de guerra o situaciones de rehenes. Con el tiempo, una relación abusiva tomará la forma del Síndrome de Estocolmo, y las víctimas realmente protegerán, amarán y dependerán de su abusador para sobrevivir. Cuando la víctima se ha desvinculado completamente (adormecida) del dolor de la situación, comienzan a sentirse indefensos y luego fantasean con su abusador.

El tipo de entorno necesario para fomentar un vínculo de trauma tiene "intensidad, complejidad, incoherencia y promesa, [y] las víctimas se quedan porque se están aferrando a esa atractiva "promesa o esperanza" (Stines, 2015). Cuando una relación comienza de una manera que crea un buen sentimiento o ambiente, la víctima siempre está esperando a que vuelva a ese punto. Esto es lo que mantendrá a alguien estancado en una situación mucho más larga de lo que debería ser porque siguen esperando que vuelva.

Hay maneras de recuperarse de un vínculo de trauma tóxico. Las seis formas principales de recuperarse son las siguientes:

1. Concéntrese en tomar decisiones que respalden su autocuidado,

2. Aprende a llorar,

3. Acostúmbrate a entender tus emociones,

4. Construir conexiones saludables en su vida,

5. Haga una lista de comportamientos que no aceptará, y

6. Vivir un día a la vez.

Concéntrese en tomar decisiones que respalden su autocuidado. En otras palabras, no tomes ninguna decisión que te vaya a hacer daño. Usted puede sentirse débil por el trauma, y lo último que debe hacer es hablar negativamente con usted mismo o revivir lo que acaba de experimentar. Sé amable con ti mismo y deja que tu cuerpo y mente el tiempo para procesar todo lo que ha sucedido.

Aprende a llorar. Perder un matrimonio o una relación que fuera diferente de lo que pensabas que era inicialmente será cómo perder a un ser querido. Tienes que darte tiempo para lamentar la pérdida.

Acostúmbrate a entender tus emociones. Cuando alguien está en un vínculo de trauma tóxico, tiende a pensar en la forma en que es manipulado para pensar. Por lo tanto, tomará tiempo desintoxicarse de esa mentalidad y pensar por sí mismo. Permítete tiempo para sentir todas las emociones para que puedas procesarlas y poseerlas.

Construye conexiones saludables en tu vida. La única manera de crear conexiones en buen estado es eliminar las conexiones en mal estado. Encuentra con quién tienes un fuerte vínculo, sin ningún drama, e invierte en esas relaciones.

Haz una lista de comportamientos que no aceptarás. Has aceptado comportamientos inmorales durante demasiado tiempo. Haz una lista de comportamientos que prometes no volver a aceptar y seguir adelante con ella. Por ejemplo, gestionaré mis propias finanzas o no discutiré con alguien que me llame nombres.

Vivir un día a la vez. Habrá días buenos y días malos, así que asegúrate de vivir cada día como si fuera un nuevo comienzo. No se concentre en los días malos; centrarse en seguir adelante y recuperar su vida.

Con el fin de desintoxicarse de un vínculo de trauma, es importante estar lejos de esa persona sin contacto. No es hasta entonces que la víctima verá la devastación que han soportado durante tanto tiempo; una vez que se ve, el proceso de curación comenzará.

Mecanismos de afrontamiento para el abuso narcisista

Los mecanismos de afrontamiento se pueden usar cuando están en una relación abusiva o cuando se enfrenta a las secuelas del abuso. Exploraremos los mecanismos de afrontamiento para aquellos que todavía están en el ciclo de abuso para tratar de ayudarles a salir de ella. Muchos de estos también pueden aplicarse después de que la relación ha terminado también.

1. Hazte una prioridad y concéntrate en mejorar tu salud física y mental,
2. Crear y aplicar límites,
3. Entender que no se puede arreglar a una persona abusiva,
4. No te culpes a ti mismo,
5. No se involucre con una persona abusiva, y
6. Trabaje en la creación de un plan de salida.

Hazte una prioridad y concéntrate en mejorar tu salud física y mental. En lugar de preocuparse por complacer a su abusador, concéntrese en sí mismo. Puede parecer extraño al principio, o puede sentirse culpable, pero usted necesita cuidar de sí mismo para funcionar y mantenerse saludable. Dormir también es muy importante, ya que es muy probable que su cuerpo esté estresado todo el tiempo y que necesite ser capaz de recuperarse.

Crear y aplicar límites. Incluso si no tenía límites antes, debe crear una lista de límites para el abusador. Entonces, tienes que hacerlas cumplir. Por ejemplo, el abusador pasa a través de su teléfono sin permiso. Añadir un código de acceso en su teléfono y hacerles saber que no es respetuoso hacer eso y si necesitan ver su teléfono, puede desbloquearlo para ellos. Ese es sólo un ejemplo; otro sería que no deben insultarte o llamarte nombres o de lo contrario la conversación terminará. Entonces, si no lo siguen, vete.

Entienda que no puede arreglar a una persona abusiva. Las personas abusivas están eligiendo ser abusivas. La única manera de que cambien es si deciden cambiar. Usted no será capaz de forzarlos a cambiar o ayudarles a cambiar. No te cambies para apaciguarlos para que cambien, ya que nunca funcionará.

No te culpes a ti mismo. Usted puede escuchar que todo es su culpa, e incluso podría empezar a pensar que lo es, pero recuerde, que es la manipulación. No es tu culpa que alguien más decida hacer algo.

No se involucre con una persona abusiva. Esto es difícil... como, muy, muy difícil. Cuando alguien está rondando sobre ti diciendo que haces cosas que nunca harías, es casi imposible no responder. Sin embargo, ya sea en persona o a través de un mensaje de texto, entrena tu mente para que se centre en otra cosa en ese momento. Tal vez cantar una pequeña canción en tu cabeza, contar hasta diez, apagar el teléfono si no dejan de enviar mensajes de texto, enviarte mensajes de texto a ti mismo las respuestas en su lugar, escribir cómo respondería, o levantarse y alejarse.

Trabaje en la creación de un plan de salida. Todos imaginamos cómo sería la vida fuera de los reinados de un abusador. ¿Por qué no crear eso en papel y tratar de establecer una manera de hacer que eso suceda? Sí, es muy aterrador, y es posible que no sigas adelante con él, pero a veces todo lo que se necesita es escribir lo que deseas hacer. Durante este tiempo, sería mejor reunirse con un defensor de la violencia doméstica o un consejero para ayudar a elaborar un plan adecuado.

También puede notar que está desarrollando mecanismos de afrontamiento poco saludables para hacer frente a su situación. Algunos podrían empezar a beber alcohol, comer alimentos grasos, dejar de hacer ejercicio, empezar a acostarse mucho, empezar a beber soda o pop, y/o no comer en absoluto. Hay un montón de otros mecanismos de afrontamiento defectuosos, pero de cualquier manera, es una manera de quitar su mente del caos a su alrededor para darle una sensación de control, así como un poco de felicidad a medida que se entrega.

Reconocer los signos de abuso es una cosa, pero ¿qué haces si lo estás experimentando? Bueno, si te encuentras en esta situación y no crees que tienes una salida, que es muy común, para aliviar tu mente puedes crear un plan de seguridad. Un plan de seguridad podría incluir:

1. Manteniendo una maleta en la casa de un vecino,
2. Conseguir una escalera plegable para mantener en una habitación arriba para que pueda escapar,
3. Aparcamiento en la entrada y no en el garaje,
4. Atrincherarse en una habitación con un objeto pesado, y
5. Darle a un amigo o familiar de confianza una llave o un abridor de puerta de garaje a tu casa.

Hay otras formas de escapar; sin embargo, si usted está viviendo en una situación abusiva, pero estos son los primeros pasos a tomar con el fin de salir de la casa con seguridad. Cuando todas las demás opciones fallen, protéjase a sí mismo y a sus hijos, si tiene alguna.

Capítulo 11

Cómo sanar del abuso narcisista

Cuando usted está tratando de sanar del narcisista después de escapar, en algún lugar durante la etapa de determinación, tendrá que encontrar maneras de cuidar de sí mismo. Necesitas sanar todas las heridas que el abuso del narcisista dejó atrás para convertirte en la persona que estás destinado a ser. La curación puede ser increíblemente difícil si se deja a sus propios dispositivos, e incluso puede sentirse tentado a seguir adelante sin abordar nunca el daño que sufrió. Sin embargo, es esencial. Nunca sanarás realmente si dejas que las heridas se agudecen y empeoren. Tu sentido de sí mismo, tu felicidad y tú mismo se marchitarán lentamente si no tratas las heridas. Tal como usted sabe, debe tratar una herida física; usted debe cuidar de sus heridas mentales y emocionales también. Tómese el tiempo para realmente absorber los métodos de curación del abuso, y realmente poner esfuerzo en mejorar a sí mismo. Sentirás mucho alivio después de haberte tomado el tiempo para sanar.

Recuerda, huir o poner la cabeza en la arena y fingir que estás bien es lo que el narcisista te enseñó a hacer. No importa lo tentador que pueda ser tratar de afilar los dientes y seguir adelante, usted necesita para abordar sus lesiones. En momentos de debilidad, recuérdate que solo quieres hacer lo que es familiar, pero hacerlo no te ayudará ni te beneficiará. Simplemente es retroceder a viejas costumbres que pueden conducir a un nuevo revés, y potencialmente enviarte en espiral de vuelta al narcisista. Sólo curando todas las heridas se puede realmente eliminar todas las cadenas que el narcisista ha instalado y realmente liberarse.

Autocuidado

Una de las maneras más fáciles, en teoría, de ayudar a curarse a sí mismo es participar en el autocuidado. El autocuidado puede ser difícil incluso para aquellos con mentes sanas, que son felices consigo mismos y no tienen alguna curación seria que hacer. Es fácil quedar atrapado en el bullicio de la vida y renunciar al tiempo de cuidado personal en favor de hacer otra cosa, pero es importante involucrarse en.

El autocuidado, en su esencia, es cuidarse a sí mismo. Estás haciendo de tu bienestar físico y mental una prioridad para ti mismo, y no te avergüenzas de hacerlo. Particularmente para las víctimas de abuso narcisista, que han interiorizado que sus necesidades son las últimas, esto puede ser difícil, pero es una habilidad importante para aprender. La forma más fácil de participar en el autocuidado es crear una rutina en la que tengas varias cosas que haces regularmente para crear buenos hábitos. Si no está seguro de por dónde empezar con el cuidado personal, aquí hay varias ideas de maneras de comenzar su rutina de cuidado personal.

- Buena higiene del sueño: Asegúrate de dormir a la misma hora todas las noches y presta atención a cosas que podrían dificultar el sueño, como tener un televisor en tu habitación que te mantenga despierto o usar el teléfono en la oscuridad en la cama. ¡Mantenga el dormitorio sólo para dormir!
- Coma alimentos saludables: Haga que sea un punto para nutrir su cuerpo para mantenerlo físicamente saludable. Se cree que tu instinto y tu mente están vinculados, y si puedes mantener tu intestino sano, es probable que también encuentres tus mejoras en la salud mental.
- Ejercicio diario: El ejercicio no solo es bueno para el cuerpo, la mente también lo necesita. Haga que sea un punto para tomar al menos treinta minutos al día para hacer ejercicio, ya sea una clase de fitness, tiempo en el gimnasio, o incluso simplemente un paseo por el parque. ¡Solo asegúrate de que ese paseo suba tu ritmo cardíaco!
- Priorizar el autocuidado: La forma más fácil de participar en el autocuidado es priorizar el autocuidado. Asegúrate de proteger los tiempos que reservas para cuidarte y tratarlos como preciosos. Te mereces ese tiempo por tu propio bienestar.

- Haga un viaje: A veces, tomar unas vacaciones de fin de semana lejos del bullicio del trabajo, amigos, y la ciudad puede ser increíblemente refrescante. Esto funciona aún mejor si te desconectas por un tiempo y te dejas disfrutar de tu propia presencia. Mantenga su teléfono apagado, y disfrutar de su propia compañía por un momento!
- Tomar descansos con frecuencia: Los descansos de salud mental son necesarios para funcionar eficazmente. Sin ellos, corres el riesgo de quemarte y de otra manera luchar para cumplir con tus responsabilidades sin ser completamente miserable. Sus descansos podrían incluso ser simples de cinco minutos fuera cada par de horas cuando se trabaja. Tu cordura definitivamente te lo agradecerá.
- Cuidar de una mascota: Las mascotas aportan mucho a nuestras vidas, incluso con las responsabilidades que vienen con ellos. Al tener una mascota, fomentas una relación con algo que es incondicional, carece de juicio e incluso puede disminuir tu presión arterial. Los perros, en particular, son tan buenos para el autocuidado y la curación que incluso los enfermos de TEPT los han adaptado como animales de servicio para ayudar con la salud mental!

- Mantenerse organizado: Si está organizado, es menos probable que se estrese por olvidar algo o cómo encajar todo. Incluso algo tan simple como implementar un calendario o planificador puede beneficiar inmensamente su salud mental.
- Cocine en casa: Además de comer saludablemente, cocinar su propia comida puede ser sorprendentemente terapéutica. Hay algo acerca de tomar materias primas, prepararlos, y crear algo nutritivo y delicioso de ellos que es tan satisfactorio! Cocine en casa a menudo para cosechar los beneficios.
- Lea: Lea a menudo. No sólo es bueno para tu cerebro, sino que también hay un mundo de conocimiento por ahí. ¡Incluso podrías leer un libro sobre el aprendizaje del autocuidado! Incluso si los libros que lees son de ficción, todavía puedes beneficiarte de la lectura. Mantiene tu mente estimulada y te ayudará a mantenerte más saludable.
- Aprende una nueva habilidad: Aprender algo nuevo puede ayudarte a elevar tu propia autoestima. Al finalmente aprender a hacer algo nuevo, es probable que te sientas orgulloso de ti mismo, ¡lo cual es genial! Intenta aprender algo nuevo,

especialmente si es algo que siempre te ha interesado.

Compasión

Como incluso hay una etapa entera en el proceso de curación llamada compasión, no es de extrañar que juegue un papel en la curación de su abuso. Recuerda tener la compasión por ti mismo para reconocer que no merecías el abuso que sufriste, y reconocer que cometer errores está bien.

A menudo, las víctimas de abuso narcisista luchan por ser compasivas o pacientes consigo mismas, sienten que están siendo poco merecedoras de esa compasión, incluso si le dirían a alguien más en sus zapatos que está bien y que la compasión es necesaria. Incluso pequeñas cosas pueden desalojar a una víctima de abuso, como derramar un vaso de leche. Si has soportado abusos, puedes decirte a ti mismo que eres estúpido por cometer un error tan simple, e incluso puedes menospreciarte, llamándote torpe e inútil.

El problema es que esas no son tus palabras, son los narcisistas. Derramar un vaso de leche no es un gran problema en el gran esquema de las cosas. En términos de un error, es inofensivo. Incluso si el vidrio se rompió, nadie murió. No hubo ningún daño irreparable a nada que no fuera un vaso, que muy probablemente no tiene algún valor inmenso de todos modos.

Recuerda considerarte con la misma compasión que siempre has tenido por los demás. Te lo mereces tanto como las personas que tratas con esa compasión y dirigir algo de eso hacia adentro tampoco le quita a nadie más. La compasión y la voluntad de perdonarse a sí mismos será un largo camino.

Esa compasión también debe venir con paciencia. Reconoce que te tomará una cantidad significativa de tiempo para sanar del abuso del narcisista, pero eso no te invalida. Eso no te hace menos valioso, y no dice nada sobre tu valor. Simplemente significa que eres un humano y es probable que tengas obstáculos de vez en cuando. El hecho de que tropieces y caigas y cometas un error no significa que debas entusiasmarte o hacerte sentir peor.

Permítete tiempo para lamentarte adecuadamente

El dolor es una parte natural de la vida, en la que las personas se enfrentan a la pérdida. Por lo general, el dolor está reservado para las personas que han perdido a un familiar cercano o amigo, pero a medida que pasas por las etapas de separarte de una relación abusiva, pasas por un proceso similar. Esto se debe a que, particularmente cuando estás involucrado con un narcisista, has perdido a alguien. Has perdido a la persona que creías que era el narcisista. Recuerda cómo el narcisista usó un personaje para atraerte: te enamoraste de la máscara del narcisista. Al principio amabas a alguien que resultó ser un producto de la imaginación de tu abusador. Sin embargo, el proceso de ver cómo el narcisista se transforma de un amante perfecto a un monstruo es devastador. No es diferente de ver a alguien alejarse de una enfermedad terminal, perderlo lentamente, pero cuando pierdes la personalidad del narcisista, te quedes con un monstruo que lleva la cara de tu ser querido como un recordatorio constante de lo que perdiste.

Cuando conociste al narcisista por primera vez, viste a alguien encantador, carismático, amigable y probablemente cada cosa que hayas querido. Esencialmente viste a tu alma gemela de pie frente a ti, y con el tiempo, tu alma gemela se desvaneció. Primero, la persona en la que confiabas todo comenzó a hacerte daño, un poco al principio, hasta que el abuso fue casi constante. Te quedaste consternado de cómo alguien que amabas tan profundamente, que creías que te amaba con la mismo pasión, de repente podría convertirse en un monstruo, pero lo hizo. Esto es igual de profundo de una pérdida, incluso si usted está perdiendo la idea de una persona. Todavía perdiste a alguien a quien amabas, y no deberías minimizar eso. El duelo se presenta en cinco etapas: negación, ira, negociación, depresión y aceptación.

Negación

Cuando llegues a la negación, quieres negar que algo ha pasado. Fue entonces cuando estabas atrapado por el narcisista, completamente convencido de que el abuso no era tan malo como en realidad. Negaste que la persona que amabas se había ido. Después de todo, ¿cómo podría irse cuando puedes ver su cara ahí? Te aferras a la esperanza de que la persona que pensaste que era el narcisista todavía está ahí en alguna parte, y haces excusas. Usted puede decir que el narcisista no era tan malo, o tratar de convencerse de que está dispuesto a quedarse atrás porque al menos se llega a ver la cara de su ser querido mirándolo a través del abuso. Intentas convencerte de que las cosas estarán bien. Aquí es donde estabas antes de llegar a la etapa de reconocimiento de la curación. Te negaste a reconocer el abuso por lo que era.

Ira

Eventualmente, tu negación cede a la ira. Tus ojos están abiertos, y finalmente quieres liberarte. En esta etapa, quieres escapar a toda costa, diciéndote a ti mismo que no mereces este abuso. Te sientes enojado con el narcisista por convencerte de que te quedes con él, y por convencerte de que el abuso es aceptable o normal. Te sientes enojado porque la persona que amabas se ha ido, o nunca existió en primer lugar. Te sientes traicionado y manipulado, porque lo eras. El narcisista te engañó y te enamoraste. Más que nada, sin embargo, te sientes enojado contigo mismo por enamorarte de todo. Te dices a ti mismo que deberías haberlo sabido mejor y también te culpas a ti mismo, incluso si no te lo mereces. Quieres desesperadamente que la persona que amas regrese de alguna manera, y quieres que el narcisista pague por lo que te hizo. Esta es probablemente la etapa en la que huyes del abuso del narcisista, ya no está dispuesto a soportarlo más.

Negociación

Cuando llegues a la etapa de negociación, estás dispuesto a dar cualquier cosa para volver a cómo eran las cosas antes. Te dices a ti mismo que harás lo que sea necesario para recuperar el personaje del narcisista, ya sea soportar el abuso del narcisista o cualquier otra cosa. En esta etapa, usted está lidiando con la permanencia de la situación y está desesperado por una señal de que la realidad no es lo que puede parecer. Si eres religioso, puedes orar a tu dios para arreglar las cosas, o que seas más devoto si tu dios de alguna manera puede darte un milagro y traer a tu ser querido de vuelta a ti sin el narcisista. Prometes hacer cualquier cosa que se te ocurra, pero por supuesto, no funciona porque tu ser querido nunca fue una persona real y viviente.

Depresión

Poco después, se llega a la realización de la permanencia de la situación actual. Ves que nunca recuperarás tu amor, y caes en una depresión. Estás a tu lado que la persona se ha ido y eres tan miserable e infeliz con ella que dejas de sentir nada en absoluto. Esencialmente apagas tus sentimientos, en lugar de permanecer en la autocompasión. Reconoces la inutilidad de todo y te preguntas por qué deberías molestarte en continuar con algo. La vida se siente desesperada, y te preguntas si incluso el narcisista sería una mejor alternativa que este infierno solo. Extrañas tanto al personaje del narcisista que duele, y la idea de no volver a ver a esa persona que amabas es tan abrumadora que te cuesta enfrentarte.

Aceptación

Eventualmente, finalmente llegas a la etapa de aceptación. Aquí, finalmente se ve la luz de nuevo. Reconoces que el narcisista te engañó, pero también reconoces que las cosas estarán bien. Todavía amas la persona por la que te enamoraste originalmente, pero reconoces que no era más que un intento de manipularte para que te enamora ras del narcisista. Lo ves por el arma que era, y aceptas dejarlo ir. En este punto, buscas seguir adelante, y te permites encontrar el disfrute en otras cosas y darte cuenta de que lo que sucedió no fue el fin del mundo y que estás abierto a la idea de encontrar el amor verdadero de nuevo en el futuro.

Desarrollar redes de apoyo

Reconocer que no puedes superar este proceso por sí solo es probablemente uno de los más indicativos de si serás capaz de escapar del abuso del narcisista. Necesitas el apoyo de otras personas para estar ahí para ti en momentos de debilidad, y cuando sientas que ya no puedes seguir sin el narcisista. Tener personas, puedes hablar y confiar para ayudarte te hace mucho más propenso a salir adelante sin volver al narcisista para más abuso. Su red de apoyo puede tomar muchas formas, pero la mayoría de las veces, se basa en una base de cuatro grupos de personas: amigos, familia, grupos de apoyo y un terapeuta, si tiene una.

Amigos

Los amigos estarán allí para ti a través de grueso y delgado, e incluso si el narcisista ha logrado aislarte de muchos de ellos, si fueras a enviar un mensaje a algunos de tus amigos más cercanos desde antes del abuso, es probable que te sorprendas de cuántos de ellos son aliviado y emocionado de saber de usted. Pueden compartir que han estado esperando a que usted se ponga en contacto con ellos durante años y que siempre estaban tan preocupados por usted. Es probable que tus amigos comanden la mayor parte de tu grupo de apoyo. Estas son personas que se reunirán contigo en un mal día para ver películas y atragantarse comiendo cajas de helado, o te dejarán despotricar sobre lo traicionado que te sientes por el narcisista. Con mucho gusto estarán allí para usted y simplemente disfrutar de estar en su presencia en general. Si usted no tiene amigos, usted debe tratar de hacer algunos. Hay muchas maneras diferentes de hacerlo, como ir a clases para aprender nuevas habilidades o grupos a los que puedes unirte con personas que comparten tus intereses. Especialmente con

Internet a su disposición, es probable que pueda google cualquier pasatiempo suyo y la ciudad en la que vive, y sorprenderse de encontrar grupos de personas de ideas afines que probablemente estarían encantados de tenerlo si se comunicó con ellos y pidió unirse a ellos.

Familia

Es probable que tu familia esté ahí para ti si pides ayuda más seria, como necesitar dinero, un lugar donde quedarte o apoyo general mientras intentas escapar. Especialmente si usted está escapando con los niños, su propia familia es un lugar fantástico para comenzar. Su familia sólo quiere lo mejor para usted, y como sus amigos, es posible que se sorprenda al escuchar que muchos de sus familiares habían sospechado de abuso durante mucho tiempo. También es probable que se sitien de que te vayas, y con frecuencia puedes encontrar un montón de apoyo de estas personas.

Grupos de apoyo

Los grupos de apoyo son particularmente útiles cuando necesitas a alguien que entienda lo que estás pasando más que simplemente tener una idea general de cómo te sentiste. Por lo general, puedes encontrar grupos de apoyo para sobrevivientes de abuso narcisista buscando en línea, tanto en tu propia área como en línea. Hay varios foros y juntas de personas que se reúnen para discutir su abuso, y es probable que sea capaz de encontrar otras personas que han pasado por casi exactamente lo que tiene. Las personas que entenderán la intensidad del abuso, la forma en que el narcisista tan a fondo logra descomponer a la gente, y lo difícil que es irse son los que han pasado por él antes y lo conocen fuera de la experiencia.

Cuando encuentres un grupo de apoyo que haga clic para ti, podrás ver a las personas en todas las etapas de la curación. Verás a personas que se han recuperado más o menos completamente y están allí, apoyando a otras personas a través de sus viajes hacia la curación, y otras que pueden haberse ido, o han estado considerando irse que están tratando de aprender qué hacer. Esto puede ser particularmente útil, ya que puedes mirar a otras personas que están más allá de lo que eres para inspirarte. Puedes pedir consejo, hablar con personas que han estado donde estás, e incluso simplemente disfrutar de una conversación con alguien que sabe lo que has pasado. En última instancia, esto puede ser una experiencia increíblemente perspicaz, y casi siempre obtendrá algo bueno de navegar a través de estos foros o reunirse con otros sobrevivientes. Lo que quedará claro cuando hagas esto, sin embargo, es que no estás solo por ningún medio. Muchas, muchas personas han sido víctimas del narcisista, y desafortunadamente, muchas más también lo harán. Por lo menos, hay varios espacios seguros en Internet y en persona donde los sobrevivientes de abuso narcisista pueden unirse para apoyarse mutuamente hacia la curación y la mejora de sí mismos.

Terapeuta

Un terapeuta puede ser particularmente útil para ayudar a sanar también. Mientras que usted tendrá una relación profesional con un terapeuta en lugar de una amistad, usted será capaz de hablar con el terapeuta para ayudarle a lidiar con sentimientos difíciles o para lidiar con las cosas que usted está luchando para manejar. El terapeuta, aunque opcional, siempre es una opción fantástica cuando se recupera del abuso si puede hacerlo.

Creación de puntos de venta saludables

Cuando has sufrido a través del abuso narcisista, probablemente has desarrollado algunos pensamientos y sentimientos bastante tóxicos. Muchos de estos provienen de lo que probablemente es una tendencia a ser empático, ya que esa es una de las cosas que el narcisista desea más, y absorbiste los sentimientos tóxicos del narcisista. Las empatías son particularmente propensas a internalizar los sentimientos y tendencias de quienes los rodean, y las tendencias del narcisista pueden ser particularmente tóxicas para la empatía.

Una de las mejores cosas que hacer cuando has interiorizado toda esa negatividad es encontrar una salida creativa y saludable para ello. Deberías buscar algún tipo de manera de eliminarte la toxicidad, ya sea a través del arte, la música, el aprendizaje, tomar clases o cualquier otra cosa que te atraiga. El ejercicio es una táctica común utilizada, en la que literalmente sudas la negatividad. La parte importante aquí es que logras eliminarlo de alguna manera y que te sientes mejor después de haber terminado lo que has decidido hacer. Con el tiempo, liberarás toda la negatividad acumulada, y empezarás a sentirte mucho mejor contigo mismo.

Terapia

La terapia también puede guiarte hacia la curación. Como se toca brevemente, un terapeuta es uno de los mayores favores que puedes hacer por ti mismo. Hay muy pocas personas en este mundo que no se beneficiarían de la terapia, y la probabilidad de que uno de ellos sea usted es increíblemente delgado. Cuanto antes lo inicies, más pronto empezarás a ver resultados. Hay varios tipos diferentes de terapia que podrían ser útiles para una víctima de abuso narcisista, y a través de la terapia, usted sería capaz de aprender habilidades valiosas, tales como cómo hacer frente al trauma dejado atrás, entender lo que lo hizo vulnerable a la narcisista en primer lugar, y cómo resolver todos los problemas que vienen con todas las emociones que sientes dando vueltas dentro de ti.

Si la terapia es algo que suena como si te beneficiaría, intenta hablar con tu médico de atención primaria para una referencia, o busca recomendaciones locales a tu área en línea. Incluso si el costo es un problema, hay un montón que le ayudará en una escala deslizante, así como opciones en línea que pueden ser más asequibles para usted.

Conclusión

Este libro no pretende evitar que te caiga ningún daño. El abuso da miedo y las personas detrás de él son impredecibles. Puede ser aterrador tratar de lidiar con los abusadores de frente, y usted es increíblemente valiente para hacerlo. Si nada más, aprecie a sí mismo y a su valentía ya por ser capaz de mantener la calma en medio de una relación potencialmente peligrosa.

Usted es alguien que puede lidiar con cualquier cosa si puede tratar con un abusador o una relación tóxica. Si puedes mirar a un abusador a los ojos y saber que algún día estarás lejos de ellos, eso es más poderoso que nada. El día que dejé a mi abusador fue quizás el día más aterrador que he experimentado a lo largo de toda la relación. Mi sangre se enfrió, y no tenía idea de si me encontrarían y qué harían si lo hacían. Es tan poderoso para ser capaz de lidiar con las pruebas de abuso sin dejar de pensar en lo que harás después de salir. Tu abusador es frío y manipulador, y harán todo lo posible para hacerlo para que nunca te vayas. Este es su objetivo final: mantener a su presa alrededor durante el mayor tiempo posible hasta que hayan agotado cada onza de espíritu en su víctima.

A pesar de esto, usted tiene muchas herramientas a su disposición para hacer uso de sus fortalezas cuando lo hace averiguarlo. Después de abordar sus debilidades junto con sus fortalezas, puede averiguar qué hacer a partir de ahí en función de lo que su situación particular requiere. Ahí es también donde este libro es útil: hay innumerables tipos diferentes de abuso y muchas maneras diferentes que el abuso puede manifestarse. Por lo tanto, también hay innumerables maneras diferentes de reaccionar a ese abuso correctamente y defenderse de él.

Este libro no es sólo para determinar cómo estás siendo abusado y cómo puedes evitar caer en esos trucos, sino que también es para que consideres a dónde ir desde allí. Muchos libros sobre abuso no tienen debidamente en cuenta la imprevisibilidad de la vida inmediatamente después de una relación volátil. Ser capaz de buscar diferentes formas de salir, tomar notas del comportamiento de su abusador, y tener diferentes planes de escape disponibles puede ahorrarle un problema cuando finalmente hacer su escape.

Si sientes que este libro te ha ayudado a superar tu abuso y tomar las cosas con seguridad en tus propias manos, estaría encantado de que dejaras una reseña para que otras personas conozcan tu historia y que no estén solas.

www.ingramcontent.com/pod-product-compliance
Lightning Source LLC
Chambersburg PA
CBHW071947070526
44583CB00015B/1094